# 数字公益

发现数字经济时代的公益蓝海

# 公益

明宏伟

●——著

清华大学出版社
北京

**图书在版编目（CIP）数据**

数字公益：发现数字经济时代的公益蓝海 / 明宏伟著 . — 北京：清华大学出版社，2024.4
ISBN 978-7-302-65905-1

Ⅰ . ①数… Ⅱ . ①明… Ⅲ . ①互联网络－应用－慈善事业－研究－中国 Ⅳ . ① D632.1-39

中国国家版本馆 CIP 数据核字（2024）第 065008 号

**责任编辑：**宋冬雪
**封面设计：**青牛文化
**责任校对：**王荣静
**责任印制：**杨　艳

**出版发行：**清华大学出版社
　　　　　网　　　址：https://www.tup.com.cn，https://www.wqxuetang.com
　　　　　地　　　址：北京清华大学学研大厦 A 座　　　邮　　　编：100084
　　　　　社 总 机：010-83470000　　　　　　　　　邮　　　购：010-62786544
　　　　　投稿与读者服务：010-62776969，c-service@tup.tsinghua.edu.cn
　　　　　质 量 反 馈：010-62772015，zhiliang@tup.tsinghua.edu.cn
**印 装 者：**北京联兴盛业印刷股份有限公司
**经　　销：**全国新华书店
**开　　本：**155mm×230mm　　　**印　张：**21.5　　　**字　数：**256 千字
**版　　次：**2024 年 4 月第 1 版　　　**印　次：**2024 年 4 月第 1 次印刷
**定　　价：**88.00 元

产品编号：105604-01

诚挚感谢金媛影女士对本书研究与出版的无私支持！

正式版序

　　本书完稿于 2022 年 6 月。对这本诞生于数字经济时代并剖析新时代下公益蓝海的作品，我选择首先将其以数字阅读（电子书）的形式呈现给读者，以在正式出版前持续收集建议并不断优化。

　　作为全球首部数字公益主题的专著，本书在各大平台上线以来，陆续收到了不少反馈。无论是有益的建议还是尖锐的批评，都是推动我深入地思考"数字公益"命题并滋养本书持续完善的源源不断的丰厚养分。这些思考及优化，也都融汇在了本次正式出版的版本中。

　　进入 2023 年，伴随着 ChatGPT 的异军突起，AI（人工智能）势如破竹地席卷全球，成为各行各业不可忽视的一股新动能。国内各大厂商争先恐后地发布了自己的 AI 大模型，普罗大众也越来越熟稔使用 AI 辅助作文、做图、做视频，AI 结合医疗、健康、运动、学习等各领域的产品更是层出不穷。"AI+ 公益"有哪些可能性？为此，我也在本书各章节进一步强化了"AI+ 公益"的相关内容。

　　与此同时，国内对于"数字公益"关注、研究的氛围也日益浓厚，我也非常开心地看到陆续有文章引用书中的相关观点和内容。也正是在这样的契机和背景之下，本书有幸引起了更多的关注和期待，让其有机会得以正式付梓。

诚挚感谢夫人和家人对我研究工作的支持，感谢金媛影女士对青年公益人的鼓励，感谢在本书创作过程中各位朋友给予的无私帮助和建议。每一份支持，都是激励我不断前行的无限动力。

明宏伟

2023 年 11 月

## 自序 做仰望星空的实干家

满腔热血的理想主义与坚定务实的现实主义，在公益中从不曾缺失。公益人既仰望星空又脚踏实地的不懈努力，推动了公益的快速发展，也让公益在社会经济生活中的价值愈发凸显，得到政府、企业和公众越来越多的重视和参与。尤其在数字化以不可逆转之势深入渗透到各行各业之时，公益也不可避免地跟随着时代浪潮激荡起伏。

草蛇灰线，伏脉千里。公益的发展抓住了数字经济开放包容的时代契机，在互联网筹款、数字技术应用等方面展现了非凡的活力。这些成就的取得离不开移动互联网时代移动支付、电子商务、社交媒体等全民应用的普及，也有赖于社会经济生活积极拥抱数字化的时代大背景。

作为时代大潮中的一分子，我自己倏忽之间投身公益已有十数年。2008 年，受汶川大地震的全民公益精神鼓舞，我从当时某家正在冲击美股 IPO（首次公开募股）的互联网公司辞职，降薪 2/3 加入了一家本土公益组织。虽然薪资低、工作苦，但当时年轻气盛、热情满满，加之机构注重对年轻人的培养，四年时间里我有幸经历了项目管理、品牌传播、募捐筹款等多种职能的一线岗位锤炼。

随后机缘巧合之下，我又加入另一家互联网公司，先后参与和负责社会责任、平台公益、员工公益、社会价值、ESG（环境、社会和公司治理）等工作近十年。这期间正处于数字经济的快速成长期，我因此成为极少数能以公益从业者身份站上时代潮头的幸运儿，自然也得以有幸在工作岗位上亲身参与了数字公益的一些推动和倡导工作，见证了互联网公益从萌芽到绽放、方兴未艾的发展历程。

时光如白驹过隙，初心不改、激情长留，却也有了更多的沉淀和思考。自问年华未曾虚度，虽不敢妄称资深，但也亲手创造了行业里许多的"0"到"1"，促成了一些里程碑事件。如果要自我总结，那就是我愈发强烈地感悟到：公益不只需要埋头苦干，也需要仰望星空。实践与理论、知识与传承、沉淀与分享，都会为公益的发展带来无尽的价值。这种感悟和思考，也最终促使我下决心开始撰写这本书。

当在电脑上敲下"数字公益"四个字之后，我也感受到了巨大的激情、责任与挑战。探讨数字经济的著作在1994年就已问世，而关于数字公益至今还没有过系统性的论述。虽然中国数字公益发展的实践和成果，给了我在同人面前班门弄斧的强大信心和动力源泉，但作为系统性探讨数字公益理念与实践的开篇之作，这本书必然也必须接受来自各方的批评和建议。一得之见以供抛砖引玉，相信以这本书为契机，我们会看到更多有价值的观点激辩，并共同推动数字公益的发展和腾飞。这些无比宝贵的百家争鸣，以及中国数字公益的发展，也必将在数字经济史上书写出浓墨重彩的篇章。

同时有必要说明的是，无论您是否接触过数字公益，都不必被这四个字吓退，大可放下心来慢慢阅读。现阶段很多关于数字公益的探讨，都集中在数字工具的应用或者时髦的概念堆砌之中，这是本书期望避免的。在本书中，我无意于为任何一个互联网产品或IT（信息技术）工具代言，并堆砌一堆"产品说明书"；更加不会连篇累牍地罗列案例或者学术论文。当然，这并不是否认数字工具和实践案例的重要性，恰恰相反，本书也会适当援引以作参考。只是当系统性地阐述数字公益时，更有必要建立整体性的框架并提供行业发展的宏观视角。

数字公益也绝不是曲高和寡的空中楼阁。随着本书篇章的逐一展开和推进，您会发现数字公益探讨的是：因应数字经济时代的变化和要求，在经济学理论分析的基础上，寻找公益全新的可为之处和发展之道。因此，在探讨数字公益之前，就需要理解数字经济这种新经济形态的特征，在书中您会频繁地看到敏捷、迭代、数据驱动等至关重要的理念。实际上，本书的创作也遵循着数字经济的理念，比如本书注重数据分析和模型演绎，同时首版也是先以电子书形式出版，以便在不断收集读者反馈的基础上持续优化迭代。这样的做法也符合数字经济时代低碳发展的趋势和特性。

作为一本从经济学视角、在数字经济背景下阐述公益发展的书，不可避免将会出现许多新概念和新模型，为了降低读者阅读理解的成本，我在行文中尽可能恰当地引用了图片、表格、案例等资料进行辅助说明。同时，为了帮助读者更好地建立起系统性框架，在结语部分我还绘制了一张脑图以供读者总揽全局。

出于观点阐述需要所引用的相关数据、图片和案例，书中都对资料来源进行了明确的备注说明。没有标明出处的图片和表格，均为作者本人原创绘制。在此也特作声明，本书版权归作者本人所有并受法律保护。转载、摘录或通过其他方式使用本书文字、观点或资料的，应注明"来源：明宏伟著《数字公益》"。违反上述声明者，本书作者将追究其相关法律责任。

每一方土地上都有着生生不息的力量，每一片星空中都有着浩瀚无穷的未来。数字经济的大潮已经呼啸而至，数字公益的大门也已开启。拥抱新时代的机遇，发掘新公益的蓝海，不仅需要每个人实实在在地埋头苦干，也需要好奇而勇敢地探索与发现。让我们勠力共勉，以仰望星空的实干家姿态，迈出勇敢而坚实的步伐吧！

数字公益的征程就是星辰大海，让我们一起出发——从现在开始！

明宏伟

2022 年 6 月

# 目 录
CONTENTS

导言 | **数字化浪潮下的公益之惑**     001

第 1 章 | **公益的"新潮化"**

网络热词与公益"新思潮"     003

公益"新思潮"的表现     004

从数据看"新思潮"与公益发展     006

第 2 章 | **公益的"简单化"**

参与者的"简单化"倾向     008

从业者的"简单化"倾向     011

资助者的"简单化"倾向     015

旁观者的"简单化"倾向     018

**第 3 章 | 公益是一门科学**

科学认知的紧迫性      021

从经济学出发       023

数字公益不是玄学      025

**数字经济时代启示**

**第 4 章 | 数字经济基本形态**

定义：未来已来       033

数据：全球与中国      035

趋势：虚实交融       039


**第 5 章 | 数字人**

人人都是数字人       042

数字化原住民       046


**第 6 章 | 数字公益变革之路**

千二均衡        050

三个"十级差"       053

数字公益的第二曲线     060

数字公益变革模型      066

换道数字经济思维

第 7 章 | **以人为中心：受益人**

尊重需求差异   074

善用激励效应   077

关注外部性   080

第 8 章 | **以人为中心：捐赠人**

从被动接受者到兴趣发现者   089

成为超级明星项目   092

第 9 章 | **数据驱动**

数据化的 what 与 why   098

数据驱动可以怎么做   099

大数据与用户调研   102

本章小结   104

第 10 章 | **敏捷与迭代**

随变而变，永无定法   105

敏捷的组织与战略   107

迭代创新，试错前行   109

第 11 章 | **平台与公益**

平台公益与市场空间 112

平台公益与成本投入 114

平台思维的受众体感 115

**建立科学认知视角**

第 12 章 | **公平与效率共生**

人类恒久的命题 123

公益的权衡取舍 128

数字公益与更大公平性 133

本章小结 137

第 13 章 | **尊重人性**

利己与利他 140

公益的效用 144

公益的激励 150

无知之幕 155

第 14 章 | **从本质出发**

**四** 重塑公益供给

第 15 章 | **公益的"市场"结构**

公益的垄断竞争特性     169

公益的供给与"定价"     171

第 16 章 | **管理费"定价"的影响**

管理费的"价格"竞争     173

管理费的权衡     177

第 17 章 | **捐赠标准"定价"的影响**

不同领域的项目竞争     184

同领域的项目竞争     186

单个项目捐赠额扩幅     188

第 18 章 | **有效的问题解决方案**

方案的"有效果"     195

方案的有效率     200

第 19 章 | **供给侧改革的可能性**

新技术解决老问题     206

具备正外部性的供给     212

数字经济带来的新问题     215

进化是跳跃与停滞相间的     222

**五** ▶ **引领公益需求**

第 20 章 | **筹人先于筹款**

先被记住，再被选择     228

降低进入门槛     230

从"小白"向"大咖"进阶     233

人们总是偏离理性     234

优化选择体系     237

第 21 章 | **互联网营销的应用**

公益的 AIPL 模型     243

Inbound Marketing     248

扩大捐赠规模     252

第 22 章 ｜ **消除信息不对称**

信息不对称是不信任的源头     257

有效的沟通和信息传递     262

**六**     **新的组织与生态**

第 23 章 ｜ **数字时代的 VUCA 特性**

新格局与旧格局     272

做出改变，拥抱时代     273

第 24 章 ｜ **有机体一样的敏捷组织**

传统与敏捷的组织模式     279

打造敏捷型的公益组织     282

公益组织敏捷管理的要义     286

第 25 章 ｜ **数字化组织能力**

组织数字化的常见误区     289

数字化组织能力建设     292

价值驱动与 OKR 管理     295

## 第 26 章 | **数字公益的生态合作**

公益议题合作之难           299

从博弈论看深层原因         302

数字公益的合作之道         307

数字公益更需要分工与协作      312

**结语** ▶ **一图看全书**
         321

随着数字技术的飞速发展和普及，数字化已成为当今社会发展的一个重要趋势。无论是政府机构还是企事业单位，都纷纷采用数字化手段来提升业务效率和服务水平。在数字化浪潮之下，公益该何去何从，成了不得不直面的一个迫切命题。

数字化，来源于计算机领域，指的是将物理实体、文档、媒体等转化为数字形式的过程，以便供计算机系统理解和处理，并进行存储、传输、操作和分享。数字化可以应用于各种领域，为信息的管理和利用提供更多的便利和机会。

利用数字化的方法和工具来处理、存储、传输和展示信息的技术，就被称为数字技术。它涵盖了广泛的领域，包括计算机科学、信息技术、通信技术等，共同构成了数字化时代的基础设施。数字技术催生了许多新兴的技术和概念，如 AI、大数据、物联网（IoT）、区块链等。这些技术通过数字化的手段，提供了更高效、智能和便捷的解决方案，推动了社会的创新和进步，其发展和应用已经深刻地改变了人类社会的方方面面。数字化是数字技术的核心。

在商业领域，数字技术推动了电子商务、移动支付、O2O（线上到线下）、数字营销等的发展；在教育领域，数字技术提供了在线学习、AI教学、虚拟实验等创新的教学方式；在医疗领域，数字技术支持了医疗影像诊断、远程医疗、健康监测等的发展；在政务领域，数字技术通过电子政务、数据驱动决策、开放数据和透明度、智慧城市和智能交通、数字治理和参与等方面的应用，提升了政府服务的效率和质量。

数字化浪潮带来的种种创新和便利，也是公益领域所面临的前所未有的机遇和挑战。跟上数字经济的发展步伐，意味着打开一扇通往新世界的大门，也是公益发展的广阔新蓝海。道理都懂，然而在近距离观察公益领域时，我们会感受到这个行业的些许彷徨无措。在数字技术和数字化浪潮冲击下，公益行业似乎呈现出了要么"过热"（新潮化），要么"过冷"（简单化）的貌合神离之象。

# 第1章  公益的"新潮化"

## 网络热词与公益"新思潮"

2020 年的某一天，我突然接到一个"公益行业如何反内卷"的话题讨论邀约。接到命题我一时没反应过来，当时"内卷"这个概念刚刚从人类学研究领域通过互联网传播走向普罗大众，坦率地说我还没有完全弄清楚这个新潮词汇的含义。

于是我不太好意思地询问主办方："请问'内卷'是什么意思？'公益行业的内卷'又是什么意思？"经过主办方的朋友一番热情洋溢的解释，我发现自己在这个新兴的热词面前显然是"out"（过时）了，更无从发表什么高论，于是尴尬而又不失礼貌地拒绝了这次邀约。

当数字技术带来的互联网创新浪潮一浪更比一浪高之时，人们也经常会被层出不穷的新概念和新热词搞得晕头转向。更可怕的是，对公益的讨论也越来越喜欢"赶时髦"，在社会热词的基础上又层出不穷地衍生出专属于公益的"新思潮"。这种情况有时候会令人焦虑又无奈——刚经受完社会热词的"毒打"，一转身又要经受公益新思潮的"毒打"，只能硬着头皮不停地去学习，接受被"内卷"的命运。

毕竟，谁也不希望自己稍有不慎就陷入了尴尬的"out"了的境地。

与此同时，还有一些人会挖空心思、绞尽脑汁抛出一些新概念、新想法、新论争，或者蹭着热点发表一些石破天惊的"独特"思想。创新是好事，然而如果只停留在概念层面，往往一阵喧嚣过后又归于沉寂，真正带来的改变和沉淀很少，所谓破局性的变革更是鲜有其成，最终难免落得一个尘归尘、土归土、嘴炮归嘴炮、老黄牛依然埋头当老黄牛的结局。

如果扒开这些表面的喧嚣往内里细看，其实公益的基本内核，这些年并没有什么本质的变化；而再回头追问曾经追捧热潮的公益人，他们可能也是一脸迷茫，浑然不知何以自洽。

## 公益"新思潮"的表现

这些关于公益的新思潮虽然令人目不暇接，但总结下来大体有三种表现。

**一是和各种"热词"的迫不及待挂钩。**

2021 年互联网界有一个大潮流就是集体 diss（轻视）所谓的大厂"黑话"（赋能、闭环、抓手等），然而类似"黑话"在公益圈的活跃度实际上一点也不低。除了开篇列举的"公益如何反内卷"等话题，"私域""社群""裂变""后浪"这些时髦的词汇，更是层出不穷。

当然，喜欢说热词无可厚非，热词之所以热就是因为大家都在说，并且能够引起广泛的共鸣；只是同时也要区分与鉴别表象的"热"与深层的"思"，不要止于热词而不能引起真正的思考与变化。

**二是和社会潮流的强行联姻。**

这一类情形与上一类看似相似，实则不然。如果说和热词的挂钩，只是为了让自己的表达看起来更时髦，那么与社会潮流的强行联姻会更加深入，并形成一套话语体系。"互联网＋公益""大数据公益""新媒体公益"等，这些思潮在过去的十几年里，可谓各领风骚两三年，在同一时期，关于这些话题的会议、论坛就能开上几十场。也许过不了多久就能看到类似"元宇宙与公益"这样的话题讨论了。当然，实际中这些会议主题的拟定会更为深刻和专业——据说很多话题的组织者，仅仅为了取出一个让人眼前一亮的会议主题，就会反复推敲、疯狂脑暴好几天。

一方面，这些新思潮一定程度上是当时社会热度的映射，也给人们带来了新的思考和冲击。但只要是潮流就有涨有落，当人们还在试图融入上一个新潮话题时，下一个新概念又以猝不及防之势扑面而来。另一方面，很多讨论者又只是停留在概念层面的咬文嚼字，缺乏真正的知识提炼，更不用说对实践的支撑与反哺了。

**三是对公益在社会中的角色定位，从一个极端到另一个极端的论断。**

这里所说的是"论断"而非"讨论"，是对公益在社会中的角色定位直接下结论。关于政府、商业、公益与个人之间的关系，历来有很多讨论，但近些年来人们对于"商业"与"公益"关系的讨论尤甚。这种争论是有益的，有利于认识事物的视角更加多元化。只是在这种争论中需要引起警示的，是从一个极端到另一个极端、为了定论而定论的倾向：要么全面贬低公益的价值，唯商业为上；要么站在道德制高点，将公益放在商业的对立面。

以上的总结或许还有待完善，甚至可能陷入了"为了批判而批判"的悖论陷阱。但无论如何，公益行业对新潮的追逐可以去芜存菁，在各种纷繁的表述中沉淀出对公益发展有益的部分。新概念、新思潮本身并没有对错之分，关键要触及隐藏在概念背后的本质。

## 从数据看"新思潮"与公益发展

如果沉浸于这些新潮的话题讨论，可能会认为数字公益正以如火如荼之势快速发展。这些年令人欣喜的公益增长数据也进一步强化了这个印象——历年中国慈善捐赠报告显示，自2014年以来，中国内地社会捐赠总额（含物资）持续保持在1000亿元以上，2020年更是历史性地突破了2000亿元；与此同时，通过互联网公益平台捐款的人数和金额更是快速增长。

那么公益这些年的快速发展与这些新潮话题之间，到底是"鸡生蛋"还是"蛋生鸡"的关系？公益又是否真正地走上了数字经济所带来的发展快车道呢？

可以通过对数据的进一步分析来更加辩证地思考这个问题。2008年被公认为中国公益发展的新元年，当年发生的南方雪灾和"5·12"汶川大地震，引发了海内外空前的慈善热潮；全民参与的救灾行动和北京奥运会的成功举办，也掀起了志愿服务的热潮。从数据层面来看，当年社会捐赠总额达到了1070亿元（前一年这个数据只有309亿元），个人捐赠占比也达到了空前的54%（这个比例至今未被超越）。但是如果进一步观察历年的数据走势就会发现，自2008年之后，社会捐赠总量的变化一波三折，占GDP（国内生产总值）的比例也一直处于0.2%以下，不足慈善较发达国家的十分之一。

通过这些数据的展示，我们可以有两个初步结论：

其一，尽管话题讨论上的新思潮层出不穷，但并不代表公益的发展已经完全入轨数字经济，还缺少实质意义上的变革。

其二，社会捐赠总量与 GDP 保持了一个相对稳定的同步性，这也说明了近年来公益的发展并非拜"新思潮"所赐，而是中国经济发展成就的带动。

关于这一部分的数据分析，后面的章节会进行详细的论述，并且大家将进一步发现：虽然这些年公益取得了可喜的成绩，但发展程度与所处的数字经济时代相比，仍然有非常大的提升空间。

当然，公益的发展程度不能仅仅通过社会捐赠总量这个单一指标来衡量。除此之外，慈善组织、志愿服务、法律法规、社会关注、企业投入等更多方面都在发生着积极的变化。但就新思潮与公益之间到底是"鸡生蛋"还是"蛋生鸡"的关系而言，通过对社会捐赠总量这个指标的分析足以得出有说服力的结论：这些看似热闹的论辩，更多还是停留于表面的概念包装，并没有真正地带来实质性的变革。

# 第 2 章　公益的"简单化"

公益的"新潮化"倾向会给公益披上更华丽的外衣，给人眼花缭乱与纷繁复杂之感；而与之相反的另一个倾向，是把做公益这件事情看得过于简单化。

由于中文的博大精深，有必要解释一下这里说的"简单化"。它并不是化繁为简、看透本质的高深功力，而是浮于表面、不屑深究，特指与"专业化"相对立，表现为认为公益零门槛的评价倾向。在公益的参与者、从业者、资助者甚至旁观者当中，这种倾向都是广泛存在的。而在数字经济时代，"简单化"评价往往会让其负面效应被无限放大。

**参与者的"简单化"倾向**

公益的参与者，泛指通过捐赠或者志愿服务的形式参与过实际公益贡献的人群。这类人可能将公益进行简单化评价的一个原因，是觉得公益就是"做好事"，既然是做好事，那么"做，就好了"。至于行为是否得当、效益是否合理、伦理有无失范，参与者则很少能周到考虑。

参与者缺乏"周到考虑"并不是故意为之，而是缺乏对公益的深入认知及思考，这导致他们可能因为一时热情投身公益，而一旦遇到问题，又会满怀愤懑地予以谴责。在这个过程中，多数人因为占据了"做好事"的心理优势制高点，而难以理性和富有同理心地去思考，更会倾向质疑、挑战公益组织或受益人，认为自己的爱心被辜负了。

参与者因为偶然的热情参与公益并没有什么问题。公益不会要求参与者做长相厮守的承诺；而从带动参与的角度来说，公益也需要更多人偶然的"初体验"——只有这样才能不断地积累公益的长期支持者。但当参与者对公益有"简单化"评价倾向时，就会因为满腔热情抱有很高期待，又会因为与预期不一致而感到沮丧。这种情绪的反差变化，容易让参与者对公益产生距离感。

另外，当参与者将公益看得过于简单时，往往难以从受益方的视角出发去换位思考，这导致经常性地"好心办坏事"，甚至在某些情况下善举会显得略为粗暴。

在数字经济时代，由于网络的便利性以及人人皆有权表达观点和意见，参与者对公益的这种"简单化"评价，更容易被互联网放大。往往一个人的简单化想法或者行动，就能带来群体性的效应。

## 案例：给山区小学捐衣倡议引发的困扰

每年冬天来临之前，一条号召给山区某小学捐赠冬衣的长图文就会在社交媒体上被广泛转发。许多网友在看到这个捐赠倡议之后纷纷行动起来，整理出家中的旧衣，精心打好包裹，按照长图文上的联系方式寄过去。简单的一条长图文，就像架起了一座无形的爱心桥梁，将来自全国各地的爱心物资跨越时空源源不断地汇集到一个大家从没去过的地方。

然而在桥梁的另一端，也就是这个长图文地址上的小学，却展现了另一幅景象：一车车的包裹倾倒在不大的操场上，各式二手衣物堆积如山，校长则站在一旁愁眉不展。他并不知道是哪个热心人将自己和学校的联系方式放到了网上，自己也从来没有为学校发出过这样的求助。他推断是某个热心的驴友来过学校之后发布的信息。最开始收到第一个包裹时，校长还有一些惊讶和感动，然而当包裹常年不断地涌来时，却成了学校的巨大负担。

首先是运输和储存问题。刚开始的时候，镇上的邮件收发点还能给送上门，但随着物资越来越多，收发点也无力承担运输成本了，只能通知学校自行上门取件，于是学校不得不定期雇人雇车去收发点拉包裹回来。随着拉回来的包裹越来越多，学校很快也没有地方存放了，只能在校外新建了一个临时仓库来存放。

其次是物资分拣的负担。校长发现收到的包裹当中，绝大多数是不适合发给学生的。包裹当中不光有孩子的衣物，还有成人衣物，甚至出现了高跟鞋、内衣裤这类极其不适宜的物资。一开始学校还会挑选一些品质不错的成人衣物分发给周边村落，但随着物资越来越多，村民们也无法消化这些堆积如山的物资了。

最后是消毒和卫生问题。校长和老师们发现，不少衣物明显留有异味甚至污渍，这种衣物显然是无法直接分发给学生或老乡的，只能库存或者学校出资进行消毒清洗。

在这些物资本身的问题之外，还有公正分发的难题。由于这些衣物来自全国各地网友的捐赠，品牌、品质、样式、材质、新旧程度各不相同，孩子们在拿到不同的衣物之后认为"不公平"，出现了互相攀比甚至争抢的现象。

尽管校长不断在网上、媒体上感谢网友的捐赠并明确表达了学校面临的物资过多的困境，但他的声音显然是淹没在了互联网的海量信息中，甚至没引起过一丝波澜。反倒是每年临近冬天，假"求助"的长图文就会死灰复燃，以至于学校后来不得不将大量衣物填埋或焚毁处理。

这一切的困扰，竟源于一张普普通通的长图文！长图文的背后，是某位热心网友朴素的公益心，只是这位热心网友将"捐衣物"这个公益行为想得过于简单，导致"好心办坏事"。不仅没有从受益人角度出发去思考行动路径，更缺乏专业化的项目设计，只是"简单地"从自己的主观判断得出学校需要物资并"简单地"将信息发在了网络上。网友的良好初衷，固然是要帮助这个条件有限的山区学校走出困境，但因为不规范的物资捐赠带来的困扰，学校困境不仅没有缓解，还让原本就不宽裕的学校雪上加霜了。

## 从业者的"简单化"倾向

如果说公益参与者的公益"简单化"倾向还情有可原，那么扭转从业者的这种认知显得更为迫切。由于公益行业薪资、运营经费的限制，加之缺少系统性的专业知识和相对明确的岗位技能模型，公益行业从业者的流动性往往比其他行业更大一些。专业人才的稀缺和流失，也让公益组织不得已不断降低招聘门槛，无法完全按照自身组织的发展期望来做选择。

这也导致人们产生了"公益谁都可以做、怎样都可以做"的错觉，从业者进入行业之后，也缺乏不断学习和自我提升的动力。不少公益组织在招聘新人之后，也缺乏专业培训的支持，而是任其直接到岗开展工作。在这种条件和氛围下，即使部分从业者有自我提升的需求，也不知道该如何去做。由此造成了一个恶性循环：从业者缺乏专业性的训练、公益组织缺乏专业的沉淀，导致从业者只能依赖自己摸索或者"传帮带"的经验习得方式去推动工作，由此会带来更多的不规范性问题。

可喜的是，近年来公益行业对专业教育的重视程度越来越高。一些高校成立了专门的公益慈善类专业甚至学院，还有的开设了研究生课程，为在职从业者提供了进一步提升的机会，同时也有一些机构开设了网络学院提供在线学习的课程。

这些重要的行业性学习资源固然很好，但也需要从业者自身有坚定的信念、强大的动力和持续的支持来完成这些学习。毕竟无论学历学习还是在线课程学习，都需要付出大量的时间、财力和精力，从业者权衡自己的利弊得失和职业生涯规划之后，未必会选择这么重的学习模式。相比较而言，公益组织内部建立起专业知识体系，以及系统、专业、持续的培训计划，对提升从业者的专业性来说，会更为有效。

## 案例："同一天生日"引发的巨大危机

2017年12月23日，一个名为"同一天生日"的网络募捐活动在微信朋友圈广泛传播。参与者可在"分贝筹"中查找与自己同一天生日的贫困儿童，为其捐出一元钱。完成捐款后，还可分享到朋友圈邀请好友参与。

这种特别的互动形式迅速吸引了一批热情的捐款者，并在互联网上裂变增长式快速传播。然而，很快有网友发现了一些可疑的错误，例如同一个孩子的照片，对应了两个不同的生日，化名分别为"阿豪"和"小豪"。此外，还有一位化名为"小丹"的孩子的生日，登记为并不存在的 2009 年 2 月 29 日。

这些质疑的声音迅速发酵，刚刚还在捐款、转发的网友愤怒倒戈，并在朋友圈和微博质疑活动真实性。2017 年 12 月 24 日，也就是仅仅一天之后，活动发起方就关闭了捐款通道，声明："本次活动已筹集善款 2555898 元，将全部用于云南省镇雄县 2130 名贫困学生一年的生活补助，为了确保善款后续能够公开透明高效地执行，我们决定关闭本次活动筹款。"

活动募捐的 H5（移动端的 web 页面）页面，是由某公益基金会与一家定位为精准扶贫平台的互联网公司共同发起的。活动发起方在随后的致歉声明中表示：在同一天生日活动页面上出现的孩子，均为"建档立卡"的贫困户家庭，并在 2 万多条数据中找到 366 个不同生日的孩子。但在上线过程中，总计有 6 处信息整合错误没有被发现，直到 12 月 23 日上午出现反馈后，方才核实信息并更正，并于 24 日叫停了捐款。

然而发起方的致歉声明并没有平息网络上的巨大争议，政府监管部门随后对该活动进行立案调查并责令停止募捐活动。2018 年 6 月 15 日，关于给予当事基金会警告行政处罚的公告正式发布。

公告指出，经查，该基金会在开展网络募捐活动时存在以下问题：1. 未在民政部指定的互联网募捐信息平台发布募捐信息；2. 没有对发布的募捐信息进行审核，发布的信息不准确、不完整。公告称，当事基金会上述行为违反了《中华人民共和国慈善法》（以下简称《慈善法》）第二十三条第三款和第七十一条的规定。依据《慈善法》第九十九条第一款第五项的规定，对当事基金会作出行政处罚决定，并予以警告和责令限期改正。

（来源：依据《中国青年报》、搜狐网等媒体报道文章整理）

本次危机对当事基金会、企业的影响远不止于此。这家在 2015 年 12 月成立的基金会，于 2020 年 4 月 16 日完成注销登记；而工商查询信息显示，当事互联网企业也于 2021 年 2 月 3 日被批准注销。

这个案例给从业者敲响了一记警钟。如果说以往工作"简单化"的负面影响，还只是辐射有限范围的话，那么在数字经济时代，这些缺乏专业指导和判断的"简单化"行为，就会显得过于"想当然"，并被完全透明地暴露在公众视野之下。而公众舆论的监督和质疑，也会让从业者为自己的"简单化"行事付出巨大代价。

在全世界都快速数字化的过程中，"蝴蝶效应"的混沌性、复杂性和不确定性愈发明显和快速。从业者的随意和不专业所带来的微小初始偏差，看似毫不起眼，却已经让"蝴蝶"扇动了翅膀，在数字化世界中不可控地快速裂变，往往带来出乎意料的适得其反的效果，最终形成反噬力和破坏性极强的"龙卷风"。

对公益行业来说，这种破坏尤为显著。道德标准和社会规范的天然属性，让公益事件每一个小小扰动，都足以挑动全社会的敏感神经。某一个从业者个体"简单化"发酵出的毒果,往往不会由该个体独自承担,而是会让全行业都面临全民审判的风险。

从业者"简单化"工作导致的负面事件层出不穷,然而整个公益行业似乎并未从中吸取任何教训。事实上,在本书电子版推出一年之后,就爆发了另一件全社会震动的丑闻,这就是在 2023 年 9 月爆发的"千万元救命款被卷走"事件。这同样是一起从募款发起到舆情发酵都在互联网上发生,却因不专业和随意性而让行业蒙羞的典型案例。

## 资助者的"简单化"倾向

为了方便论述,此处资助者指的是为公益机构、项目、活动提供大额或稳定的资金或资源支持的单位或个人。由于提供的是稀缺性资源,他们往往能对公益组织的决策和行为产生关键性影响。

资助者往往在某个领域取得了一定的成就,从而有能力对公益予以赞助支持。但当他们开始接触公益的时候,也可能被自己过往的成功经验引导,进而在对公益行业及其运作机制缺乏深入了解的情况下,就对其出谋划策。资助者的身份使得他们具备更强的话语权,但当缺乏谦卑心态去学习和研究公益领域时,他们会想当然地认为做公益很"简单",并会以"降维打击"的优越心理对公益机构和从业者指手画脚、传授经验。

然而在某个领域的成功经验,不一定适用于其他领域。不考虑公益行业的实际情况就热情地"指导",只会造成削足适履的窘状。更为可怕的是,在资金等稀缺资源加持的话语权之下,公益组织出于失去重要伙伴的担忧,或者出于对成功者的莫名迷信,会倾向于迎合资助者的期望。

指挥棒在殿堂级的指挥家手中，可以让乐队合奏出精妙绝伦的交响乐；而错放在对音乐一窍不通的足球教练手中，只能造成外行指导内行的"瞎折腾"乱象。从积极视角来看，这种"瞎折腾"也许提供了一个全新的"社会实验"机会，也许在过程中有部分资助者能被"反教育"而成长为专业公益人士，但这种实验的成本无疑太高了。

相比于参与者和从业者对公益的"简单化"评价，资助者"瞎折腾"带来的负面影响可能更大。这是因为前两者造成的影响都还有机会控制在一定范围，而资助者却可以直接影响公益组织的决策。公益事业属于社会福利的重要组成部分，这种负面影响所带来的无谓损失实际上不再只是单个个体独自承担。

## 思考：资助者对公益"简单化"评价就在我们身边

公益机构在和捐赠人沟通的时候，经常不得不面对他们充满震惊的质询："你们怎么还收管理费呀？做公益还要提成吗？"这可能是最常见的资助者对公益的"简单化"评价，这些问题很容易让公益组织的小伙伴感到沮丧和受伤。似乎基本的机构和项目运营经费都成了见不得光的事情，而这在某种程度上也会影响从业者的信心。

对管理费充满了不屑和质疑，并不妨碍某些资助者冒出一些"想当然"的想法。比如，当资助者期望公益组织对他们的捐赠行为进行大规模宣传，而公益组织表示存在难度时，他们可能会问："做些宣传有什么难的？不就是发发新闻稿做做广告吗？"这时候他们可能又忘了：企业的宣传有大量成熟渠道和经费的支持，而公益组织在最基本的管理费收取上都会被苛责。

数字经济时代，公益组织面临大量的网络捐赠人，在接收"一屋子钢镚儿"的海量低额捐赠时，又不得不接受更多的灵魂拷问。经常能看到网友吐槽："希望公益组织能说清楚我捐的每一分钱都去了哪里。"实际上，这个网友可能只是捐赠了几元钱甚至真的是几分钱，虽然爱心不以金额多少来衡量，但在这种海量、低额的捐赠模式下，要求公益组织依靠自身力量严谨地做到"每一分钱"都说清楚实在是太难了。当然，在互联网平台或者技术公司的支持下，通过区块链、大数据、云计算等数字技术的应用，这个诉求是能够实现的，但这更应该是类似于公共服务的基础设施建设，显然不是单个公益组织、单个平台有能力实现的。

类似的"你为什么这样？你为什么不那样？"的问题，体现出了资助者对公益认知的不深入，但公益组织及其从业者完全不必因此而沮丧。其实这只是非常简单的信息不对称造成的困扰，应予以充分理解和必要耐心，给予积极的回应和知识普及。绝大多数资助者虽然从零起步，但一旦公益机构展现真诚的态度，他们还是会以更开放的心态接纳和进行探讨。

数字经济带来的好处之一，就是专业信息的趋向透明和知识普及的门槛降低。虽然很多信息是碎片化甚至是误导性的，但"隔行如隔山"的沟通成本已经大大降低。尤其在以 ChatGPT 为代表的 AI 大模型兴起之后，人们有机会获得更为精准和专业的标准化知识，行业通识和基本理念在从业者与资助者之间的沟通和交流，也变得不再那么难以接受。

## 旁观者的"简单化"倾向

旁观者，也可以用人们更熟悉的"吃瓜群众"来描述。"吃瓜群众"对公益可能不付出、不参与、不支持，却可能带着"公益很简单"的成见，在网络上指指点点，甚至形成群体性的舆论倾向。旁观者的舆论参与在某些时候能带来积极的影响，推动社会问题解决和透明度提升。这种情况下，旁观者能形成对公益的有效舆论监督，进而推动改变的发生。

但如果旁观者将一些公益问题简单化看待，并在与自己想法不一致时进行情绪化的批评和指责，就会带来比较显著的负面效应。公益的公共话题属性，使得每个人都有机会站在道德制高点上进行点评。可以说，评价公益是一件零门槛、零负担却能收获快感的事情。毕竟其他领域的话题，比如政治、经济或者科技，需要一定的知识底蕴，不是随便谁都可以信手拈来点评一二的。

舆论对公益的"简单化评价"倾向，一方面使对公益真正付出的人得不到足够的认可和支持，另一方面也会让整个行业缺乏不断革新和进步的原动力。

### 思考：公益与中国足球有时竟面临类似的处境

我们在谈论旁观者对公益的"简单化"评价倾向时，也经常会想起人们对待中国足球的态度。很多人对中国足球可谓哀其不幸，怒其不争，关于中国足球的各种段子常年活跃在各个场合，巅峰时刻甚至农村老太太都能点评几句。中国足球被批评得最多的就是

"球员不努力""臭脚""态度不积极""高薪低能"，有些网友甚至愤愤地说："让我奶奶上场都能踢得比他们好！""我上我也行，给我十分之一工资就好！"

然而在众多批评者中，许多人连越位、点球、角球这些基本的足球规则都搞不清楚，他们可能连一场完整比赛都没看过，甚至在跟风骂国足的时候，连国足输掉的是什么比赛都不知道。他们只是觉得足球很简单：外国人能踢好，为什么中国人就踢不好？！而背后的足球环境、职业球员数量、青训体系等非常重要的因素，却不是他们关注和探讨的重点。

从这个层面来说，公益和中国足球一样，不缺乏批评者，缺的是真正愿意入局一起去行动和改变的力量。

旁观者对公益的简单化评价倾向，实质上是伴随着数字技术的发展而被日益强化的。这是因为数字技术的普及，极大地拓展了人们的视野范围和信息储备，人们能够更加轻松、便捷地了解到更多的人物、事情和地方。试想，30 年以前，一个小山村里的农民，基本也就只知道方圆二三十里范围内的世界；而如今，任何一个网络热点，都逃不出田间地头的闲言碎语。

微博、微信、抖音等平台的兴起，使得人们表达意见变得比以往任何时候都更为容易。在互联网兴起之前，电视、广播、报纸杂志等传统媒体牢牢把控着话语权。因为这些传统媒体渠道的稀缺性和正式性，几乎每一次信息的输出，都经过了反复推敲和严格把关。互联网时代早期，信息传播有了新闻门户、论坛、博客等更多自由化的形式，但这时候也还存在一定的发声门槛，信息输出也基本延续了传统媒体的采编机制，只有产出的内容质量非常高，才可能被网络编辑们选中，被人们看到。

而随着移动互联网的快速崛起，话语权被赋予了每一个人。人们随时随地、几乎毫无忌惮地记录生活、发表观点，短文本的微博和朋友圈文案，让话语权不再仅仅属于长篇大论的作者们。尤其在4G时代短视频兴起之后，人们甚至不需要花费脑筋去构思框架，打开手机摄像头随便录一下，就能发出自己想表达的内容。

正因为"表达"变得不再有门槛，人们对公益的关注和监督才无处不在。中国公益在互联网时代最大的全民丑闻，正是微博兴起时期的"郭美美事件"。与此同时，人们在网络上表达时不再"谨言慎行"，很多人甚至在没有深入了解的情况下，就开始发表观点。在这个背景之下，"批评"公益变得非常容易，"利用"公益也变得毫无成本。一方面，不少博主看中类似"郭美美事件"带来的巨大流量，以批评公益来标新立异；另一方面，为了吸引眼球，部分博主扮演"假慈善"、宣扬"假公益"，但只要不涉及法律责任，他们在人设崩塌之后，并不会付出什么额外代价。

然而，旁观者的"简单化"评价，却并不简单。如果公益行业不积极地引导和应对，任由其肆虐，就容易形成左右公益发展的巨大势能。公益从业者也会为了迎合广大网友的"简单化"倾向，放弃严谨、科学、专业的公益态度，而是在揣摩网络趋势的基础上行事。长此以往，公益的"简单化"倾向也就一发不可收拾了。

# 第 3 章　公益是一门科学

## 科学认知的紧迫性

　　如果"公益"是一个有血有肉的人，请老中医来把把脉，他也许会给出"阴阳两虚"的诊断——在数字化浪潮裹挟之下，一边是很多新潮概念层出不穷，看似热闹非凡；一边是将公益简单化评价所带来的士气不振、行动缓慢。

　　这也正是前文提到的困惑：从数据来看公益正在蓬勃发展，为什么却总感觉哪里不对呢？这就好比去做体检：一切指标正常，但自己总感觉哪里不对。数据能反映单点的指标，但无论是人们的生命载体还是公益生态，都是一个有机体，其健康运行显然不是依赖一堆数值罗列带来的量变，而是作为一个完整生命体的生化反应所带来的质变。

　　但也不必过于担忧。事实上，在数字化浪潮之下公益也发生着许多积极的变化，从业者的思想观念和方法论都在与时俱进，只是也有必要用科学的态度来审视存在的问题与困扰，进而寻求更好的前进路径。

　　之所以强调要有"科学的态度"，是因为我们必须认知到公益本身也是一门科学。公益当然不像物理、化学、生物一样要做大量的实验研究和公式推演，但科学的本质是科学方法——尽可能客观冷静地观察并验证出关于世界如何运行的根本规律。爱因斯坦对科学的定义很简单："科学不过是日常思考的不断完善。"

从这个层面来说，公益当然是一门科学——公益作为社会生活的重要组成部分，也有着指导其运行的客观规律及有效模式，有待发现、总结和澄清。同时，公益的科学性也基于如下几个事实：

- 公益有着特定的行业规则、法规约束、话语体系及约定俗成的行为规范。
- 公益不同于商业活动或者政务活动，有着独特的非营利性、非政府性、社会福利性的鲜明特征，相对应地，适应这种特征要求的团队管理、组织文化、业务发展与品牌建设等方面也有着自己的独特性。
- 不同领域公益项目的策划与实施，又涉及与相关领域专业知识的交叉合作，比如：教育公益需要通晓教育通识，健康公益需要通晓医疗健康知识。
- 任何一个公益活动的实施，都离不开策划、募资、组织、实施、传播全链路要素。

数字化浪潮之下，人们对公益的评价无论是"新潮化"倾向，还是"简单化"倾向，其本质都是缺乏对公益的科学性认知。换言之，如果不能扭转这个认知，不能对公益建立起科学的理论基础和逻辑框架，在任何时代人们都会对公益表现出忽左忽右的姿态。"新潮化"与"简单化"，并不是数字化浪潮下的必然结果，而是公益曲折发展的阶段性表现。其根本原因还是"科学性"的缺失，数字化时代的放大效应让这个问题充分暴露出来。公益行业试图与时代同轨，却只能在

"灯下黑"的状态中疯狂探索，也就出现了所谓的"阴阳两虚"表征。

只有认清这一点，并建立对公益的科学认知，将公益看作一门科学来建立完善框架，才能从根本上驱动公益的发展。如果只关注表征性的问题，就只能是头痛医头，脚痛医脚，治表不治里了。

## 从经济学出发

科学，是对已存在的客观事实的总结探索，并以此形成知识体系或者科学模型，对相关领域进行研究和描述。公益，则是社会运转当中不可或缺的重要一环，不可能脱离社会环境而独立存在。因此对公益的科学研究，不仅要总结出其运行的基础规律，也必然需要与其所处的时代、地区、经济、组织和社群等环境因素进行紧密交互并相互影响。

特斯拉创始人马斯克的经营哲学，将"第一性原理"推上了热门。然而这并不是什么旷世绝学，古人很早就提出了"大道至简"的思想，都是在讨论如何回归本质和规律来解决问题、推动发展。将公益看作一门科学，并回归本质来重新审视公益，就有必要引入多学科知识进行综合的观察和分析。

本书就将以经济学为主，以社会学、管理学、人类学等学科知识为辅逐步展开，科学性地探讨公益的发展之道。这是因为，既然探讨数字经济时代的公益，那就更应该首先在经济学视角下研究公益，其次才是在数字经济视角下给公益出谋划策。万变不离其宗，当挖掘出公益运转的本质规律之后，也许就能在数字经济时代，以及任何时代，找到推进公益变革的原动力了。

反对者也许会说，公益是非营利性的，不能生搬硬套商业的理论框架。这时候我们需要回想一下前面所说的"简单化"评价倾向——这里同样不能以近乎道德洁癖的公益"纯粹感",简单地将经济学与商业画等号,更不能简单地将商业市场、经济规律划归到公益的敌对阵营。拿经济学举例,虽然其是以利己的"经济人假设"为基础来解读社会现象,但其本质也是通过建模和假设来试图找出指导经济生活的规律。因此,通过经济学来分析公益,并不是对具有强烈利他属性的公益的亵渎,更不是对怀有济世之心的公益人的不敬。

经济学不等于商业理论,"经济人假设"毕竟也是一种"假设"。经济学本身就是对社会运行的一种解读方式,不仅关注市场行为带来的"效率"提升,也关注纯粹市场手段所不能解决的"公平"问题。换言之,经济学和其他所有学科一样,不过是对日常生活规律的总结和提炼,并期望可以进一步指导人类社会更好发展。在这个意义上,公益当然也是经济学可以解读的一种生活方式。

不妨从现在开始,一起放下戒备的心理,暂时忘掉已经习得的经验和成规沿袭,充分打开自我准备全身心地接纳数字经济视角下的公益理论。暂时抛开既有公益理念所形成的思维定式后,我们一起学习像科学研究一样,用假设、验证、模型分析等手段来研究公益。并且可以尝试以科学家的视角解释公益的运行规律,或者以咨询师的视角优化公益的发展路径。从经济学出发,在数字经济的时代背景之下,不仅需要清楚说明公益是什么样的,还能尝试回答公益可以成为什么样。

当然也可以带着批判性思维来反对这样的思考建议,但这种批判应该是建立在对本书的通读和思考之上的。批判是受欢迎的,因为不同人对同一事物就是会有不同的认知,这是客观存在的事实。对新理论的批判性思考,也会更利于对新知识的吸收和理解。

## 数字公益不是玄学

对数字化举棋不定的公益行业，与高速发展的数字经济社会，显得有些格格不入，甚至形成了鲜明的冲突和矛盾。这种"违和感"实则冰冻三尺非一日之寒。然而无论意愿如何，拥抱数字化，转型数字公益，都成了公益行业无法绕开的必选题。

首先，数字化对公益组织的运作模式带来了巨大冲击。传统的公益组织大多依赖于募捐、志愿者服务等方式进行运作，而在数字化时代，这些方式显然已经不能满足公众的需求和期望。许多公益组织都在寻求创新和转型，以适应数字化时代的潮流。但是，由于缺乏必要的经验和资源，不少公益组织在转型过程中遇到了诸多困难。

其次，数字化也为公益组织带来了全新的机遇和挑战。一方面，数字化让公益组织有机会接触到更广泛的受众，拓宽了筹款渠道；另一方面，数字化也让公益组织面临更为激烈的竞争，需要不断创新才能保持竞争优势。

此外，数字化的发展，也会给公益组织带来新的道德伦理困扰。在互联网环境下，公益活动的透明度和公正性受到了更多关注。如果公益组织在数字化过程中忽视了这些问题，可能会对其声誉造成严重损害。

在数字化浪潮之下，公益行业无法像沙漠中的鸵鸟一样，将头埋在沙子中自顾自地发展。如果不能及时审视身边数字化环境的快速发展并做出转型数字公益的决策，当把头从沙子中抬起来时，也许会发现身边已是一片荒漠，看不到任何可依赖和共存的生机了。只有正视数字经济的发展趋势，并积极寻求解决方案，才能真正拥抱数字化带来的机遇，实现公益事业的可持续发展。

人们对世界的表述大致可以分为两类：世界是什么样的，以及世界应该成为什么样的。前一类表述是描述性的，更偏向于客观的陈述；后一类则是评价性的，不仅涉及事实，也涉及价值观。

和诸多新潮概念一样，数字公益并不缺乏热烈的讨论。本书对"数字公益"做出如下定义：

数字公益是在数字经济时代，公益行业、组织、多主体参与者，共同通过充分运用大数据、云计算、AI、数字化产业等全新的资源、力量、技术、工具和知识等生产要素，加深公益与社会各部门、现实世界之间的交流、互动和融合，促进社会问题更有效解决，创造全新和更大的社会价值，并共同推进公益事业跨越式发展的新范式。

数字公益是数字经济的重要组成部分，是基于数字经济的特征、内涵和外延，在经济学原理指导下，建立科学认知和数字经济思维，在此基础上推动组织管理、项目管理、筹资管理、人才发展等各个层面的变革。它通过数字技术的创新和应用，提供了更高效、透明和可持续的公益服务和解决方案。数字公益的发展为公益事业带来了新的机遇和挑战，同时也需要关注数据隐私、数字鸿沟等问题，以确保数字公益的可持续发展和社会效益。

广义的数字公益既包含公益行业对数字经济生产要素的应用（如数字化工具、技术、平台、数据），也包含数字经济的各主体对公益的参与和贡献，在统计数据上包含互联网渠道筹款，数字经济平台的公益创新，数字经济企业的现金、产品及工具捐赠，数字化产业的公益解决方案，公益行业数字化的经济价值等。而狭义的数字公益，可以认为是公益行业的数字化与互联网渠道筹款。

因此，数字公益并不是简单的对数字工具和产品的应用，或是互联网捐款与互动，更不仅仅是公益组织的信息化。从经济学出发来剖析公益发展规律并探讨数字公益，自然也应该是在数字经济的宏大背景之下——首先是"经济"的，其次是"数字"的，最后才是"公益"的。所以当在说"数字公益"时，说的其实是"数字经济时代的公益"，并且不只要说明"数字公益"是什么样的，更要说明"数字公益"应该成为什么样。

粗浅来看，整个数字公益的图景大致可以分为三个渐进的发展阶段，如图 3-1 所示。

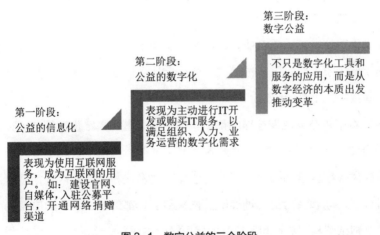

图 3-1　数字公益的三个阶段

第一阶段是公益的信息化，也就是常说的公益组织"触网"。在这个阶段，公益组织学会了将自己的信息通过互联网进行披露，也获取互联网信息带来的资源。公益不仅开始建设自己的官网，也使用互联网平台提供的服务，比如开通社交媒体账号、入驻互联网公募平台、通过二维码进行募款。

第二阶段是公益的数字化。在这个阶段，公益组织开始有规划、有步骤地进行数字化建设，将机构管理、项目管理和捐赠人服务等功能，由线下迁移到线上进行数据沉淀和流程优化。从信息化到数字化的变化，在于"数据"资产和"流程"效率的价值被充分挖掘，可以进一步指导并优化业务决策和落地。

第三阶段是数字公益，也是本书阐述的重点，后面章节将会充分地论述。数字公益不是简单地将公益运营从线下往线上搬运，而是从数字经济的特征和规律出发，推动公益行业的变革，进而开启公益的新蓝海的过程。

关于数字公益观点的论述，更多是由互联网公司在引领，但每一个观点之后，都会紧跟着由这些公司提供的数字化工具或产品。这当然是无可厚非的，毕竟成熟的商业经验和工具，本就是推进公益进步的重要因素。只是这样的模式，往往会让人们误以为数字公益就是对一些数字化工具的应用。

本书正是要改变这样的认知。书中不会出现数字化产品与工具的罗列和功能说明——类似的内容大家通过网络可以检索到很多，在一本探讨数字公益的书中长篇累牍地介绍技术性和工具性内容，显然是对读者时间和精力的一种浪费。技术和工具都属于"术"的层面，而本书则试图从"势"和"道"的层面触及本质。

因为如果思维、组织和人没有发生变化，即使竖起了数字公益的大旗，也是徒有其表；即使张口闭口非数字公益不谈，也只会知其然，不知其所以然。不必将数字公益神化为包治百病的玄学，但也不要将其包装成晦涩难懂的奥义，数字公益是"经济学""数字经济""公益"这几门学科交叉融合而成的一个新兴学科，脱离不了基础规律。一旦掌握了其本质和底层逻辑并加以合理应用，发掘数字经济时代的公益蓝海，也就水到渠成了。

就"数字公益"这个命题而言，有许多可以探讨的话题和可衡量的指标，但放在"数字化"和"经济"的话语体系下，代表着"资金流动"的"捐赠额"无疑最具有指导意义，因此这也将是本书着重聚焦的内容。从目标导向和社会效益的角度来说，通过组织、策略、运营的数字化升级，最终实现社会捐赠额的提升，并能帮助更好地解决社会问题，是"数字公益"的本质意义。用结果和数据说话，而不是虚无缥缈的概念，才最具有实质的说服力。

然而，数字技术所带来的也远不是完美世界，其快速发展也带来了一些挑战和问题，如数据隐私、信息安全、数字鸿沟等。因此，数字技术的应用需要与伦理、法律和社会价值相结合，以确保其对人类社会的发展和福祉产生积极的影响。

本书将探讨数字化对公益事业的影响，以及其中存在的一些机会、问题和困惑。通过分析数字化浪潮对公益组织、公益项目和公益参与者的影响，可以看到数字化带来的便利和创新，同时也需要面对数据隐私、数字鸿沟等问题。这些探讨和思考，旨在引起对数字化浪潮下公益事业的思考和探讨，以期为公益领域的可持续发展提供有益的参考和启示。

# 一 数字经济时代启示

　　"数字经济"到底是什么？这个概念看似神秘，但实际上每个人都身处其中。现在假设你有一位名叫马冬梅的朋友，在一个不大不小的城市生活和工作。有一天马冬梅心血来潮，记录下了她一天的生活：

　　·早上7点，闹钟响起，同时智能音箱语音播报了今天的天气预报；提前设置好的程序，将电动窗帘缓缓拉开。

　　·早上8点，马冬梅出门上班，她先是在小区门口扫码开锁了一辆共享单车，骑到地铁站之后，又通过移动支付扫码通过了地铁闸机。

　　·在地铁上，马冬梅通过手机上的5G网络，漫无目的地刷着短视频。

　　·马冬梅成功赶在9点之前通过刷脸机进了办公室——今天不会被记录迟到了。

　　·马冬梅边往工位走，边在办公沟通软件上处理信息，顺便看看有没有新的工作邮件。

　　·今天日程上的第一个会议是10点，只不过今天的会议没有会议室，分布在不同城市的同事们通过视频的方式接入；负责会议记录的马冬梅打开了视频会议的纪要功能，自然语言处理技术支持下的 AI 速记，开始自动生成一个会议纪要文档。

· 会议开到 11 点多还没结束，趁着别人发言的时候，百无聊赖的马冬梅开始摸鱼，决定研究中午吃什么，最后订了一个外卖，并且指定 12 点送到。

……

是不是看起来非常熟悉？当然马冬梅这一天的生活还可以继续展开，但我们已经可以毫不夸张地感叹：马冬梅的一天就是沉浸在数字经济中的一天啊！是的，仅仅是她这短短几小时的时间，就涉及了数字经济的大量基础设施：5G、网络、物联网、智能设备、共享经济、移动互联、人脸识别、AI、软件与产品，以及背后的大数据、算法、云计算、芯片、半导体、光纤、数字产业……

是的，数字经济被普通大众感知得最多的一部分，就是诞生于移动互联网的各种全新生活与工作方式，但这只是数字经济的冰山一角。

# 第 4 章　数字经济基本形态

## 定义：未来已来

"The future is already here—it's just not evenly distributed."（未来已来，只是尚未平均分布。）美国著名科幻作家威廉·吉布森的这句话，被很多人引用来描述如今这个数字经济时代。

关于数字经济目前还没有一个公认的定义，从历史沿革来说，研究者们一般认为数字经济经历了如下发展阶段：从 20 世纪 50 年代信息技术发端时起，即进入了数字经济的技术准备期；进入 21 世纪之后，电子商务、搜索引擎、社交媒体、移动互联网等信息技术大爆炸的来临，为数字经济提供了丰富的应用场景；随后到来的大数据与 AI 的快速发展，彻底将生活推向了数字经济时代的快车道。

"数字经济"的概念最早由经济学家唐·塔普斯科特（Don Tapscott）提出，他在 1994 年出版了最早的关于数字经济论述的著作《数字经济》（*The Digital Economy*），被誉为"数字经济之父"。

中国信息通信研究院在 2021 年 4 月发布的《中国数字经济发展白皮书》中，如此描述"数字经济"：

我们认为，数字经济是以数字化的知识和信息作为关键生产要素，以数字技术为核心驱动力量，以现代信息网络为重要载体，通过数字技术与实体经济深度融合，不断提高经济社会的数字化、网络化、智能化水平，加速重构经济发展与治理模式的新型经济形态。具体包括四大部分（图4-1）。

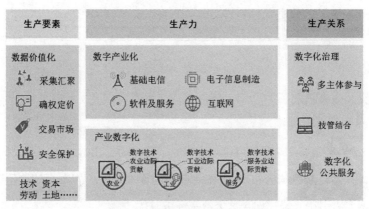

**图4-1 数字经济的"四化框架"**

图片来源：中国信息通信研究院

一是数字产业化，即信息通信产业，具体包括电子信息制造业、电信业、软件和信息技术服务业、互联网行业等。

二是产业数字化，即传统观念产业应用数字技术所带来的产出增加和效率提升部分，包括但不限于工业互联网、两化融合、智能制造、车联网、平台经济等融合型新产业模式新业态。

三是数字化治理，包括但不限于多元治理、以"数字技术＋治理"为典型特征的技管结合，以及数字化公共服务等。

四是数据价值化，包括但不限于数据采集、数据标准、数据确权、数据标注、数据定价、数据交易、数据流转、数据保护等。

跟着马冬梅体验完数字经济的一天，再结合上文专业化的表述，想必大家已经大致了解了数字经济的基本形态。关于数字经济的理论研究非常多，本书不再赘述，如果大家对数字经济的内涵和外延有更浓厚的兴趣，可以通过网络去探索更多公开共享的研究资料——毕竟知识共享也是数字经济时代的一大便利。

图4-1的"四化框架"中有诸多烧脑的概念，读者无须对所有概念都了如指掌，核心可以了解数字经济时代的三个基础技术要素：数据、计算、互联网。数字化新技术，或者运营的新方法，大都是基于这三个基础要素衍生而来：互联网是数字经济时代的标志性基础设施；数据是一种资源，是数字经济时代的生产要素；海量数据的处理则会大大增加计算的需求，云计算应运而生。

用一句话进行总结，数字经济的本质是通过数字技术，发挥数据价值的一种新的经济形态，并且呈现在日常生活之中。其核心层是硬件制造、软件和通信技术等基础设施；狭义的数字经济，是以互联网服务为主要表现形式的平台经济、零工经济、共享经济等，绝大多数人已身处其中并深刻感知的形态；而数字经济的最终发展，必将是更大范围的产业（农业、工业、零售业、服务业）全面实现数字化转型。

这也是公益行业必须认真审视数字经济的重要原因。我们不需要也没必要像做学问一样对数字经济研究得非常深入，但关键是要知道其基本形态并能适应时代要求，对其衍生的新要素、新技术、新工具合理运用，从而推动公益与数字经济的深度融合发展。

## 数据：全球与中国

数字经济的概念从最早提出到现在，已经过去将近30年时间，这期间无论是基础建设还是实践应用都取得了显著的成绩，而在全球范围内肆虐的新冠疫情，又进一步加速了数字经济的发展，并促进了工业经济向数字经济的全面转型。疫情给各国经济发展带来的困扰，以及对世界格局重塑的挑战，使得主要国家纷纷加快了推进数字经济的步伐。

纯粹文字的表达也许稍显空洞，那么接下来的一组数据展示，就能在人们头脑中描绘一个更加生动而完整的时代图景。

根据中国信息通信研究院的测算，全球数字经济规模在 2020 年达到了 32 万亿美元。更为重要的是，如图 4-2 所示，在全球 GDP 负增长 2.84% 的大背景下，数字经济的增速实现逆势正增长，达到了 3.01%，其在整体 GDP 当中的比重也达到了 43.7%。

而从图 4-3 所示的各大洲数据来看，以美国数字经济为核心的美洲，在整体规模上遥遥领先，其次则是以中国的数字经济为核心的亚洲。从国别的规模看，美国的数字经济高居世界榜首，中国位居第二。

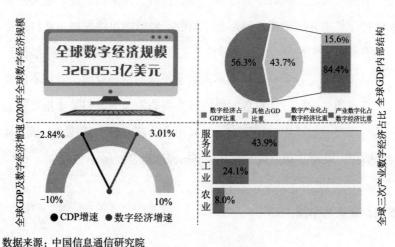

数据来源：中国信息通信研究院

**图 4-2　全球数字经济规模**

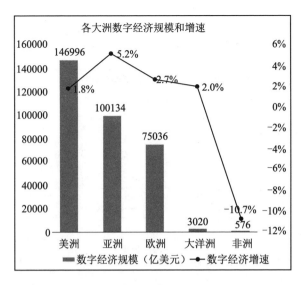

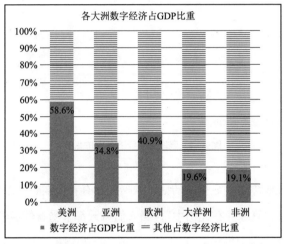

数据来源：中国信息通信研究院

**图4-3 各大洲数字经济规模**

如图4-4所示，德国、英国、美国的数字经济在国民经济中已经占据了主导地位，GDP占比均超过60%；在这方面，中国目前还处于快速追赶期，2020年的数字经济增速虽然达到了9.7%，但GDP占比仍然只有 38.6%。

数据来源：中国信息通信研究院

图 4-4　我国数字经济增速与规模

　　如果说概念还稍显费解的话，数据无疑有着极强的说服力。"不识庐山真面目，只缘身在此山中"，当人们每天都享受着数字经济带来的便利时，也许很少去想数字经济的发展程度和规模。这是因为作为普通个体，更多的感知都来自消费端的各种产品和服务，然而数字化已经广泛且深入地渗透到了工业、农业、政务、服务业之中，带动着许多传统产业插上数字化的翅膀，走上转型升级之路。与此同时，数字化本身也已经发展成为一个前景广阔的产业，从基础电信、信息制造到软件和互联网服务，都在创造着巨大的经济产值。

无论是产业的数字化还是数字的产业化，从上述数据不难看出，数字经济对包括中国在内的世界主要国家而言，都是驱动经济发展的新动能。尽管人们对数字经济还存在一定的困惑，但从政策层面看，无论欧美、日韩还是中国，都对数字经济做出了明确的战略规划，以互联网为核心的数字经济仍然在加速渗透和扩张，对经济增长、收入分配、社会分工的影响越来越显著。

可以预见，即使数字经济在发展过程中会偶有波动，但螺旋式上升的大趋势十分明确，周期性因素也基本不会干扰结构性的变化。

## 趋势：虚实交融

2021 年始，"元宇宙"（Metaverse）概念爆火，许多企业开始进行业务布局，政府部门也在探索政策路径。在网络热潮的引领下，许多时髦的白领也将这个概念挂在了嘴边。如同很多新奇的概念一样，绝大多数人并不完全了解"元宇宙"到底为何，关于这波热潮究竟是泡沫还是未来，大家也是争论不休。

作为集成了一系列现有技术（如 5G、云计算、AI、虚拟现实、区块链、数字货币、物联网、人机交互等）的虚拟世界概念，元宇宙被认为可以映射或超越现实世界，并与之进行交互，同时具有新型社会体系的数字生活空间。虽然它最初是用来描述计算机生成的世界，但随着时间的推移，它已经逐渐演变成一个更加全面的概念，涵盖了更多的技术和应用场景。

然而无论如何，不可否认的是新的技术革命浪潮已经来临。关于信息技术的发展，人们现在倾向于将之划分为 Web 1.0，Web 2.0 和方兴未艾的 Web 3.0 三个阶段。

Web 1.0 的"信息互联网"阶段，以门户网站为典型代表。在互联网诞生的初期阶段，人们参与互联网的形式主要是看新闻、搜信息、发帖子、聊天等，以信息交换为主，这个时期当一台电脑拨号连上互联网之后，人们并不知道这台电脑背后的网友到底是不是一条狗，并且网友是不是一条狗并不重要。

Web 2.0 阶段的典型特征是社交媒体和电子商务，"你是谁"变得非常重要，互动成为常态。博客、微博等自媒体形式的出现，让人可以自由表达观点，同时网友们在网络上也有了清晰分类的标签和人群画像，KOL（关键意见领袖）代替主流媒体成为潮流的引领者；各种与生活深入交织的互联网产品和服务雨后春笋般诞生，而每个人的网络行为与现实生活也无法进行切割。伴随实名信息认证而来的，是数据隐私与安全的问题。

Web 3.0 阶段则以区块链、大数据和云计算为基础，网络上的所有行迹都变得更加契约化，个人数据也有望得到充足的保护，或者个人拥有对自己数据的所有权。这种分布式、去中心化的技术，使网络更加智能化，用户能够更加安全地交互和共享数据。数字资产得到确权，变得真实而有价值，个人行为轨迹不可篡改，网友的线上 ID（个人身份）与线下身份并无大异，网络上的一举一动与现实中的人类行为互相映射，共同构成了一个人的真实生活。有观点认为，Web 3.0 为元宇宙的发展提供了重要的技术基础。

Web 1.0 到 Web 3.0 的演进，可以说是一个从虚拟逐步走向虚实一体的过程，这一点可以通过更加形象化的描述辅助理解。在早期，人们的网络身份就是一个酷酷的网名，而这个网名与现实中的本人仿佛生活在两个毫不相关的平行宇宙之中，网络的归网络、现实的归现实，不同网名账号之间发生的主要是信息的交换。后来，人们在网上不仅带着身份证，还带着钱包，因为有了现实世界的真实性保障，人与人之间可以放心地发生经济往来，所以有了网购、网约车、直播、外卖等行为。而在下一代互联网，人们的网络身份具有了契约属性，在网络上积累的行为与线下的行为，会共同形成这个"身份"的资产和信用价值并受到保护，一切"伪装"在网络面前无所遁形，人与人之间的信息不对称会趋弱。

无论未来的数字技术会被称为元宇宙还是 Web 3.0，抑或是其他什么概念，发展方向都是通过提供智能和个性化服务来增强用户体验，并因此为企业和开发者提供新的商业模式。这对于公益的意义是一致的：以前只能发布信息，也就是处于公益信息化的阶段；现在可以在网络上直接链接到一个个真实身份的捐赠人，他们不仅带着身份证，还带着随时可以付款的钱包；而在可预见的未来，每个人不仅带着身份证和钱包，也都带着"法律文书"。各参与主体与公益之间的交互，在线上与线下并不会有什么不同，数字社会就是真实社会，数字公益也即真实社会中的公益。

# 第 5 章　数字人

数字经济的发展与传统经济有不同的路径，其最核心的特征，是这种经济以人为本，以人的创造性和对市场的追求为原动力。在这种情况下，发展数字经济就要理解"人"的制高点作用。

因此当在谈论数字经济及其发展态势时，除了技术基础设施建设之外，最应该关注的就是数字经济中的"人"。数字化是否已经普及几乎所有人？不同的人群在应用数字技术时，是否存在差距？数字经济能否充分发挥人的能动性和创造力？数字化是否又造成了人与人之间新的鸿沟？

经济活动是由无数个体组成的，数字经济强劲发展的背后，实际上也是无数"数字人"共同参与的结果。失去了"数字人"这个重要的载体，那么数字经济的发展也就失去了其应有的活力。

## 人人都是数字人

问个简单的问题：到底有多少网民？你也许会说人人都是啊！是的，人们印象中几乎已经无人不会上网了。而近些年的数据也在强有力地支撑着这个直观印象。根据 CNNIC（中国互联网络信息中心）发布的数据，截至 2021 年 6 月，中国网民规模首次超过 10 亿人（10.11亿），而与这个绝对值相比，"渗透率"（网民数量在人口数量中的占比）这个相对值口径，更能显示"人人网民"的含义，如图 5-1 所示。

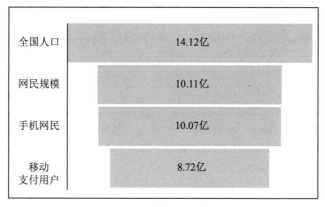

数据来源：国家统计局，CNNIC

图 5-1　我国网民规模首超 10 亿人

- 网民在全国人口中的占比已达到 71.6%。这个数据还有另一层意义：根据国家统计局公布的数据，中国 16 岁到 65 岁的法定劳动年龄人口总计占到了 67.2%。也就是说互联网渗透率、普及度是超出劳动力人群的，已经覆盖到了老人和未成年人。
- 在全部的互联网人口中，手机网民达到了 10.07 亿人。也就是说移动互联网用户在网民当中的渗透率，达到了 99.6%，可以说人人都是移动互联网人。
- 网络支付用户达到了 8.72 亿人，占网民整体的 86.3%。

虽然理论上仍有将近 30% 的人口没有触网，但考虑到占比达到32.8% 的非法定劳动年龄人口（16 岁以下及 65 岁以上），"人人网民"

的说法并不夸张。一些研究结论表明：实际的非网民群体，主要受使用技能缺乏、文化程度限制、设备不足、年龄限制等多种因素制约，无法上网。

与此同时，虽然互联网在乡村的渗透率依然低于城镇水平（乡村网民在网民整体当中的占比为29.4%，低于全国人口当中乡村人口35.2%的占比），但近年来两者之间的差距明显在加速缩小，互联网在城市里的渗透率已到了缓慢增长阶段，而在乡村却仍在快速攀升，如图5-2所示。

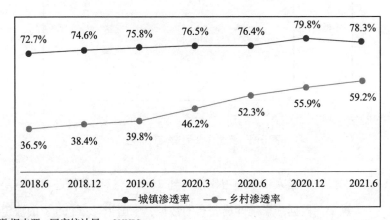

数据来源：国家统计局，CNNIC

图5-2 城乡地区互联网渗透率

当我们进一步去分析互联网服务和应用在网民中的渗透率，会发现上文中描述的马冬梅的一天，只是这个数字社会中再普通不过的一个缩影。如图5-3所示，社交类应用的渗透率超过了97%，娱乐类的超过了93%，交易类的超过了86%，信息类的超过了78%。互联网服务可谓已经涵盖了日常生活的衣食住行、工作的分分秒秒，并且与人们的喜怒哀乐息息相关。

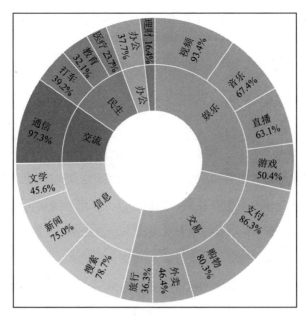

数据来源：CNNIC

图5-3 不同互联网服务的网民占比

　　虽然互联网的普及情况并不能直接和数字化画等号（诚如前文所言，数字化有着更为深刻的内涵和更为广阔的外延），但互联网普及率无疑是最具典型意义的代表性指标，也是最容易切身感知的部分。上面这一组数据，以最简洁明了的形式向人们展现了当前数字社会的图景素描，帮助人们更好地理解所处的世界：我们，以及身边的每一个人，几乎以某种方式联结在网络上。实际上，即使是襁褓中的婴儿、生命垂危的老人，也都可能在不同程度地被数字技术服务着。

　　在"人人网民"的时代，人们不可避免地演化成了数字社会中的数字人。某种意义上，可以说不仅在现实世界有着人们肉体和意识的存在，还在虚拟世界有着人们的数字孪生。

　　是的，在数字经济时代，组成每一个完整个体的，不只是以现实世界中化学元素为基础的有机体，还有以虚拟世界中海量数据为支撑的数字体。

## 数字化原住民

20世纪90年代之前出生的个体，对于计算机和互联网的接触，更多是逐步接受教育并以掌握技能为主要需求，其中相当一部分人在成年以后才有机会接触计算机。如果将以计算机和网络为代表的数字世界比作一个新大陆，那么这批人就像是远道而来的"数字化移民"。

这批"数字化移民"经历了从台式机到笔记本、平板电脑，从"大哥大"到BP机、功能机、智能手机、穿戴设备，以及身边熟悉的一切逐渐变成万物互联的过程。每一次变化，他们都需要做足心理建设，充满好奇却又小心试探、逐步适应。数字化大潮中的一切新技术、新革命对他们都是冲击性的，每往前迈一步都充满了复杂的情感。有时候他们会因担心被时代巨轮抛弃而努力学习，更多时候他们被波澜壮阔的大潮裹挟前行，虽然晕头转向，但也在努力寻找与这个时代浪潮的微妙平衡。

"数字化移民"一边吟唱着怀旧的诗歌，一边忙不迭地适应着一个又一个新兴事物。与他们的略显被动和忙乱不堪不同，"90后"尤其是"95后"及"00后"，可以说是当之无愧的"数字化原住民"。这些原住民生下来就住在了数字化世界的新大陆，从记事起就在不断丰盈的数字化环境中成长。随着他们在身体和思想上逐步发育，数字经济也陪伴着他们一起日趋成熟。数字生活之于这些原住民是与生俱来且理所当然的。

数字化创造的世界，让他们不再只是单纯地上网，而是不断接触智能家居、AI 技术、智能汽车等更多的数字化产品形态。一个还在蹒跚学步的婴儿，可能就已经能很熟练地在智能手机上划屏翻看内容；一个刚能完整表达的幼儿，可能就已经能熟练地与 AI 机器人互动了。与数字化移民多少有些手忙脚乱的窘态相比，这种多样性的数字生活之于这些原住民就是世界原本的样子，就像呼吸一样自然而亲切，几乎不需要教育与适应的过程。如果去采访他们，他们一定会说："没什么好奇怪的，一切就应该是这样的呀，而且我也离不开它们。"

如果说数字化在城乡渗透率的不同，仿佛在城乡之间挖掘了一道数字鸿沟，那么这道鸿沟在城乡的青少年之间却几乎消失了。虽然老一辈的数字化移民明显受到了城乡区域的显著影响，但更年轻的数字化原住民显然弥合了这道数字鸿沟。从图 5-4 的对比可以看出，全年龄段网民在乡村的占比为 59.2%，远低于城镇的 78.3%；而如果只关注未成年人，那么网民的占比在城乡之间几乎没有差别，都是 95% 左右。

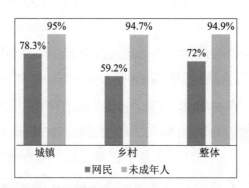

数据来源：共青团中央维护青少年权益部，CNNIC

图 5-4　互联网在未成年人当中的渗透率对比

在 CNNIC 发布的《第 49 次〈中国互联网络发展状况统计报告〉专家解读》的文章中，对未成年人使用互联网的情况做了如下描述。

## 未成年人互联网使用呈现新特点，网络保护机制逐步建立

中国传媒大学人类命运共同体研究院副院长王四新表示，随着互联网在未成年群体中的高度普及，网络已经成为当代未成年人重要的学习、社交、娱乐工具，在其成长过程中发挥的作用日益凸显。CNNIC 第 49 次《中国互联网络发展状况统计报告》以专题形式重点关注了我国未成年人互联网使用的相关情况，并发现以下三方面主要特点。

一是城乡差异方面，未成年人互联网普及率基本拉平。我国城镇未成年人互联网普及率达到 95.0%，农村为 94.7%，目前已基本一致。但在互联网应用的深度与广度方面，城乡未成年人的应用水平仍存在较大差异。城镇未成年网民使用搜索引擎、社交网站、新闻、购物等社会属性较强的应用比例明显较高，而农村未成年网民则更偏好于使用短视频、动画或漫画等休闲娱乐应用。

二是上网设备方面，新型智能终端在未成年群体中迅速普及。手机作为当前未成年人的首要上网设备，在该群体中的拥有比例已达 65.0%。此外，智能手表作为新型智能终端的代表性产品，其在未成年网民中的拥有比例也已达到 25.3%。随着智能设备、5G 等相关产业日趋成熟，智能手表、智能台灯等新型智能设备在未成年人中迅速普及。

三是权益保护方面，相关政策陆续出台，提升未成年人网络权益保护水平。国务院于 2021 年 9 月印发《中国儿童发展纲要（2021—2030 年）》，要求加强未成年人网络保护，落实政府、企业、

学校、家庭、社会保护责任。此外，国家新闻出版署发布《关于进一步严格管理切实防止未成年人沉迷网络游戏的通知》，严格限制企业向未成年人提供网络游戏服务的时间。下一步，仍需汇聚社会各界力量，加强科学普及和宣传教育，共同为未成年人营造良好网络文化氛围。

（来源：CNNIC《第49次〈中国互联网络发展状况统计报告〉专家解读》）

有意思的是，如果关注最近几年相关政策的关键词，会发现针对老年人群体一直在强调"适老化改造"，也就是说，即使已经非常便捷和低门槛的互联网应用，对老年人来说仍然是难以学习和不友好的。只有根据老年人的特点对应用产品进行改造，降低其使用门槛，才能帮助他们更好地享受数字经济的便利。而针对未成年人群体，政策的关键词则是"保护"和"监管"——对数字化原住民来说，哪还有什么门槛之说呢？问题不再是"普及度"，而是要维护心智和价值观尚未成熟的未成年人的权益。

在人人都是数字人的时代，尽管"老一辈"的数字化移民需要不断学习才能保持与数字化浪潮的一致步调，但新一代的数字化原住民正以矫健的步伐走来，他们中的许多人已经走上了工作岗位，并且正在逐步接管社会的主流话语权，也必将很快成为整个社会的中流砥柱。如果公益行业没能意识到数字经济的强大动能并开始全新布局，那么在不久的将来，当数字化原住民引领着全新的数字化世界走来时，恐怕公益行业就会被逐渐遗忘乃至抛弃。

# 第 6 章　数字公益变革之路

## 千二均衡

　　无论是经济发展的阔步向前，还是"人"的层面与数字化更深、更广的联结，数字化浪潮已蔚然成势。在这样的社会大势之下，更有必要关心：公益是否跟上了数字经济和数字社会的发展速度呢？

　　对于这个问题，同样可以通过翔实的数据分析来找出答案。

　　首先有必要关注的，是中国社会捐赠的整体发展状况。从图 6-1 可以看出，中国社会捐赠总额在 2008 年、2010 年和 2020 年分别经历了三个爆发式的增长，而这背后分别是汶川大地震、玉树地震和新冠疫情三个重大灾难性事件的带动。其中，2008 年更是由于社会捐赠、志愿服务、社会组织等各项数据的大幅增长，以及全民公益意识的觉醒，被业界冠以"公益元年"之称。

　　伴随这三年爆发式增长的，还有另一个事实：汶川地震发生的 2008 年之后的长达 7 年时间里，社会捐赠总额都没能超过这个"公益元年"。事实上该数值直到 2014 年才与 2008 年基本持平。

　　由于公益捐赠的非刚需属性，人们的捐赠热情更容易被突发的重

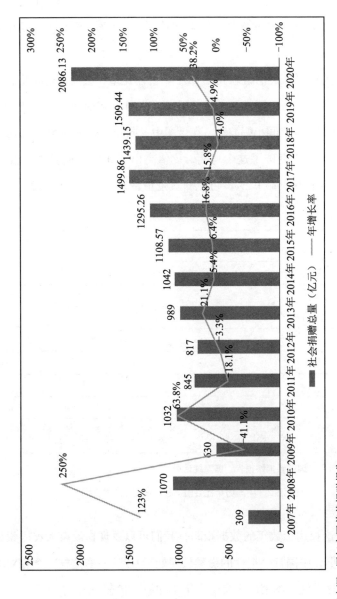

数据来源：历年中国慈善捐赠报告

图6-1　中国历年社会捐赠总量

大灾难带动，因此重大公益事件所带来的显著波动被剔除之后的常态数据走势，更能反映公益的真实发展趋势。实际上在不考虑 2008 年巨幅增长的情况下，常态情况下年均增长率约为 9%，略高于同期中国 GDP 的年均增长率。

进一步观察社会捐赠总额在 GDP 中所占比重，会发现这个指标处于相对均衡的状态（图 6-2）。在 2011 年到 2019 年期间，该占比始终在 0.15% 到 0.2% 之间小幅波动。在该图中，同样只有 2008 年、2010 年和 2020 年这三年突破了这个均衡，比值高出了 0.2%。而其中 2020 年更是近 10 年首次突破 0.2%，可见新冠疫情带动的公益捐赠增幅之大。

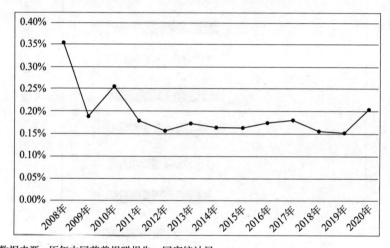

数据来源：历年中国慈善捐赠报告，国家统计局

**图 6-2　中国历年社会捐赠总额在 GDP 中占比**

根据这长达十数年的数据跟踪，我们可以发现在没有大灾因素的带动影响下，中国社会捐赠的份额长期处于 0.2% 左右这样一个相对均衡状态，这也就是本书所定义的"千二均衡"状态。

"千二均衡"提醒人们，尽管近年来中国社会捐赠总额在持续增长，但其增速与 GDP 的增速基本一致并达到了相对均衡状态。换言之，中国社会捐赠总额的逐年增长，更多是在共享中国经济发展的成果，得益于社会财富的持续增加。中国经济发展状况成为慈善发展的先行指标和晴雨表。

这是值得警醒的。这进一步印证了本书导言部分所探讨的公益看似"新潮化"的趋势，不过是后知后觉的亦步亦趋。如果把经济发展成果所带来的红利，错当成了行业、机构甚至个人能力的产出，那么就难以看到问题和症结所在，也就无法发展出公益真正的核心竞争力与硬核实力。当经济和政策形势一片大好时，"千二均衡"让公益得以坐享其成；而当宏观经济状况不佳，相关政策也不再倾斜时，"千二均衡"也会导致社会捐赠总额随之下降。

"千二均衡"同样提醒从业者，应当认真审视工作的投入与产出。至少从数据层面来看，行业的努力和拼搏也只是让公益的发展跟上了经济发展的脚步。但既然社会捐赠的涨跌与经济发展状况直接相关，那么从微观层面来说，或许行业在忙碌的绝大多数带动公益参与的事情，是无效或低产出的。有些事情不做，对大局也毫无影响，甚至可能更好。这也许正是公益行业应当反对的无效"内卷"。

另外，"千二均衡"也提供了一个标尺。只有当行业的努力，让中国社会捐赠突破了这个均衡，才说明中国公益走出了一条独立发展的新路径，寻找到了突破传统路径依赖的新蓝海，由此也就能更好地应对宏观经济和政策波动的风险

## 三个"十级差"

在谈到公益捐赠占 GDP 比重这个指标时，很多学者倾向于应该

努力达到 2% 的水平，也就是慈善事业相对发达的国家 / 地区的常态水准。显然，我国与这个目标还存在着 10 倍的差距。

达成这个目标，就需要找到新的增长动力和破局路径。这个突破点会是数字经济带来的新机遇吗？对这个问题，仍然可以通过数据分析来厘清头绪。

正如前文所述，中国数字经济在 GDP 中所占比重近年来稳步提升，并于 2020 年达到了 38.6%。既然观察数字经济发展状况，会以其在 GDP 中的占比这样的"相对值"指标做参考，那么思考数字公益发展状况时，也可以观察其在社会捐赠整体规模中的占比。

数字公益的捐赠总额，应当包含一个更全面的范围。比如，数字技术、工具、设备的捐赠，或是数字平台、相关企业从数字化产业的收入中履行的捐赠，以及将数字化工具、渠道作为通道的捐赠，都应当是广义的数字公益捐赠范畴。但这样的整体数据显然还缺乏权威数据统计，因此本书中以最全面和准确的互联网捐赠作为分析依据。这种用法也是具有说服力的，毕竟互联网捐赠是最具规模和典型性的，与社会捐赠总额一样，也被作为官方数据口径逐年统计和披露。

图 6-3 显示，互联网公益捐赠额在整个社会捐赠总额中的占比快速提升，在 2020 年达到了 3.9%（当年互联网捐赠 82 亿元）。虽然看起来这是一个可观的比重，但与数字经济在 GDP 中 38.6% 的占比相比，仍有 10 倍的差距。

也可以换一个角度，观察数字公益是否跟上了数字经济的发展速度。如图 6-4 所示，将互联网捐赠额占数字经济的比重，与社会捐赠占 GDP 的比重进行对比，会发现这一差距也有 10 倍之多。也就是说，虽然人们认为社会捐赠在 GDP 中 0.2% 的"千二均衡"还有提升空间，但互联网捐赠在数字经济当中的份额却只有 0.02%（万分之二）。数字经济中互联网捐赠的发展水平，与社会经济整体中的公益发展水平都还相去甚远。

数据来源：历年中国慈善捐赠报告，中国信息通信研究院

**图 6-3 网络捐赠占社会捐赠比重 vs 数字经济占比**

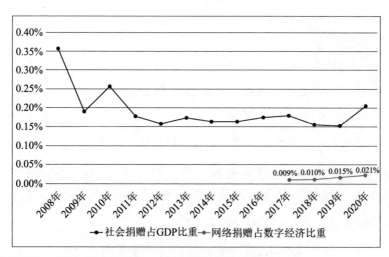

数据来源：历年中国慈善捐赠报告，中国信息通信研究院

**图 6-4 网络捐赠占数字经济比重 vs 社会捐赠占 GDP 比重**

值得注意的是，无论从上面哪张图表、哪个角度来解读这十倍差，都会发现这些数据在倾向于形成新的均衡态势。在前几年，这个十倍差还呈现出快速缩小的趋势，而到2019—2020年，两条曲线却保持着标准的十倍差距而同比例变化。

解读数据的过程虽然烧脑，但是能清晰地解构出当前的问题所在。上面的分析总结下来就是，中国公益发展的现状存在两个十倍差。即：从"千二均衡"来看，社会捐赠占GDP的比重（0.2%），与对标的相对发达国家/地区水平（2%）存在着十倍差距，我将之称为第一"十级差"；从数字经济来看，互联网公益捐赠占数字经济的比重，与对标的社会捐赠占GDP比重，也存在十倍的差距，我将之称为第二"十级差"。

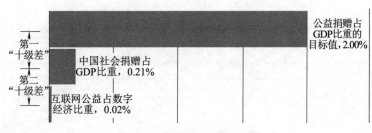

图6-5 公益的两个"十级差"

站在数字经济的时代背景下，分析和认真思考这两个"十级差"是有积极意义的，即：通过抓住数字经济赋予的机遇，缩小甚至消弭第二"十级差"，以让互联网公益成为中国社会捐赠的新增量，是有助于带动缩小第一"十级差"的。

以2020年的数据为例，做一个简单的数学推演：

已知：2020 年中国社会捐赠额为 2086.13 亿元，其中互联网公益捐赠占比为 3.9%。

则可以得出：扣除互联网公益捐赠后的金额：2086.13 ×（1–3.9%）=2004.8 亿元。

假设：数字经济中互联网公益的占比，由当前的 0.02% 提升至 0.21%（即达到 GDP 中社会捐赠占比的千二均衡水平），以消弭第二"十级差"。

则推导出：由互联网公益带来的增量值可达到 823 亿元（中国 2020 年数字经济总额乘以 0.21%）。在此带动下，社会捐赠总额将达到 2004.8+823=2827.8 亿元，那么在 GDP 当中的占比也将达到 0.28%。

以上仅是在消弭第二"十级差"的基础上做的推算。可以再大胆一些，假设数字公益带来的捐赠额在数字经济中的占比，达到了更为理想的 2%，即在数字公益层面直接突破到第一"十级差"，那么按照上面的推演逻辑，带来的增量值将达到 8230 亿元，由此带动的社会捐赠总额将达到 10234.8 亿元，其占 GDP 比重将提升至 1%。

是不是很激动人心的数字？这固然是乐观主义的推演，但绝不是毫无依据的纸上谈兵。显而易见这里有一个巨大的疑问需要回答：既然能推演出数字公益存在着这样的潜力，那为什么没做到呢？甚至还存在着第二"十级差"？未来有没有可能达到？这是好问题。所谓万事皆有因、万物皆有根，公益所面临的第二"十级差"，并非不可逾越的鸿沟。一旦找到这个十级差的"因"，就能找到清晰的行动路径。

这个"因"，就是数字公益相对于数字经济发展的滞后性。如图 6-6 所示，数字经济萌芽于 1947 年美国贝尔实验室研制出的世界上第一个半导体，而在 20 世纪八九十年代迎来了信息技术爆发期，并在 21 世纪逐步开启了移动互联和智能信息的快速发展。中国作为技术追赶国，在 1994 年正式接入互联网，随后开启了中国互联网近 30 年的高速发展期（有些人也因此将 1994 年称为中国的"互联网元年"）。而公益机构尝试通过互联网来筹款的时间起点在 2006 年，即以支付宝、腾讯财付通为代表的第三方支付平台开始为公益机构提供在线捐款通道的服务。

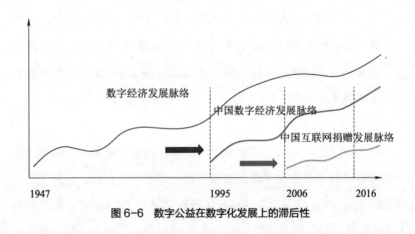

图 6-6　数字公益在数字化发展上的滞后性

当然，将 2006 年作为数字公益的起点是有争议的，主要体现在两个方面。

一是更早的时候，很多公益机构就已经开始使用官网、电邮、网络新闻、即时通信等信息工具。

二是有一些民间的公益行动，甚至一些公益组织，较早尝试通过网上发布信息的方式来获得线下的银行汇款捐赠。

但在数字经济的背景下，更需要强调的是公益组织能够正式地通过数字化的方式直接获得捐赠收入。前两种方式更多是一个普通的互联网用户的身份，还没有产生所谓的"互联网公益"的新模式。相较之下，以互联网创业者为主的商业部门，早在 1995 年就已经将互联网作为创造企业营收的方式。

作为社会第三部门的公益，相对于中国数字经济的发展，有着显著的起步滞后性。而在将互联网捐赠额作为数字公益代表性指标的前提下，就会发现数字公益相对于中国数字经济发展的滞后时间，也刚好是 10 年左右，这就是公益发展的第三"十级差"（图 6-6）。

这还只是在宏观层面观察数字公益发展的滞后性。更进一步研究就会发现，公益发展在数字经济时代的滞后性，不仅体现在互联网公益相对于互联网产业的滞后性，还体现在互联网筹款相对于电商产业的滞后性，社交筹款相对于社交应用的滞后性，公益数字化相对于产业数字化的滞后性等各个层面。

至此已经拨云见日：中国数字公益的发展，还没有跟上数字经济发展的步伐；而公益捐赠所面临的"千二均衡"突破可能性，正是藏在逐级突破三个"十级差"的路径之中（图 6-7）。

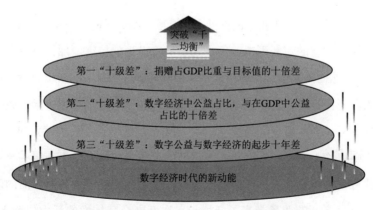

图 6-7　数字公益的三个"十级差"突破路径

本书期望解决的问题，正是建立"数字公益"的基础框架，进而可以逐级向上突破三个"十级差"，最终打破现有的"千二均衡"状态。所谓数字经济时代的公益蓝海，就是站在数字经济的时代背景下，在思考公益运作的传统思路与方式的基础上，不断优化提升数字公益捐赠额在数字经济中的占比，最终达到带来新的捐赠增量的目标。

## 数字公益的第二曲线

欧洲管理思想大师查尔斯·汉迪在 80 岁高龄的时候，为年轻一代写了一本书《第二曲线：论重塑社会》（*The Second Curve：Thoughts on Reinventing Society*），由此"第二曲线"理论作为一种全新的思考方式走进人们的视野，教导着人们学会更好地发掘新的增长点。

该书的核心观点认为：任何组织、企业乃至一切事物的发展都逃不开 S 形曲线的轨迹（图 6-8），这意味着当到达一定程度时，发展必然达到巅峰并开始下滑。实际上这一点也遵循着经济学中的边际递减规律：当对一项全新业务进行投入时，虽然刚开始时产出会小于成本，从而导致收益的短暂下滑，但在之后随着投入的持续增加，收益会快速增长，然而当每增加一单位成本（边际成本）所带来的新增收益（边际收益）相等时，这项业务的整体收益也就达到了顶峰。边际递减规律揭示了一个真相：任何业务都不可能永远高速增长下去。"第二曲线"理论则启发人们要抓住时机，发现新的竞争力曲线，从而获得一个组织的持续性增长和发展。老的业务也许会走到发展缓慢甚至停滞的阶段，但只要新的业务带来了新增长，在新老交替接力的活力保障下，组织也可以持续成长。

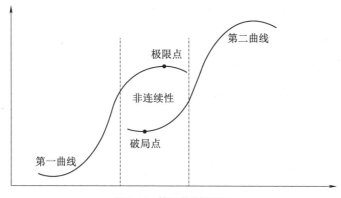

图 6-8　第二曲线模型图

之所以强调要主动寻找"第二曲线",是因为第一曲线带来的巨大成功,往往会形成经验主义和舒适区的窠臼,让人们形成惯性思维而缺乏危机意识。突破第一曲线的限制,需要敢于并且能够放弃过往的成功经验,强迫自己跳出"舒适区",从而跳出"生命周期"的盛衰循环。

这里不得不再次提到中国的古老智慧,"三十年河东,三十年河西""人无远虑,必有近忧""精益求精、新益求新"等古人总结下来的谆谆教导,初看往往不以为然,而当有了更丰富的认知之后,就能体会到这些文字闪耀的智慧光芒。历史的轮回告诉人们,万事万物皆有生命周期,唯有不断创新打破惯性,才能跳出被循环支配的命运。

从身处其中耳濡目染的商业案例,即可以很清晰地看到:数字经济无疑是开启"第二曲线"的不二契机。以新能源汽车为例,成立于2013 年的特斯拉,在 2020 年市值就超过了大众、丰田、日产、现代、通用、福特、本田、菲亚特、克莱斯勒和标致这些传统车企的市值之和;而在中国车企方面,比亚迪、长城、蔚来、小鹏、理想这些车企也通过抓住数字经济带来的新机遇,迅速占领了中国车企市值排行榜的前列。例子不胜枚举：网约车改变了传统的打车模式，美团、饿了么改变了传统的餐饮格局，完美日记、小米、李子柒、三只松鼠等互联网新品牌对传统零售企业完成逆袭……相对应地，各行各业原本的龙头老大反而因为过于依赖传统模式和惯性，反应迟缓或者行动较慢，被新品牌迅速反超。

数字经济正在以前所未有的速度重塑这个世界。躺在第一曲线上享受惯性红利的组织受到越来越大的挑战，而抓住数字经济机遇开启第二曲线的挑战者们，则快速站上了新增长的快车道。正如一些已经在这个时代黯然出局的企业家所言：战胜了所有对手，却最终输给了时代。其实他们并不是输给了时代，而是输给了自己所惯性依赖的第一曲线。

公益自然也不例外。对于"数字公益会是第二曲线吗"这个问题，仍然可以通过数据分析的方式，从人、组织、资金和市场几个层面，由微观到宏观来逐级分解和阐述。

首先，从捐赠人的数据分析可见，历年来个人捐赠的占比虽然在持续增长，但仍然有很大的提升空间。如图 6-9 所示，仅以 2020 年为例，中国内地的个人捐赠占比为 25%，人均捐款额（社会捐赠总额除以当年人口总数）为人民币 148 元；以美国的数据进行对比，其 2020 年个人捐赠占比为 69%，人均捐款 1432 美元。美国 69% 的个人捐赠占比数据，看起来已经很高了，但实际上该数值近几年是处于持续下降趋势的——20 世纪 90 年代时，个人捐赠在美国慈善捐赠中的占比一度超过了 80%。

其次，从公益组织的层面来看，如果以参与过互联网公益筹款的组织为参照指标，可以发现公益组织的数字化程度整体相对较低。腾讯公益的"99 公益日"每年带动的公益组织参与数量，几乎是互联网公益领域最多的，所以可以将"99 公益日"的参与数量作为公益组织

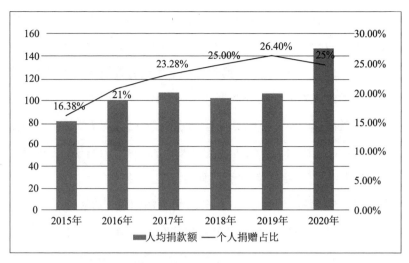

数据来源：历年中国慈善捐助报告，国家统计局

图6-9　人均捐款额及个人捐赠占比

数字化的一个参照数据。

　　《中国社会报》2021年11月25日发表的《业内人士透视"99公益日"助力共同富裕，人人皆可公益》文章中描述道："今年'99公益日'期间，超过6870万人次为7700家公益机构的1.3万余个公益项目捐款35.69亿元。"

　　而根据《慈善公益报》2021年1月26日的新闻，"截至2021年1月25日11时，入库全国社会组织数据共901351个，我国社会组织总数突破90万家，其中民政部登记社会组织共2292家。数据显示，我国社会组织数量呈连年增长势头。2012年，我国社会组织总量只有32万家；2013年达到39万家；2014年达到46万家；2015年达到53万家；2016年达到61万家；2017年达到69万家；2018年达到76万家；2019年达到84万家；2020年超过89万家；2021年开年伊始便突破90万家"。

根据以上数据，可以概略认为公益组织的数字化渗透率是 7700 家（参加"99 公益日"的组织数量）与 901351 家（注册登记组织数量）之比，即 0.85%。当然，这不是一个严谨的数据，但当前还没有权威的公益组织数字化研究数据，用这个数值作为大概的参照指标，是为了用最简单的模型来说明问题。同时，对公益组织而言，筹款是最有动力的决策因素，虽然使用这个数值存在一定的偏颇，但也能在很大程度上反映公益组织数字化的真实情况。

最后，仍然可以回到互联网公益捐款额的数据来做观察。前文（图 6-3）提到，2020 年互联网公益捐赠在社会捐赠总额中的占比是 3.9%，可以将这个比值看作数字经济在公益领域的渗透率。如图 6-10 所示，与数字经济在其他产业中的渗透率相比，这个渗透率是最低的，甚至比第一产业（农业和畜牧业）还要低 5 个百分点。

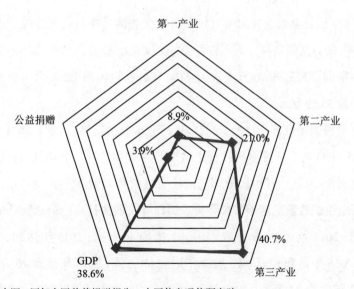

数据来源：历年中国慈善捐赠报告，中国信息通信研究院

图 6-10　数字经济在产业中的渗透率

对人、组织和资金的增长潜力分析完毕，再从市场整体情况来看，会发现"第二曲线"已经露出了端倪。由图 6-11 可知，近年来个人捐赠总额的增长率高于社会捐赠总额的增长率，而互联网捐赠总额的增长率又远高于个人捐赠总额的增长率。同时，与社会捐赠总额增长率相对平稳相比，个人捐赠总额增长率和互联网捐赠总额增长率处于更高的位置。相对应地，近年来的数字经济增长率也高于 GDP 的增长率。这种不同增长率曲线的鲜明对比，清晰地告诉人们，在数字经济带动之下，互联网捐赠的重要性正在逐步凸显。

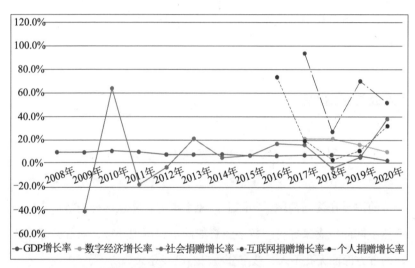

数据来源：历年中国慈善捐赠报告，中国信息通信研究院，国家统计局

图 6-11　互联网捐赠增长率 > 个人捐赠总额增长率 > 社会捐赠总额增长率

由此，从人、组织、资金和市场的角度，可以清晰地看到：公益行业在数字经济时代面临着非常大的提升空间。这个待提升的空间也就是数字公益的巨大蓝海。具体来说，在捐赠人层面，当前中国社会捐赠的主体力量仍然是企业，个人占比较低（25%）；在公益组织层面，

数字化的渗透率相当低（0.85%）；而在捐赠金额层面，数字经济在公益方面的渗透率也远低于各个产业（3.9%）。

所以回到开篇提到的问题："数字公益会是第二曲线吗?"答案不言自明。当将个人捐赠额占比由当前的 25% 提升到更高，公益捐赠当然会迎来新的增长曲线。而提升个人捐赠的有效路径，则在于公益组织数字化程度的提升（由当前的 0.85% 提升到更高水平）、公益捐赠资金数字化比例的提升（由 3.9% 增加到更高水平）。

公益更好地融入以互联网为代表的数字经济，本身就意味着可以激发更多的捐赠活力。互联网捐赠增长率远高于个人捐赠增长率和社会整体捐赠增长率的发展态势，也充分说明：数字公益，正是公益增长的第二曲线。

## 数字公益变革模型

前文的理论阐述和数据分析，实质上是脱离一个视角，转向另一个视角，对数字经济及数字公益建立起正确的认知。数字经济与传统经济的边界在逐渐消融，实际上已经不再适合将这两种经济形态作为截然不同的概念来探讨。数字经济如同水银泻地一般，对社会经济生活的方方面面无孔不入，数字公益自然已经是大势所趋了。

以互联网为重要依托，数字经济正在与社会经济结构全面融合，几乎是无处不在、无时不在、无人不用、无装备不数字。在组织层面，数字经济的发展，也将突破传统的金字塔式纵向结构，向横向、互动、扁平的组织结构过渡；在交互层面，数字经济将引发民众的广泛参与，信息会更加透明，互动会更加直接和高效。数字经济带来的将不仅是经济，还有社会结构的变革。了解数字经济的这些特征，再来思考"数字公益如何带动第二曲线"的命题，一个清晰的变革模型就出现了。

图 6-12 从公益发展的主干框架提出了数字公益建设的整体性解决方案。这个数字经济时代的公益变革模型，可以总结为"一个底座，两个驱动，四个重塑"。

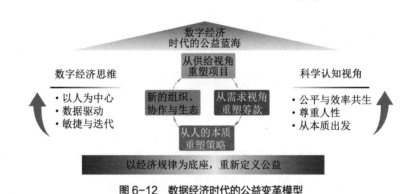

图 6-12　数据经济时代的公益变革模型

**一个底座**：以经济规律为底座，重新定义公益。虽然公益是增进社会福利、调节收入分配的重要方式，但它本质上不是脱离经济生活独立存在的，而是与社会经济生活紧密融合。因此，公益面临的仍然是供求关系、人和市场等问题。理解并尊重经济规律，并不等于要做商业与公益非左即右的选择，而是有利于公益更好地融合到经济发展之中。通过引入经济学的分析框架，也可以跳出熟悉的公益话语体系，进而重新认知和思考公益到底可以做成什么样。在余下的篇章中，基于经济学的分析几乎是无处不在的。

**两个驱动**：分别来源于"数字经济思维"和"科学认知视角"。如果将经济规律的底座比作一辆汽车的底盘和骨架，那么这两个驱动力就好比动力总成和转向系统。在整个模型当中，"两个驱动"是最关键的因素，既指引着前进的方向，也提供了源源不断的动力保障。人们拥有什么样的思维和视角，决定了能够走到哪儿、走多远。这两个驱动力分别代表着什么，为什么可以指引数字公益的方向，接下来的章节将做详细的分析和阐述。

**四个重塑**：站在经济规律的巨人肩膀上，以"数字经济思维"和"科学认知视角"两个驱动为指引，可以重新审视项目运营、组织管理、募捐筹款、议题合作与行业生态等重要议题。这要求从业者跳出情怀与悲悯之心的初衷，从相对理性的供需关系、人的决策逻辑、博弈原理等角度，考虑可以怎样将公益从内至外重塑出一个全新的发展格局。

数字公益的变革模型，立足于阐明如何通过数字技术和数字化手段来推动和实施公益事业的活动和模式。接下来的篇幅中，本书将充分探讨公益事业与数字经济相结合，以探索通过数字化的方式来解决社会问题、提供公益服务和促进社会发展的具体可行路径。通过这些探讨我们将会发现，这个变革模型视图说明数字公益具有以下几个特点。

**创新的公益模式**：数字公益通过数字技术的创新和应用，提供了新的公益模式和解决方案。它能够更高效、精准地识别社会问题，设计和实施相应的公益项目和活动。

**数据驱动的公益决策**：数字公益以数据为基础，通过收集、分析和利用数据来支持公益决策和项目管理。数据驱动的公益决策使得公益组织能够更准确地了解社会需求、评估项目效果和优化资源配置。

**公众参与和互动**：数字公益通过数字技术的应用，促进公众的参与和互动。它提供了在线捐款、志愿者招募、社交媒体互动等方式，使公众能够更方便地参与公益事业，共同推动社会发展。

**资源整合和共享**：数字公益通过数字技术的支持，促进公益资源的整合和共享。它能够连接公益组织、企业、个人和社会资源，实现资源的高效配置和共同利用。

**更广泛的公益合作**：数字公益打破了地域甚至国界的限制，通过互联网和数字技术的连接，促进了更大范围、更广领域的公益合作。它使得公益组织能打破边界开展合作项目，共同解决全球性的社会问题。

数字公益变革模型是贯穿全文的基本思想。如果读者在合上本书之后，这个模型仍然如影随形地出现在脑海之中，那么这本书最基本的目的也就达到了。在探讨数字经济变革话题的时候，抛开这个模型去探讨其中的任何一部分，无疑都有盲人摸象、管中窥豹之嫌。只知一面而不知全局，最终难免会成为另一个跟风的新潮话题。

也许有些朋友看到这里会失望：原本期望学到一个一着制胜的大着儿，没想到要学习的是一个系统性工程。是的！失望的朋友们恰恰抓住了要义！数字经济的公益蓝海没有什么捷径（有捷径的地方早就是红海了），而是需要从思维方式到行动方式、组织方式全面变革，直至顶层架构和战略彻底转型，才可能真正把握时代的脉搏。如果将数字公益简单地理解成建立官网、官方自媒体账号，或者入驻各家平台（当然，绝大多数公益机构连这一步都还没走到），却不做思维方式和战略层面的升级，那也只是达成了基础的信息化，并不能带来真正的实质性改变，更不可能找到增长的第二曲线了。

创造变革，从来没有什么神奇的魔法棒，只有自我的不断升级和重塑。

**换道数字经济思维**

再来简要回顾一下什么是数字经济：数字经济是以数字化的知识和信息作为关键生产要素，以数字技术为核心驱动力量，以现代信息网络为重要载体，通过数字技术与实体经济深度融合，不断提高经济社会的数字化、网络化、智能化水平，加速重构经济发展与治理模式的新型经济形态。

对新经济形态的理解和认识需要经历一个从接触到理解、接纳、应用的过程，而其中思维方式的转变过程尤为痛苦。下面通过对比大家更为熟悉的经济思维模式（也就是工业经济思维），来帮助大家理解什么是数字经济思维。

工业经济思维与数字经济思维对比如下：

• **关注点**。工业经济思维以"产品"为中心，围绕着产品的供给、需求、生产、流通、销售等过程进行经营。数字经济思维以"人"为中心，关注人的个性化和多元化需求并进行价值创造。

• **供需**。工业经济思维的供给端，人的体力得到解放，知识有更大价值；需求端，市场的主力是满足共性需求，而个性化需求属于 VIP 服务。数字经济思维的供给端，鼓励人的智力解放与创造性工作；在需求端，个性需求在市场上都能得到满足，也能创造更大的机遇。

· **特性**。工业经济思维强调确定性，标准化、规范化、规模化、可控性等这些确定性特质对于工业化生产非常重要。数字经济思维拥抱不确定性，唯一不变的是变化，需要保持组织和玩法的敏捷性，并拥有快速迭代的能力。

以上详细对比了工业经济思维和数字经济思维的差别，我们能很清晰地看到数字经济的典型特征。本篇将围绕数字经济的这些特征进行详细展开，充分阐述基于推动数字公益发展的目标，可以如何换道数字经济思维。

# 第 7 章　以人为中心：受益人

　　数字经济时代的一个核心理念是以人的全面发展为核心。以人为中心，是大家都非常熟悉，但未必都能做到的一件事情。放在商业场景中，简单理解就是人们经常挂在嘴边的用户体验。在商业上，站在客户的角度来共情思考自己的产品和服务，似乎是一件再平常不过的事情。福特公司创始人、汽车大王亨利·福特曾说："成功的秘诀在于把自己的脚放入他人的鞋子里，进而从他人的角度来考虑事物，服务就是这样的精神，站在客人的立场去看整个世界。"

　　对于公益来说，以人为中心的"人"包含两类：一是公益项目的受益人，二是公益项目的支持者（捐赠人或者志愿者）。公益项目是一个重要的连接者，一头连接着捐赠人、志愿者、资源方等贡献资源和爱心的人士，另一头连接着处于困境中需要帮助的人群。（当然，公益的受益方还包括环境、动植物等非"人"的对象，但这些对象的最终受益方仍然是"人"，而即使与"人的受益"完全无关的其他对象，底层逻辑仍然是适用的。）

　　如果定义公益项目是产品的话，那么客户又是谁？商品或者服务中对客户的定义非常清晰，而对公益项目而言，无论捐赠人还是受益人，都是需要关注的"客户"，或者更准确地说是重要利益相关方。公益项目要给这两个群体分别提供不同却又相互影响的服务和支持。对于这两个不同"人"的群体，公益组织不能将之割裂地对待，而都应该注重"以人为中心"的理念。

接下来我将从尊重需求差异、善用激励效应、关注外部性三方面出发，充分阐述以受益人为中心，可以对公益项目的设计思路带来怎样的启发和改变。

## 尊重需求差异

从公益项目的设计和执行来说，规范化、标准化和规模化无疑是效率最高的项目管理方式。目前主流的公益项目实施路径，也是先发现一个社会问题的小切口，再提炼出共性的解决方案、标准的项目执行流程并进行规模化复制。这种项目管理思路，在未来相当长的一段时间内，也将仍然是经费和资源都极为有限的公益组织的有效方案。但这种方式最大的弊端，就是受益人只能毫无选择地接受标准化方案。虽然受益人的共性需求被充分关注，但个性化诉求则较少获得响应。换言之，公益项目方案有时会显得包容性不够。

当以数字经济思维来强调"以人为中心"时，可以尝试在标准化项目的基础上加入更多柔性的个性化、多元化考量。

还记得前文"给山区小学捐衣倡议引发的困扰"案例吗？在这个案例中，某个热心网友偶然发现偏远山区小学缺乏冬衣，并将之发布在网络上，引发了网友捐赠的热情。这是一个非常典型的"发现问题—解决问题"场景，现在假设有另外一个叫马冬梅的网友在另一所小学，发现了孩子们书包破旧，她也决定热心地发起捐助倡议。如果没有其他需要考虑的因素，那么在这种场景下，马冬梅面临三种可能的选择。

第一种选择，马冬梅也热情地公布了学校的联系方式，于是网友们自发行动起来捐献爱心。网友们的热情汹涌而至，许多人到商店里选购书包给这所学校寄了过去。

过一段时间，马冬梅再去学校回访，发现老师和孩子们虽然很开心收到了新书包，但也产生了新烦恼。由于网友们寄出书包的时间不一致，学校老师不得不一趟趟地跑到镇上去取新到的快递，并且当学校已经收到了足够全校同学使用的书包时，新的包裹还在源源不断、零零散散地寄过来。学校不得不定期安排老师们轮流去取件，并且腾出一间房子来存放包裹。老师同时抱怨说，他们只能等书包数量足够的时候，才敢给孩子们发放，因为担心没收到的孩子会伤心。书包发下去之后，又产生了新的问题，孩子们由于书包的款式、价格、功能不同，发生了争抢。

第二种选择，有一个公益组织站了出来和马冬梅进行合作，对这次捐赠活动进行策划和组织。由于这家公益组织经验丰富，他们在传播之前就指出：网友自发捐赠会导致诸多问题，并制订了标准化捐赠方案。在这个方案之下，由于公益组织可以对采购书包和物流服务进行统一招标，因此具备更大的价格谈判权，网友需要捐赠的善款也远低于自行采购需要的资金。

马冬梅发现，在第二种选择之下，公益组织的参与显著提升了效率。不仅第一种方案下遇到的诸多问题得到了解决，而且所有参与者整体付出的成本也大大降低。但她同时发现，也有一些不尽如人意的情况出现。由于公益组织统一采购的是小马宝莉图案的书包，一些阳刚气十足的高年级男孩子拿到之后就十分嫌弃；而对于一年级的小朋友来说，这书包又显得太大了，只好先放在家里等长大一些再用。

于是马冬梅有了第三种选择。另一家经验更为丰富的公益组织加入进来，他们对学校进行充分调研，并将学生按照性别、年级进行分组，这种思路下，即使最简单的模型也可以分为"三年级及以下男生 /女生"和"四年级及以上男生 / 女生"四组。在此模型基础上，给不同组别采购不同款式的书包进行捐赠。马冬梅再次回到学校时，发现这一次绝大多数孩子都非常满意自己收到的新书包，而活动的整体成本相对于第二种选择并没有增加多少。

这个案例当中马冬梅所面临的三种方案，本质上是无序化、标准化和个性化的差别，在于是否以受益人为中心来思考其需求差异化。表 7-1 将三种选择进行了进一步的总结分析。

表 7-1　不同捐赠选择的对比

| 不同的捐赠选择 | 方案内容 | 捐赠影响 |
| --- | --- | --- |
| 无组织的自发行动 | 网友们根据自己的喜好，捐赠款式、价格、功能完全不一致的书包，并按照自己的时间安排进行寄递 | 杂乱无序，资金成本、资源损耗、人力成本都很高，且引发了受益人之间的矛盾 |
| 标准化捐赠方案 | 公益组织设计了标准化的捐款、采购、寄递方案 | 组织有序，降低了整体的社会成本；但因为忽视不同群体的个性化需求，导致一些捐赠被浪费 |
| 标准化基础上的个性化方案 | 将学生按照性别、年级进行相对个性化分组，考虑不同组别对书包功能、样式的共性需求，确定多元化捐赠方案 | 较大程度提升了捐赠效率，让更多受益人满意。但因为考虑个性化需求，公益组织和校方会付出更多的精力 |

三种选择依次带给受益人的体感显然是越来越好的。对受益人而言，无组织的自发行动满足了"从无到有"这样的最基本需求，标准化捐赠方案最大程度降低了受益人之间的冲突，而个性化方案则接近完全站在受益人一边，考虑他们的个性化差异和诉求。对受益人来说，

第三种方案当然是他们最欢迎的模式。

这个假设的场景当然还可以做得更精细一些，但无论最终如何选择，人们都能感受到尊重受益人的差异化需求所带来的魅力。数字经济思维下，更加关注受益人的多元化和个性化需求，也即意味着可以让公益项目有更大的包容性，而不是用"一刀切"的标准化内容去刚性落地。实际上，当更多地考量受益人的多样化需求之后，在此思维指导下设计的公益项目，也会更加契合数字经济时代的捐赠人需求。

## 善用激励效应

有些公益项目在做设计的时候，经常会停留在表面看到的现象（比如看到贫困人群缺衣就捐衣、缺文具就捐文具）。能够去探究现象背后更深层的原因，并提出解决方案的项目并不多见。这一方面是由于"廉价的眼泪"更容易打动普通捐赠人；另一方面，解决背后深层次问题的挑战会更大，因为这需要更长的周期和更大的决心。

但当做项目设计时，加入背后深层次原因的考量，是更加具有长期价值的。这是因为从经济学的角度来看，施加于个体的经济活动或者福利政策，都会对个体带来正向或负向的激励，并能对人们的行为给予引导。

人们对公益的正向激励效应习以为常，但有时候会忽视，公益其实也有负向激励作用。这种负向激励的最常见案例，就是"送温暖"类的公益活动。当对一个贫困家庭提供经济或物质援助很多年之后，有时捐赠方会痛心地发现：这个受助家庭依然很贫困，甚至这个家庭会不断向捐赠人提出新的需求，比如帮他们家建一栋更好的房子，或者给家里的病人提供医疗费。

之所以会出现这样的情况，可能因为援助计划是在"治其标"而没有"治其本"。同时，由于"卖惨"的眼泪效应，同一个受益人往往会引来很多人的重复捐赠。部分受益人多次得到实惠之后，在潜意识里会形成"越穷越受益"的想法。"穷"成了他们躺平"致富"的资本。长此以往，这个家庭也就没有动力通过勤劳工作来改变生活现状了。而原本捐赠方热情投入的爱心扶贫工作，也无意中起了"养懒汉"的负向激励的作用。当然，还有一种情况，就是这个家庭也非常期望通过勤劳致富，但受资源、能力和条件的限制，无法从根本上摆脱贫困的桎梏。这种情况下，"送温暖"类的公益活动仅是"授人以鱼"，没有"授人以渔"，无法给贫困人群带来持续性自造血的能力，也就不能帮助他们逃离贫穷的陷阱。

很喜欢自驾旅游的公益人小明，曾经分享过这样一个故事。当他和朋友自驾在西部某条经典路线时，发现路边时不时就会有当地小朋友拦车讨要礼物。他的同伴觉得孩子们可爱又可怜，顿时起了悲悯之心，马上就要拿零食分享给这些孩子。这时候小明坚决地制止了同伴的善举。在他看来，当地的孩子们之所以能做出这样的举动，肯定是由于以往的游客不断地给孩子们分享零食，把孩子们"训练"成了这种拦车讨要的行为模式。这也是一个非常典型的负向激励的案例。

负向激励往往更容易被忽视。无论是公益组织还是捐赠人，都会被"赠予"这个行为本身所感动，当亲身感受到受益人在受助那一刻的感恩之情时，他们相信已改变了他人的命运。这也可以说是某种程度的"懒政"行为。缺乏对问题的深层次剖析和对成效的进一步思考与持续跟踪，就会让种种适得其反的负向激励得不到本质的改进。

与之相反，一旦公益项目在设计之初，就找到了问题的本质，并且善用恰当的解决方案予以回应，就能带来更好的正向激励价值。这里为大家分享一个现在已经非常普及，但在十年前规模还非常小的社区型公益项目。

## 案例：专供社区老人的免费午餐

这个项目的主要内容，是为城市社区里的老人提供一顿午餐。在这个项目的设计中，要求受益的社区老人必须到社区食堂集中用餐。只有在老人生病或行动不便的特殊情况下，志愿者才会主动将午餐送上门。在最开始面向捐赠人推广时，项目受到了不少质疑：城市里的老人根本就缺一顿午餐，这个公益项目是否在浪费捐赠资源？为什么要求老人必须到社区食堂用餐，是否有形式主义之嫌？

项目负责人的耐心解释让捐赠人豁然开朗。原来这个项目的初衷，并不是为了简简单单提供一顿饭，而是为了解决城市里空巢老人缺乏陪伴和监护的问题。一般来说，家里有人照顾的老人，是不愿意到社区食堂吃饭的，中国传统观念可能会觉得这样"丢人"。只有独居或者白天家中没人的老人，才是主要的受众群体。这个群体恰恰是各种意外风险发生率相当高的脆弱人群。

所以项目通过每天到社区食堂吃饭这样一个形式，给老人们提供了一个出门社交的场景，也以反向选择的方式"筛选"出了最需要关注的受益人。更重要的是，通过就餐时的应到人员观察，志愿者可以轻易关注到缺席情况，并对缺席老人做上门的走访和巡查，以防意外情况发生。当然，对于确实身体不便或卧病在床的老人，志愿者仍然会将餐食送上门。

这是一个非常典型的巧用"正向激励"来解决深层次社会问题的案例。城市里的空巢老人，一度是一个几乎被忽视，实际上非常需要关注的群体，但从实操上来说，想要找到一个低成本、高效率、老人们又乐于接受的项目模式并不容易。这个项目用"吃饭"这样一个很小的切入点和激励点，相当精准地筛选出了受益群体，并能有效地鼓励老人们与志愿者建立起正向的互动关系。

同样巧用"正向激励"思路来解决深层次社会问题的项目还有很多。在东南亚某些偏远地区，重男轻女的陋习依然根深蒂固，很多女孩子小学毕业之后，就被父母以改善家庭经济状况为由退学外出打工。在这样陈规陋习严重的闭塞地区，村民观念受到民风民俗的深刻影响，很难通过政府的说服教育或者强制性政策来改变家庭的这种偏见决策。

于是，一些公益组织尝试采用正向激励的策略改善这种状况。比如，专为初中女生提供更高的奖、助学金，为她们设置更多的嘉奖名额和游学支持，对升学成功的女生，组织村民敲锣打鼓将录取通知书送到女生家中。通过这种方式，让父母感受到因女儿读书而带来的荣耀和自豪。当家庭意识到让女孩子坚持读书可以"光耀门楣"、为父母脸上增光时，自然就能更好地改善这些女孩子的受教育状况了。

### 关注外部性

外部性是一个经济学概念，分为正外部性和负外部性，简单来说就是一个行动和决策除了对直接的利益相关方形成影响之外，对周边人也会形成影响。外部性可能是很多公益项目设计和执行中比较少被考虑到的因素，但如果不只考虑项目执行链路上的受益者，就可以看到一个更大的图景：公益项目实施，对整个社区乃至地区可以形成怎样的外部性影响？

2020 年初新冠疫情突如其来，给许多城市的经济发展按下了暂停键。除了企业经营受到影响之外，居民收入也遭受损失。为此，在疫情的紧张态势缓解之后，许多地方政府采用给个人发放消费券的方式，对陷入经济困境的消费者予以补贴支持，同时拉动线下的消费，帮助经济复苏。北京大学国家发展研究院官网在 2020 年 6 月 1 日刊发了该院沈艳教授的相关研究及其他专家观点，从一定层面反映了不同学者对于帮扶政策的外部性的思考，这里摘录如下。

## 案例：疫情下消费券的发放与成效研究

**沈艳教授：**

在刺激需求方面，中国有好几个选项：发现金、发现金券、发消费券。一些发达国家及我国香港、澳门地区采取发现金或现金券的方式。中国内地从 2020 年 3 月起开始，不少地方政府启动消费券发放，并成为主流。

内地很多地方政府选择以消费券为主，一方面是财力受限；另一方面是因为中国数字金融的发展已处于世界前列，为快速发放、快速核销消费券提供了基础条件和可能。

对于城市究竟该不该发消费券，这个问题还存在争议。如果我们按照政府是"守夜人"的视角，会觉得政府这一措施干预了市场，扭曲了市场配置，未必能产生预设的效果，反而会增加财政负担，最后并不一定是好事。

林毅夫教授的新结构经济学主张有为政府与有效市场相结合，

市场有效以政府有为为前提，政府有为以市场有效为依归。根据这一理论，疫情冲击之后，市场很多配置资源的功能因抗疫而停，因此从有为政府的视角看，应该主动采取措施来克服市场失灵，保家庭、保企业。

……梳理消费券相关研究，我们发现有一个共同的特征，消费券如果是在经济衰退期发放，总体有效。比如日本和中国台湾针对 2008 年金融危机发放消费券的研究表明，消费券在经济衰退期有边际刺激作用，边际消费倾向在 0.1~0.24。……简要总结研究结果：消费券发放有效果，分行业或地区来看，发消费券都比不发好，保企业的作用也很明显，也能保护低收入家庭。

**黄益平教授点评：**

对究竟应该发消费券还是发现金，作为经济学者，我更倾向于发现金，让消费者自己决定把钱花在哪儿，效果肯定是最好的。发消费券有很多效率损失问题，我们听到不少薅羊毛的故事，一部分钱并没有到老百姓手上。一般的做法是满额减免，消费满 1000 元减免 80 元，有老百姓说缺的不是那 80 元，而是那 920 元。有困难的老百姓，问题是基本生活需求不能得到满足，需要钱买米、买面。从这个角度看，发消费券是不是还不如发现金券？经常听到的一个反对发现金的观点是：老百姓舍不得花怎么办？这要看政策的目的，是短期刺激消费、支持增长，还是缓解老百姓的现金流压力、维持健康的资产负债表？其实后者可能更重要，因为这样才能在疫情受到控制以后，更好地支持经济的持续复苏与增长。

（来源：北京大学国家发展研究院官网）

针对究竟应该发放消费券还是现金，两位学者持不同观点，也反映了政策的外部性影响。沈艳教授的研究认为，虽然存在争议，但消费券保护企业的作用明显，也能保护低收入家庭。也就是说消费券不只起到了对遭受疫情影响的居民进行经济补贴的作用，还带来了正外部性的影响：通过拉动消费来帮助企业恢复经营，推动经济复苏。而黄益平教授的观点则说明，在考虑外部性时，不光要考虑对消费的影响，还应当考虑对居民现金流的影响。居民健康的现金流影响着对经济的信心，自然也就影响了疫情后经济持续复苏与增长的动力了。

正外部性在许多公益项目当中是显而易见的，甚至可以说是公益的基本效用之一。比如对见义勇为、自强不息、乐于助人等行为的嘉奖，能够很好地树立社会标杆和典范，对正能量的传播也能形成一定的积极带动作用。

教育领域的公益项目，显然更容易取得非常典型的正外部性影响。20 世纪 90 年代的希望工程项目，不仅取得了项目本身的直接成果——为贫困地区建设了一批学校、直接救助了大量失学儿童，而且带动了从政府、媒体到企业、公众的全社会共同参与和广泛关注，最终让社会整体的基础教育条件得到极大改善。除此之外，这项公益项目更大的外部性，在于极大降低文盲率、提升全民教育文化水平，进而为社会输出更高知识水平的劳动力，为经济发展供给更充足的高素质人力资源。

搜狐网 2019 年的一篇新闻报道，充分展现了希望工程的正外部性影响。

## 案例：希望工程 30 年的成效

共青团中央、中国青少年发展基金会 11 月 21 日在京举办"希望工程"实施 30 周年报告会，10 多位报告人从不同角度展示了希望工程在助力脱贫攻坚、促进教育发展等方面做出的贡献。30 年来，全国"希望工程"已资助家庭经济困难学生 599.42 万名，援建希望小学 20195 所。

"希望工程"是团中央、中国青少年发展基金会于 1989 年发起的以救助贫困地区失学少年儿童为目的的一项公益事业。其宗旨是建设希望小学，资助贫困地区失学儿童重返校园，改善农村办学条件。希望小学的援建，改变了一大批失学儿童的命运，改善了贫困地区的办学条件，唤起了全社会的重教意识，促进了基础教育的发展；弘扬了扶贫济困、助人为乐的优良传统，推动了社会主义精神文明建设。

改革开放以来，我国的教育事业有了长足的发展，但与社会主义现代化建设的需要还很不适应。全国还有相当数量的学生不能读完小学和初中，能上高中、大学的就更少了。造成这种现象的根本原因，是教育经费短缺，有些地方长期处于贫困状态，学龄儿童无法上学。截止到 2019 年，全国尚有 5000 多万人没有脱贫，还有上百万名儿童因贫困上不了学，失去了受教育的机会和权利。

我国精神文明建设的根本目标是培养有理想、有道德、有文化、有纪律的社会主义公民，提高全民族的思想道德素质和科学文化素质。"希望工程"正是围绕精神文明建设的根本目标，从提高我国青少年的科学文化素质入手，按照培育"四有"新人的要求来开展工作的。"希望工程"旨在集社会之力，捐资助学，保障贫困地区失学孩子受教育的基本权利，这是一项着眼未来，造福后代，发展我国基础教育的伟大工程。"希望工程"的近期目标是：在国家重点扶持的贫困县，以提供助学金的方式，实现救助所有失学少年的目的。

实施"希望工程"，推动了贫困地区基础教育的发展。无论是建学校校舍，还是资助贫困地区儿童上学，都是为了发展教育科学文化和培养同现代化建设相适应的劳动者。"希望工程"挽救失学儿童，正在减少我国文盲的人数。依靠社会力量来培养贫困地区的儿童，相应减少了我国教育投资的巨大压力。"希望工程"帮助的不仅仅是现在的180万名儿童，每年将有更多的儿童走进希望学校就读，或者得到"希望工程"的援助。在实施科教兴国战略和培养人才方面，"希望工程"发挥了不可估量的作用。

"希望工程"不仅还给了贫困地区失学儿童受教育的权利，而且为贫困地区的社会经济发展带来了机会。据全国希望工程办统计，在全国，通过"希望工程"直接或间接引进的资金约5亿元。这不仅缓解了贫困地区的经济困难，而且为贫困地区经济发展注入了活力。"希望工程"是一条纽带，把贫困地区和富裕地区联结起来，让发达地区带动不发达地区，从而促进了社会的共同发展和整体进步。

"百年大计，教育为本。"通过多渠道、多形式地向社会各界大力宣传希望工程，呼吁社会有识之士共同为振兴贫困地区教育，造福孩子出钱出力，多做贡献。千千万万的人为此动容，它成为全国上下关注的焦点，向社会各界扩展，深入城市、农村，得到广大群众的理解和支持。"希望工程"的实施，弘扬了中华民族的传统美德，唤起全社会的爱心，为思想道德建设创造了良好的氛围。

（来源：搜狐网）

类似的能带来正外部性影响的教育项目还有很多：资助贫困大学生的项目，最终带动了政策和社会资源对高校更大幅度的奖助学金、勤工俭学机会等组合支持；捐助贫困地区学校爱心午餐类的公益项目，间接影响了相关部委对学校用餐给予财政支持，加强和规范农村义务教育阶段学生营养改善计划。

诚如前文所说，正外部性影响应当是公益的基本属性之一。在公益项目设计中考虑正外部性影响，能带来更多积极的产出。在这个前提之下，如果在公益项目成效评估中没有看到正外部性影响，实施者就应当去反思。与此同时，项目的负外部性影响，则是需要尽量减轻甚至完全消除的。

以各个国家共同面临的返贫减贫问题为例，政府和公益组织比较通用的做法，是划定一条贫困线并对贫困线以下的人群给予帮助。不同的项目策略，会带来怎样的外部性影响呢？如果对贫困社区的民众统一给予充足的粮油米面等基础生活物资支持，虽然能为贫困人群提供基本的温饱保障，但可能会对当地原有的市场带来冲击，让原本在当地粮油米面的种植、生产、销售等环节谋生的人们遭受损失，从而影响当地的经济发展，并带来新的贫困风险。

而如果按照贫困线给予限定标准的现金补贴，同样会有意想不到的负外部性影响。因为现金补贴发放人群限定在贫困线以下，意味着因为辛苦工作而稍微高出贫困线的家庭反而没有受到激励，这些家庭可能会选择减少工作、减少收入，从而让自己能"享受"到贫困线以下的福利。同时，公益项目的设计者期望这些现金补贴能用于贫困家庭最急需的地方，但实际情况往往违背设计者的初衷——受助人可能用这些资金去大吃大喝甚至娱乐挥霍，而没有用于家庭贫困现状的改善。

基于这些潜在的负外部性影响，不少福利政策和公益项目在设计的时候，都会寻求其他替代方案，比如用"以工代赈"的工作机会代替单一的现金补贴、用定向消费券的方式代替直接的物资捐助。

负外部性并不意味着只会给公益项目充当"捣蛋鬼"。如同前文探讨的负向激励一样，在项目设计中巧妙引入负外部性思考，也能产生让人惊喜的项目成效。这里以大家耳熟能详的"和珅赈灾"故事来旧典新用，阐述巧用负外部性的奥妙。

## 案例：和珅为什么要往赈灾大米里掺沙子？

和珅往赈灾大米里掺沙子的故事可谓家喻户晓，虽然他本人是一个有名的大贪官，这件事却为他留下了一个难得的好名声。

乾隆在位期间，有一年某地大旱，田地里的庄稼几乎颗粒无收，粮店的米粮价格也是一抬再抬，很多百姓因为没钱购买粮食而生生饿死。乾隆派遣和珅等官员带着赈灾物资前往灾区，救助受灾的百姓。

到了灾区之后，和珅组织当地的官员和衙役安置灾民，发放救灾大米，以尽可能降低灾区的损失和减少人员伤亡。然而没过几天，就有官员上报说，米粮等物资的消耗远比预期快，如果后续一直是这个样子，朝廷所发放的物资根本不够。

和珅在心里合计了一下，继而再度向官员确定了近阶段的米粮消耗情况。然后他安抚官员道：不要过于担心，明天我去现场看看。和珅次日来到现场，发现了一个让他震惊的现象：除了真正需要救助的贫穷灾民，还有一些富人也穿着破烂的衣服来冒领粮食。

一时间和珅也不能去拆穿这些富人，因为从逻辑上来讲，这些富人也是灾民，也是可以领取粮食的。

和珅看完现场之后，稍作沉思，当众抓起一把沙子撒到了正在发放的大米里。现在我们都知道了和珅的用意：富人看到大米里有沙子就不会再排队领取，而是骂骂咧咧地离开了；真正的灾民虽然同样生气痛骂，却仍然排队领取。这是因为富人并不真的缺这点粮食，而穷人如果不领取带沙的赈灾大米，就只能白白挨饿，所以他们甘愿承担筛掉沙子的时间成本。经过这样的过滤"机制"，这些大米便到了真正需要的穷人手里，灾情因此也慢慢得到了缓解。

用现在的知识来分析，便会发现和珅的这个做法就是对负外部性的一个巧妙运用：由于赈灾缺乏受益人的识别机制，导致大量救助标准之外的人涌进来，造成了资源挤兑，反而让真正快饿死的人得不到帮助，这其实是项目实施路径不清晰所带来的负外部性影响；而和珅往大米里掺的一把沙子，自然而然也就让更加在意这个负外部性影响的富人们离开了。

# 第8章 以人为中心：捐赠人

　　与受益人相对应的，是公益的另一个重要相关方，即通过自己的时间、资源或者资金身体力行参与公益的人，包含志愿者和捐赠人。为了方便讨论，在文中使用"捐赠人"作为这个群体的统一指代。以受益人为中心来设计公益项目，可以将公益项目实施的效益最大化；而以捐赠人为中心来设计带动策略，则可以最大限度地提升公益参与的广度和深度。实现这一点所需具备的最重要的数字经济思维，就是要将捐赠人群体与公益的关系，从被动接受者转变为兴趣发现者。

## 从被动接受者到兴趣发现者

　　回想一下 2008 年（汶川大地震带来的公益元年）之前，捐赠人是如何和公益组织、受益人产生联结的？更多时候公益需要依赖媒体传播，或者行政通知的自上而下传达，让潜在的捐赠人接触到信息。这意味着潜在捐赠人接收到的信息是有限而单一的，他们面临的是"参与或不参与"的单选题。

　　这种单一的沟通模式当中，潜在的捐赠人只是公益的被动接受者，他们的个性化需求并没有被照顾到。很多时候他们参与捐赠和志愿活动，会抱着"完成任务"或"做好事"的心态。换言之，他们处于一种被动接受的状态。他们对公益的真正热情得不到充分而有效的释放，这种被动参与很难形成对公益的持续动力。

彼时一个普通人如果想要认真做一些自己认可的公益，往往需要花费大量的时间和精力做深入研究乃至实践探索。能做到这个程度的，可以说是公益的"资深粉丝"。他们通过自己的广泛筛选、深入研究和多轮沟通，才最终确定自己的捐赠意向。一旦确定意向之后，他们对于自己所支持的公益组织和项目，就会有着非常高的认可度和信任度，并乐于成为这些公益的布道者。但这种依赖"资深粉丝"自发主动挖掘的模式，抬高了公益的参与门槛，让对公益态度模棱两可的普通人感觉有压力和不便捷。

在数字经济时代，这种情况得到了显著的改善。"数字人"无网络不生活，对于信息透明度和服务个性化有着与生俱来的亲切感与认可度。这使得人们的决策逻辑发生了根本变化。过往单一的信息传递通道所形成的信息孤岛不再存在，人们习惯了线上发现、种草，线下体验、打卡，然后回到社区讨论，乃至通过自媒体发布心得。相对于这种更注重自我体验和参与感的"过程"来说，成交的"结果"退居次要地位，产品性价比不再是唯一的考量因素。他们能否作为整个场景的一部分，他们的参与是否被重视，都成了人们非常关注的因素。在互联网平台，人们更习惯以评论、弹幕、分享，来表达他们的话语权、选择权和参与权。

因此，对于公益组织，尊重数字经济时代人们的决策逻辑和模型，转变以往的捐赠人沟通思路变得至关重要。从"人找公益"转变成"公益找人"，让自己的公益内容"适时而恰当"地出现在消费者的兴趣点上，并给予一定的参与、互动感，将让公益组织和项目获得更多捐赠人的关注与支持。

当然，这并不是说要刻意迎合捐赠人的喜好去做项目设计。请回想一下"简单化"倾向问题，不应放弃公益本身应有的原则和伦理，迎合捐赠人的想法去行事。正确的做法，一是公益机构要学会"表达"，用好数字经济时代人们喜闻乐见、易于理解和接受的表达方式，充分利用内容的传播、分发平台，去找到"志趣相投"的潜在捐赠人；二是更多地创造参与感，让用户坚信，正是因为他的加入和力量，才让改变发生——实际上当然也是这样，只是很多时候过于强调项目本身的逻辑和公益组织自身的专业性，而忽略了对捐赠人价值的表达和阐述；三是降低项目门槛，让更多有意愿的潜在捐赠人也有能力参与。

这种沟通思路转变的背后，是公益组织放弃以"我"为中心的表达，不要照本宣科、墨守成规地按照自己制定的条条框框来要求捐赠人。这样僵硬的思维方式，必然会将很多潜在的捐赠人拒之门外。实际上，在面对捐赠人时，可以用更加开放的"拥抱不确定性"心态去吸纳和学习捐赠人的诉求，进而不断自我优化，做到与捐赠人同频共振。

当公益机构学会这样的表达与沟通之后，潜在捐赠人的感受就会由"被动接受者"转变为"兴趣发现者"。在数字经济时代，这是至关重要的。信息大爆炸让人无时无刻不被大量无效、零碎的信息抢夺着时间和注意力，消费者往往几秒钟就决定要不要深入去看一条信息。而如果不能做到"志趣相投""同频共振"，所推广的公益内容就很容易被忽视。

## 成为超级明星项目

2022 年 2 月 1 日，中国农历的大年初一，这一天中国男足在世界杯预选赛中以让人大跌眼镜的 1∶3 的比分输给了曾经可以轻易取胜的越南男足，并彻底失去了晋级卡塔尔世界杯决赛圈的希望。而仅仅 5 天之后，中国女足的姑娘们就在决赛中击败了强大的韩国女足，获得亚洲冠军。与此同时，2 月 4 日北京冬奥会正式开幕，中国运动健将们最终以 9 金 4 银 2 铜的优异成绩位列金牌榜第三名。三个重大赛事的先后开展，可谓让中国体育迷们感受了一个心情跌宕起伏的虎年正月。

与各项体育赛事的成绩紧密相伴的，是网友们关于运动员收入的口水大战。网友们纷纷为女足姑娘、冬奥运动员鸣不平，十分不理解为什么男足运动员比赛成绩这么差，薪水却那么高，直指男足的"高薪低能"对女足和其他项目的优秀运动员不公平。抛开竞技因素和情感因素，从经济学的角度来看，其实这种收入的差距，恰恰是非常合理的一种现象。

在全世界范围来看，"男足收入 > 女足收入 > 其他运动奥运冠军收入 > 普通运动员收入"是一个普遍的现象。这背后是由经济学中所谓的"超级明星"现象决定的。超级明星产生的市场有两个特点：一是市场上每位顾客都想享受最优生产者提供的物品；二是使最优生产者以低成本向每位顾客提供物品成为可能的，是生产这种物品所用的技术。显然，想要看男足比赛的人明显多于想要看女足或其他竞技运动的人，而让更多人看到男足比赛在数字经济时代是非常低成本的事情，毕竟电视、网络、手机直播、数字技术的应用，让增加一个观众的成本低到微乎其微。在这种市场规律下，自然产生了巨额的收入差距。

引用中国足球的案例，是为了激发在数字经济时代做公益的进一步思考。数字经济时代的技术发展，使得将优质公益项目提供给更多捐赠人参与，变成一件非常便捷和低成本的事情。在此前提下，只要有意成为一家优质的公益组织并有能力提供优质的公益项目，创造数字经济时代的公益项目"超级明星"并低成本地获得大量支持，并不是一件困难的事情。

这个超级明星现象，也能解释为什么很多公益机构热衷于"粉丝公益"模式，即与有大量粉丝基础的 KOL 合作设立专项基金或者推广特定的公益项目，利用这些 KOL 的明星效应，带动粉丝参与公益。

古谚有言"酒香不怕巷子深"，这其实是供给不足时代的一种孤芳自赏而已。在数字经济时代，只做到"酒香"远远不够，还可以通过对数字技术的应用极大缩小"巷子深"所带来的信息鸿沟，真正做到"酒香"满天下。

### 案例：免费午餐计划的超级明星现象

2011 年 4 月 2 日，数百名记者和数十家主流媒体发起免费午餐基金公募计划，帮助孩子们免于课间饥饿，享有热腾腾的免费午餐。根据该项目官网公示的信息，截至 2021 年 11 月底，免费午餐计划共计募捐金额 86112 万元，累计在全国 26 个省、自治区开餐学校 1563 所，累计惠及人数超过 38 万人。现开餐学校 1083 所，每个开餐日有超过 24 万人在学校享用午餐。

可以说这是一个完完全全诞生于互联网、成长于互联网的公益项目。通过对互联网的熟练应用，项目集聚了大量的志愿者、捐赠人和粉丝，免费午餐计划也因此快速成长。近距离观察免费午餐的运营模式，会发现许多以捐赠人为中心的特点。比如多数人有能力参与的捐赠标准（3元/4元）、很强的成就感（3元/4元就帮助一个孩子解决一顿午餐）。同时，他们还非常熟练地运用各个互联网平台，并持续吸纳多样化且高度活跃的志愿者群体。在这些志愿者的支持下，项目始终保持着与"数字人"有效的沟通和表达。

这一点从他们的筹款成绩当中也可以得到印证。根据免费午餐项目官网公示的《2020年度财务专项审计报告》，该项目2020年度收入1.34亿元，其中88.9%来自腾讯公益、支付宝公益、阿里巴巴公益等互联网公开募捐平台上的网友捐赠。

免费午餐计划作为一个原生于互联网的公益项目，可谓将数字经济的优势发挥到了极致。也许有人还有困惑，认为这个项目之所以能够成为"超级明星"项目，是因为其内容和标准本身就具备了小额、低门槛、体感强的特点，那么其他公益项目也都有机会成为"超级明星"吗？

当然可以。希望成为"超级明星"的公益项目，也应当和商品市场一样具备两个特征：一是每位潜在捐赠人都想支持最优秀公益机构提供的最好的公益内容；二是数字技术的应用，使得优秀公益项目以低成本向所有潜在捐赠人提供服务成为可能。下面这个项目案例，属于更为传统的"基建类"公益项目，这种项目因标的捐赠额动辄上百万元，往往很难带动个人捐赠人的广泛参与。

## 案例：如何让网友愿意捐建学校宿舍楼？

在网上以任意金额捐建一所学校或者一座桥梁，现在已经是司空见惯的事情。可在十多年以前，这是难以想象的。捐建桥梁、道路、学校、医院这种耗资巨大的基础设施类公益项目，一般只有企业或者富豪才能参与，因为这种项目的捐赠额度实在是太高了，普通个人根本无力承担。

2010年，一家公益机构开始探索互联网筹款业务。当时在这家机构里互联网筹款的占比非常小，每年只有大约几万元的收入，根本不受重视。很多项目的负责人也看不上互联网筹款，认为网友根本没有能力承担他们的捐赠标准。那时候非常流行的是几千元捐赠支持一名大学生，几十万元捐赠修建一座桥梁，上百万元捐赠支持修建一栋教学楼——这也的确是普通个人难以承担的捐赠标准。

在这种情况下，新组建的互联网筹款部门一个重要职责，就是反复游说各个项目部门"上网"。最终一个教育类项目的负责人同意在他们的项目计划里，分出一个待援建的学校宿舍楼来试水网络筹款。这个宿舍楼大概需要近百万元的预算，项目负责人好心地为互联网筹款部门减压，说网络上完成一半的筹款即可，剩下的部分由他向企业和当地教育部门来筹集。这意味着，在互联网上需完成几十万元的筹款。这在当时整个机构的互联网年度筹款只有几万元的情况下，几乎是不可想象的。

在拿到项目许可之后，互联网筹款负责人决定将这几十万元的整体标的拆解为一块块只需 5 元捐赠的"爱心砖",号召网友以捐一块"爱心砖"的形式参与支持,通过淘宝、支付宝、微博、腾讯等多个平台进行募捐。

这个新颖的概念很快引起了网友的关注并迅速带来了大量的捐款。当然,由于当时互联网捐赠还属于新鲜事物,最终并没有达成承诺的捐款额,但所取得的捐赠成绩和收获的捐赠人数量,也足以让项目负责人震惊了。

这个案例即遵循了以捐赠人为中心的思维来制定筹款策略。筹款负责人放弃了项目原来制定的固定捐赠标准,通过将一个门槛很高、难以企及的巨大标的,拆分为一块块"爱心砖"的小标的,降低了捐赠人的参与门槛,同时让他们有了"我在添砖加瓦"的强烈参与感。与此同时,通过平台和募捐文案的应用,让原本可能"无兴趣"的用户转变为"有兴趣"的捐赠人,也为项目打开新天地奠定了良好的基础。

激发了兴趣、供给了优质项目,又降低了项目参与门槛,这些改变的直接结果,就是让原本只面向大额捐赠人的 To B 型公益项目,成功尝试了向面向无数个人的 To C 型转变。而一旦开始探索,就会发现这种转型的边际成本非常低,边际收益却非常大——这也是在数字经济思维指引下,公益项目可以成为超级明星项目的根源。

# 第9章 数据驱动

前文在阐述数字经济的基本形态时介绍过，数据是这个时代的新生产要素，而"数据价值化"也是数字经济的重要内容。对于公益而言，建立起数据化的思维方式，以数据驱动业务运营，是一个重要的命题。

需要说明的是，也许有人会将"数据化"与"数字化"混淆，但其实二者表达的是完全不同的概念。"数据化"指的是将复杂的、难以量化的信息转化为可供计算机处理的数据格式。这种转换通常需要使用某种算法或者模型来完成，以便更好地理解和分析这些数据。在实际应用中，数据化可以帮助企业更好地管理信息，发现隐藏的机会，并做出明智的决策。而"数字化"指的是一种更广泛的信息化趋势，它不仅包括数据化，还包括更广泛的数字技术和数字产业的应用。"数据"是数字经济的重要生产要素，想要建立数字经济模式的任何组织和个人，都无法跳过"数据化"这个基础步骤。

与此相对应，"数据驱动"是一种以数据为基础的解决问题的方法，比如自然语言处理、机器学习、数据挖掘等。这种方法通常从现有的数据或观察开始，然后利用启发式规则和其他算法来探索数据内部的结构和规律，进而为科学性的决策和行动提供支撑。

数据驱动是数字公益的重要特点和思维方式。以数据为基础，通过收集、分析和利用数据，帮助从海量数据中找到有价值的信息，来支持公益决策和项目管理。数据驱动的公益决策使得公益组织能够更准确、更明智地了解社会需求、评估项目效果和优化资源配置。

## 数据化的 what 与 why

在开始谈论数据化之前，需要先厘清几个基本的概念。

第一，数据不等于阿拉伯数字，如果大家把数据理解为阿拉伯数字的 1、2、3、4……可能就会错失很大的金矿。在数字经济时代，人们的行为、偏好、意愿、动机都成为可记载、可使用的数据。

第二，大数据不等于很大的数字。类似"一个亿的资金"这样的概念，是一个很大的数字，但并不是一个很大的数据。大数据意味着拥有群体数据量的样本以及完整的信息来提供决策支撑。

第三，数据化不是目的，而是一种思维方式。它是帮助人们做工作的手段和思考问题的出发点。从这个意义上说，如果为了数据化而数据化、为了做大数据而做大数据，会与初衷背道而驰。

当厘清了这些基本的概念和逻辑之后，就需要回答为什么要做数据化的问题了。这是与互联网发展阶段密切相关的。随着人口红利和技术红利被充分挖掘，整个互联网的发展已经从流量为王的时代转变到精细化运营的时代。

这个转变如何来理解呢？其实从街边理发店的经营哲学就能洞察其中奥义：以前人们理发就是简单又清爽的多少钱一次洗剪吹，而现在的理发店从给顾客洗头开始，就在精细化运营了。首先他们会问顾客洗发水要选择贵的还是便宜的，然后会询问选用高级发型师还是总监，理发的过程中又不断推销会员卡。理发师这些问题背后，有一个非常简单的逻辑：好不容易进来的流量（顾客），理发店得把他留存下来，以对店铺产生持续的贡献。这实际就是一个追求精细化运营的案例。

公益为什么也要向精细化运营转型？这是为了顺应互联网发展的趋势。互联网的流量来源开始呈现更加多元化的趋势，之前 BAT（百度、阿里巴巴、腾讯）等大型互联网平台占据了网络上绝大部分流量，而随着 4G 技术的成熟应用，越来越多的超级 App（应用程序）主导着无线互联网，流量来源越来越分散。公域流量之外又有私域流量，主播、KOL 也可以带来很大流量。同时，信息大爆炸让人的注意力很难聚焦，用户面对铺天盖地的互联网信息疲于应付。公益机构精心打磨的公益内容，可能被淹没在信息大海之中无人问津，即使好不容易进来一个流量，也可能几秒钟就流失了。

面对这样的时代特性，必须思考如何把辛辛苦苦拉来的流量转化为数据、沉淀为生产要素；在数据里面挖掘新的能量，让数据成为日常运营和筹款的"水电煤"，成为公益的"石油"和"金矿"。

## 数据驱动可以怎么做

公益运营数据化的基础之上，是做数据化运营。这要求公益组织做有效数据的收集，然后通过深度的数据挖掘与分析，指导整体的运营策略并进行精细化运营。

首先，数据分析和运用的基础是获取有效的数据，因为做任何数据分析都要以准确性为前提。如果获取的数据本身就是错误的或者没有经过校验的，那么在这个基础上做分析，得出的结论也必然是错的。

其次，做数据分析，要有清晰明确的目标。在采集、沉淀可供运营的有效数据之后，要能够对它们做正确合理的分析和运用。

做数据分析的第一个目标，是要能够去指导整体的运营策略。这要求公益组织清楚活动期望的绩效是什么，以及想看什么问题、想发现什么问题。比如，在分析公益活动的数据时，首先要定位清楚的就是这个活动是为了品牌目标还是筹款目标，不同的目标对数据的考察维度自然也不一样。做数据分析的目标，当然也可以是为了展示成绩、增强上下级的信心和支持，但更重要的是要通过数据发现工作当前所面临的问题和风险。比如：目前面临的瓶颈是什么？核心问题的根源来自哪里？接下来的增长点应该在哪里？

数据分析的第二个目标，是支撑精细化运营。无论做线上还是线下的公益活动，基本原理都是拉新以获得更多流量，并将流量转化、留存以创造更大价值。这些活动过程中有很多指标，可以指导精细化运营。

以拉新环节举例，要看不同的流量来源及其效率：如果有广告投放、短信和 App 推广等不同的流量来源，可以分析每一个流量最后有多少实现了向活动页面的跳转；如果跳转失败了，问题在哪。通过分析不同流量的触达、响应和参与的漏斗，可以发现问题并做针对性调整。当转化率不高时，就应当考虑怎么提升转化率，是优化沟通文案还是 AB test（AB 测试）做测试，等等。

基于这样的分析，才有可能对精细化运营有帮助，而不是基于自己的"感觉"和"假设"。同时，精细化运营还意味着要关注过程当中的 ROI（投资回报率）。发短信也许带来了更高的转化漏斗，但如果从 ROI 来看，通过短信每带来 10 元钱捐款就要花费 5 元钱成本，而网络广告带来 10 元钱捐款只要 1 元钱成本，那么该采用哪种方法就一目了然了。

再次，在做数据化运营的时候，还可以考虑一个公益活动怎样裂变。获得的一个流量，是否可以拉动两个、三个甚至更多的流量。裂变一方面可以是活动本身的机制设计，另一方面也能被口碑效应带动。

最后，数据化运营不应该止于单次的行动，而需要以带来持续捐赠为目标。前文所述都是基于一次性活动的转化链路，公益组织同时也需要意识到：已经获取的数据实际上是一个巨大的金矿。对于已经接触到的用户，再次激活，乃至获得再次捐赠，是至关重要的。

这里就会涉及捐赠人的维护工作。通过信息化手段对海量捐赠人进行维护已不存在什么难度，但重要的是要做好捐赠人的分层。不同类型、特质的捐赠人，可以采用不同的维护和激活、召回策略，而不是好不容易拉来一个流量，却让它默默地沉没乃至最终消失了。

总结来看，运营数据化的本质是精细化运营的依据。这要求评价工作，不光是看公益的情怀，还要有过程、有结果、有数据。运营数据化是用数据的手段去发现问题、解决问题，并且通过数据分析指导筹款策略和效率优化。数据驱动的思维，是看重数据本身作为生产要素的价值，通过让数据本身帮助创造公益价值，不仅做到 speak with data（用数据说话），还做到 act with data（用数据行动）。

商业上大家可以看到个性化广告推荐，其实就是利用数据产生价值的一种应用方式。但在公益领域，大数据的积累是不足的，做非常精准的数据化运营也还不具备完全的条件。但数据化运营同样可以带来启示：基于大数据做个性化推荐本质就是了解捐赠人，这个和大客户捐赠人维护的道理是一样的：要知道捐赠人是谁，对公益的偏好是什么，以及会基于什么动因做捐赠。

## 大数据与用户调研

数据化运营可以带来的另外一个启示，是理性看待通过用户调研获取的数据。用户调研很重要，但获取的数据往往会在一定程度上偏离真实情况。在面临问卷调研或访谈的时候，也许不少人会表示愿意做更多捐赠，但当实际募捐的时候，就难以得到同样的支持。

这是因为人们在面对问卷的时候，往往会受各种因素影响导致提交的内容与实际行动出现偏差，也就是所谓的"心口不一"。相反，大数据的本质不是调研，而是通过行为数据去做观察和分析，以此给用户做画像，描绘一个相对真实的用户需求。

统计学上有一个著名的观点叫"幸存者偏差"，同样很有力地说明了抽样调查和用户访谈造成的信息干扰。

### 案例：沃德教授与"幸存者偏差"

1941年，第二次世界大战中，美国哥伦比亚大学统计学沃德教授（Abraham Wald）应军方要求，利用其在统计方面的专业知识来提供关于"飞机应该如何加强防护，才能降低被炮火击落的概率"的相关建议。沃德教授针对联军的轰炸机遭受攻击后返回营地的数据进行研究后发现：机翼是最容易被击中的位置，机尾则是最少被击中的位置。沃德教授的结论是"我们应该强化机尾的防护"，而军方指挥官认为"应该加强机翼的防护，因为这是最容易被击中的位置"。沃德教授坚持认为：

（1）统计的样本，只涵盖平安返回的轰炸机；

（2）被多次击中机翼的轰炸机，似乎还是能够安全返航；

（3）并非机尾不易被击中，而是机尾被击中的飞机早已无法返航，寥寥几架返航的飞机都依赖相同的救命稻草——引擎尚好。

军方采用了教授的建议，并且后来证实该决策是正确的，看不见的弹痕却最致命。这个故事被后人用一个词语概括——幸存者偏差。

（来源：百度百科词条"幸存者偏差"）

幸存者偏差的理论为用户调研数据的可靠性打上了一个大大的问号。在日常生活中稍作观察，便会发现许多争论都可以用幸存者偏差的理论去加深理解。

最常见的就是很多视频自媒体博主通过街头采访的形式来阐述观点。街头采访的博主，往往自己不会就问题本身直接下定论，而是看似"客观"地展现受访者的答案，以此让观众自行得出一个观点非常明确的结论。这种看似通过"用户调研"有力支持论点的做法，也经常会引起评论区网友们的激烈争锋。部分反对的网友即会援引"幸存者偏差"予以质疑，认为：视频可以进行选择性剪辑，只放作者最希望展现的一部分；即使作者做了毫无选择的剪辑，他采访的样本也是明显不足的。这是非常典型的幸存者偏差。

而与采用案例、访谈的手法说明论点的方式不同，某些自媒体博主会通过大数据研究的方式去做问题的展现和分析，这种论述方式往往会比街头视频采访更能获得网友们的信服与支持。两种自媒体博主得到的评论差异，背后还是源于"用户调研"与"大数据"手法和视角的差异。

## 本章小结

  关于数据驱动的内容，本章讨论了什么是数据化、为什么要做数据化、数据化运营的具体做法，以及理解"大数据"之于"用户调研"的优势。虽然很精短，但要真正做到并不容易，需要长期的积累和实践。重要的是，要记住数据化是一种思维方式，数据驱动是提升运营工作的必经之路。只要在日常工作实践中逐步学会 speak with data、act with data，就是很好的开端了。

# 第 10 章　敏捷与迭代

## 随变而变，永无定法

敏捷与迭代的概念最早来源于互联网产品研发的项目管理模式，在网上有很多详细解释和具体阐述，吴晓波在《腾讯传》里写的一则小故事，可以帮助大家更形象地来理解这个看似深奥其实非常简明的工作模式。

2003 年，唐沐离开金山软件进入腾讯，2006 年被任命为腾讯用户研究与体验设计中心总经理，他是腾讯用户研究与体验设计中心的创建者和负责人。他如此描述金山与腾讯产品开发上的不同：

软件开发常以年为单位。年初由产品经理写好一份大需求，各方评估完后启动项目。设计、开发各做几个月后进行提测，之后缓慢迭代。虽然听来，一年的时间很长，但到最后项目 deadline（最后期限）时，所有人仍喊时间不够用。最终，项目经理卡死时间、编版本、压盘，所有残念在压盘的一瞬间烟消云散。这样，一个历经一年开发出的、被我们称为软件的东西，夹杂着未竟的 feature（功能点）、待解决的 bug（故障）、需调整的 UI（用户界面），被压入盘中大规模生产，包装起来送到消费者手里。

而互联网企业的生产，则是完全不同的一番景象。2003年进入腾讯之初，我就被这家公司的敏捷震惊了——一个月一个版本！我只有一到两周的时间做界面设计，并且大部分进度是与开发重合的。产品经理（如果有的话）根据用户反馈和竞争对手的情况做需求，界面设计和开发同步进行，测试时间更是若有若无。就这样，一个历经一个月开发出的，被我们称为互联网软件的东西，夹杂着更多未竟的 feature、待解决的 bug、需调整的 UI，被打包放在服务器上，在 Web（网页）上提供链接，开始供用户下载。

唐沐所描述的场景便是腾讯应对流变的策略：随变而变，永无定法。

马化腾把腾讯的渐进式创新解释为"小步快跑，试错迭代"。在他看来，也许每一次产品的更新都不是完美的，但是如果坚持每天发现、修正一两个小问题，不到一年基本就把作品打磨出来了，自己也就很有产品的感觉了。


从项目管理体系来看，文中唐沐所描述的过往项目管理模式采用的是"瀑布式"管理方法，即在做好完整的项目规划之后、按部就班地依照计划执行，并且一次性交付，而其在腾讯的产品管理模式则采用了"敏捷"方法。"瀑布式"方法会花大量的时间和精力用于需求论证，并基本不接受变化；而"敏捷"方法更强调拥抱变化，在执行的过程中不断对焦，并最终达成目标以支持战略的落地。

回到公益领域，虽然绝大部分工作不需要操心互联网产品或软件开发的事情，但"敏捷"作为数字经济思维的一个重要内容，同样适用于公益的组织管理和业务管理。在具体应用上，可以将"敏捷"和"迭代"作为两个既相互独立又相互联系的理念。

## 敏捷的组织与战略

尽管无须将软件开发作为主业，但"敏捷"思维对于公益而言，着重可以应用于内部组织优化和战略落地两方面。对一些公益组织的走访发现，只要稍微具备一定规模（善款规模和人员规模），就会不可避免地出现"官僚"和"壁垒"。部门与部门之间设置了层层障碍，不同层级之间设置了冗繁的流程，同事们开始抱怨不如小团队的时候协作顺畅了。最常见的扯皮就是，项目执行部门不理睬筹款部门的意见，而筹款部门又看不上项目部门的方案，彼此互不待见。有些机构为了解决这个痛点，就改为类似于"事业部制"的组织架构模式，即按公益领域切分为不同的部门，各个部门独立负责公益项目的设计、筹款、传播全链条职责。这个方式解决了扯皮的现象，但也会造成新问题，比如更坚实的部门壁垒、对资源的抢夺、重复造轮子等。

对于机构管理者来说，对时刻让组织保持敏捷这件事情要保持足够的敏感度。但有一些管理者在机构大起来之后，首先自己就端起架子、摆起谱来，开始享受当领导的感觉。然而这种"架子"会让自己丧失对一线工作的敏感度，许多真实的意见和建议就可能因为团队成员的担忧和害怕而无法高效、透明地传递。管理者一旦成了信息闭塞的孤家寡人，最终也将影响到组织的发展。

所以即使作为管理者，也要让自己变得敏捷，要花大量时间不断深入一线，要能够听见一线的"炮火"。唯有如此，前面说的数据驱动、以人为中心，才可以成为组织里自上而下一以贯之的数字经济思维，也才可以运用好数字经济思维帮助保持组织的敏捷。

打破"官僚"和"壁垒"的另一个敏捷打法，就是要通过一个个临时和短期的"战役"来横向拉通，打破部门间的壁垒，从而形成跨部门的目标推进。当发起一个个跨部门的临时战役时，来自各个部门的参战人员，都需要为这个战役的共同目标和结果贡献力量，各自为战不再被认可。虽然仍会有部门间的利益纠葛和隔阂，但能最大限度地促进内部交流与合作。

在与公益机构交流中能看到的另一个弊病，就是机构往往会花费大量的时间和精力来制定战略，以至于所有人在讨论和制定战略的过程中已经被消耗得精疲力竭，而当真正进入战略落地环节时又成了草草了事，甚至将新的战略执行成了"新瓶装旧酒"。

制定战略对组织来说是非常重要的工作，但也要承认没有什么绝对正确、长期正确的战略。事物是动态发展的，也许先有一个相对清晰的、有基础共识的战略，大家可以快速行动起来，在过程中不断调整和对焦，渐进明细予以优化，会更加有利于战略的澄清和共识。就如同发射制导导弹一样，在追逐目标的过程中可以根据目标的动态变化而不断自我调整制导策略，但只要命中这个目标的大策略是明确的，无论标的物如何变动，最终必将精确制导而命中目标。

## 迭代创新，试错前行

迭代的思维对于公益而言，本质是小步快跑并降低试错成本，从而能够为创新留下一定容错空间。创新难，在公益方面做创新更难。人们经常能看到一些公益机构，十几年甚至几十年过去了，主打的仍然是某一个经典的公益项目，并且项目内容和模式都没有太大的变化。这背后不是大家不愿意或者没做过创新，而是创新本身就是高成本、低成功率的。公益机构由于戴着运行经费有限、人力配置有限、资源有限等多重紧箍咒，又会进一步压缩创新的试错空间。在这些因素考量之下，公益机构从效率出发，选择集中优势资源主打品牌项目的做法，自然无可厚非。

无论机构规模大小，试错空间狭小的问题并无大异。对小型公益机构来说可谓步步为营，试错成本对机构基本是难以承受之重；而大型的、成熟的公益机构，虽然对试错的承受能力相对较强，但由于面临品牌项目、既有团队的资源挤压，创新也同样不易，所谓"大树底下寸草不生"。从这个层面来说，互联网产品开发所推崇的"小步快跑、试错迭代"的持续创新精神，对于试错空间逼仄的公益机构而言具有非常大的借鉴意义。

图 10-1 模拟设计了公益项目迭代创新的基础模型。这个模型总体倡导的是要遵循小切口切入、实干中验证，然后再规模化复制并形成可持续模式的行动步骤。从项目内容（纵轴）来说，不要奢望一口吃个大胖子，要先"有"再"优"，先实现了"0"到"1"的突破，再稳扎稳打逐步丰富项目内涵；从项目规模（横轴）来说，雄心壮志和宏大愿景固然重要，但在具体落地上也可以逐步铺开，在成功经验的基础上，再逐渐扩大资金规模和项目地域范围。

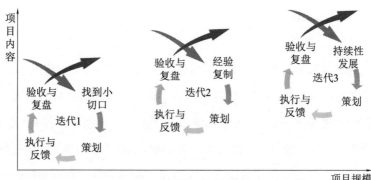

图 10-1　公益创新的迭代模型

这个模型里同样有"敏捷行动"理念贯穿始终。当发现一个社会问题并计划提出解决方案时,不必一开始就要面面俱到,做一个大而全、什么问题都解决的公益方案。相反,可以先找到一个小切口,确定一个可落地、有实效的行动方案,先小成本地快速行动起来,在实操中去发现问题并总结优化,然后再视情况复制经验,最终沉淀为一个可持续的品牌项目。

要确保迭代能够按照这个模型逐步进阶下去,很重要的一点是要确保做好"定位—策划—执行—验收与复盘"的循环,尤其是在执行过程中的信息反馈采集,以及阶段性的成果验收和总结复盘。这些工作同样应当遵循"敏捷"的原则,不应该是繁文缛节、增加负担的方式,重要的是及时获取反馈信息,并做出有效的经验总结以为下一步决策提供依据。在这个小循环中,同样需要运用前面说到的以人为中心、数据驱动的思路和方法。

这个迭代逻辑无论对活动、项目还是筹款策略都是适用的,因为它提供小成本容错的空间。但凡创新就存在失败的概率,在这样的迭代模型中,某些探索可能在第一个迭代之后就终止了,这是通过小循环的验证发现了方向错误或者难以逾越的问题限制而及时止损。这个"小步试错"不会消耗大家难以承受的成本并造成更大的损失。

需要特别说明的是，这种迭代创新机制（其实任何创新都是）需要得到管理层和组织内机制的支持，这样才能确保探索者不会担心因为小迭代的失败而受到牵连。请牢记以人为中心的思想，当作为一个组织渴望创新的时候，也应当给予创新的"人"更大的空间。

# 第 11 章　平台与公益

提到"平台"，很多人认为这是互联网公司的事情，然而这只是对狭义概念的理解。"平台"是环境、条件、空间和舞台，互联网公司能够提供一个服务于数字经济的产品平台，但是公益人可以在产品形态的平台之上，共同搭建一个促进数字公益发展的新平台。

所以在数字经济的话语体系下，谈"平台"与"公益"的关系，实际上是在谈如何运用平台创造公益的价值。大概从 2014 年起，我就开始不遗余力地推广"平台公益"的理念。互联网上的公益产品究竟是叫"公益平台"模式还是"平台公益"模式，并非简单的文字层面的咬文嚼字，背后所承载的运营思路天差地别。

平台公益，可以简单地理解为"用成熟的互联网平台力量做公益"；公益平台，可以简单地理解为"搭建一个专门为公益服务的频道"。这种定位的差别，会导致实际运营策略和思路的天壤之别。

## 平台公益与市场空间

"公益平台"与"平台公益"定位的差别，其实也是背后市场空间大小的差别。在"公益平台"模式下，实际上只存在公益组织和捐赠人这样单一交互的供需双方关系。这是一个非常狭小的市场空间，也就是说用户来到这个平台，就只有"参与公益"这单一的供给选项，这种狭小范围供给的弹性非常大，用户可以轻易选择离开。

而在"平台公益"的模式下，人们尊重互联网企业已经打造成熟的互联网平台业务模式，并将公益组织作为其中一个参与方、将公益内容作为其中一种供给，加入这个成熟的平台生态之中。与公益平台只建立公益组织和捐赠人的单向关系链不同，平台公益模式通过公益融入大的生态，建立了平台、商家、消费者、公益组织、服务商等多种角色关系共同协作的多边关系。在这种市场形态下，公益能产生对多相关方的价值，自然而然地也会有更多相关方回馈公益并创造价值。

为了便于理解，以饮品为例说明市场空间大小带来的价值产出差异。假设某个商店提供给用户的是矿泉水、碳酸饮料、咖啡、茶等几乎全品类的饮品选择，用户很容易在这里做出消费决策；而如果该商店只提供咖啡这一类选项，愿意进来的顾客就会少很多；当该商店只提供冰美式咖啡这单一饮品时，就只有非常少的人会在这里消费了。

这就是不同模式下所产生的市场空间大小的差别。如果将平台与公益相结合的两种不同模式设想为两个相邻的店铺，那么"公益平台"就好比快餐店，只有存在用快餐这个特定需求的顾客才会走进去，因为它只供给"食品"这个商品销售服务；而"平台公益"就好比咖啡店，"喝咖啡"只是一个串联的媒介，人们在这个空间里可以交流、开会、独处、思考等，做许多看似与咖啡本身无关的事情。同样，大家走进名叫"公益平台"的这个店铺时，看见一个公益机构在卖力地吆喝，会说："哦，这个是'公益机构'的事情，与我无关。"于是他们离开，转身看到了就在隔壁的名叫"平台公益"的店铺，有许多人在开放地畅聊，而公益只是其中的一分子，他们会说："哇，这是'我们'的事情，走，进去看看！"

## 平台公益与成本投入

公益平台的运营思路，本质上与线下的街头劝募并无大异。以前公益机构习惯于在路边或广场上放置一个募捐箱，通过面向行人的劝募动员，来为公益项目筹集善款。而公益平台的模式，只不过是将募捐箱从线下搬到了线上。这意味着，运营一个公益平台需要稳定的流量入口，也就要求大量的资源和资金投入作为保障。

这样做的难点在于，公益并不是人们日常生活的刚需，绝大多数人每天一睁眼想到的首先是柴米油盐酱醋茶，而很少会去想做什么公益。所以，街头劝募也好，独立的公益平台也好，都面临着要向消费者"推销"一个非刚需产品的巨大困难。"强行"拉着消费者来了解公益信息，并希望得到他们的支持，本身就是一件费力费神的事情。而由于每一个消费者都是独立个体，都需要单独的沟通与交流，新增一个捐赠人的边际成本并不会因为规模的增加而减小，但边际产出却是不确定的，毕竟每个新增捐赠人能够贡献多少捐赠是不明确的。

与之相反，在平台公益的模式下，公益不再是一个独立的站点，而是通过融入互联网平台的生态，潜移默化在消费者的日常生活之中。人们在购物、社交、观看视频的过程中，都可以顺手轻松参与公益。对于互联网平台和消费者而言，"捎带手"新增一个公益的内容，边际成本变得非常低；而对公益机构来说，一旦成功融入平台生态，新增一次触达、新获得一次捐赠，也会因为融入商业生态之中，边际成本低到几乎可以忽略不计。

以去中心化的参与代替中心化的流量入口之后，无论是公益机构还是捐赠人，都不再需要面对彼此单独交互的压力。对捐赠人而言，公益会在他们享受数字经济便利的日常生活中发生，并因此成为他们生活的一部分。从这个层面来说，平台公益的逻辑，本质上是提倡公益乘数字经济的东风，"随风潜入夜，润物细无声"。

由此，"平台公益"模式具备了公共服务的属性：在这种模式下，公益内容一旦被提供，新增一个消费者（捐赠人）的边际成本几乎为零，且该公益内容对消费者的供给，并不会与平台上的商业内容发生冲突，反而会与其形成有机互补的良性促进关系。这种与平台商业部门的非竞争性、非排他性特性，让"平台公益"模式借力成熟商业模式"搭便车"，使得公益融入数字经济的成本非常低；同时，由于"搭便车"的是公益事业，不仅不会产生不公平或被排斥的情形，还会使得社会福利的整体效益增加。

**平台思维的受众体感**

对待平台与公益之间的关系，不同的思路带给受众的体感是完全不同的。诚如前文所述，公益平台模式本质上是街头劝募的线上化，在这种情形下，公益平台必然会更加地"劝募""推销"导向，进而会因为这种导向给受众带来一定的心理压迫感和抗拒感。

而当公益融入互联网平台所建立的生态当中时，公益组织就有机会以服务的姿态建立可持续、强体验的公益参与感。对受众而言，享受的是参与公益的过程，而捐款就成了一个自然而然、水到渠成的结果。以下原文援引中国财富网发布的关于"公益宝贝"社会价值研究的新闻报道，来进一步阐述平台公益思维所带来的受众价值。

## 案例：公益宝贝社会价值研究

（2019 年）3 月 26 日，《公益宝贝社会价值研究报告》发布，阿里巴巴的平台公益创新模式引起学界关注。

据悉，《公益宝贝社会价值研究报告》由北京师范大学社会发展与公共政策学院副教授徐晓新进行发布。当天，北京师范大学社会发展与研究学院创始院长张秀兰教授、中国社会科学院社会学研究所研究员杨团等近百位业内专家及公益机构代表齐聚北京，就互联网公益发展和阿里巴巴公益宝贝的社会价值展开交流。

《公益宝贝社会价值研究报告》指出，公益宝贝计划在全球互联网公益转型中提供了一个中国范例，也是对公益捐赠模式的一次标志性创新。围绕公益宝贝，一套有机运转的公益生态已经在阿里巴巴平台上形成，后者也已经成为规模最大的互联网公益参与平台。

### 公益捐赠模式的标志性创新

假如您是一个啤酒销售商，每卖出一瓶啤酒利润 1 元，每年售出 10 万瓶。您要拿出 1 万元做公益，以下两种公益方式您更倾向于哪一种？

是一次性捐出 1 万元，还是每卖出 1 瓶啤酒时捐出 0.1 元？

在徐晓新的一项调查中，受访者无一例外都选了第二种方式，即每卖出一瓶捐出 0.1 元，这也是阿里巴巴公益宝贝计划的运行模式。

著名经济学家厉以宁曾提出，市场经济条件下的收入分配共分三次。第一次是由市场按效率原则进行的分配；第二次是由政府按照兼顾公平和效率的原则通过税收、社会保障支出等这一收一支所进行的再分配；第三次是通过个人自愿捐赠而进行的分配。

在张秀兰、徐晓新看来，公益宝贝的模式让公益捐赠直接被前置到了交易分配环节，从第三次分配提前到了准一次分配过程中，使公益捐赠从单次行为变成了有源活水，这是对公益捐赠的一次标志性创新。

《公益宝贝社会价值研究报告》指出，公益宝贝的运行过程体现了捐赠与交易的即时同步、海量小额、便捷高效、快乐共享4个显著特点。筹款同时，公益宝贝还一定程度上起到了国民公益教育的作用。

**全球规模最大的互联网公益参与平台**

研究显示，随着近年来我国经济社会发展和公众思想观念的进步，公益也正在经历转型。

具体而言，全球的公益慈善业正经历着从行政化捐赠到公众捐赠、从线下劝募到数字化捐助、从单点捐赠到有源活水、捐赠者从有压力到获得幸福感、捐赠从黑盒子到全透明等多项转折期。

据阿里巴巴集团平台公益高级专家明宏伟透露，过去的2018年，仅阿里巴巴公益宝贝计划一个产品就带动了超200万商家、4.24亿消费者参与捐赠，筹款额增幅更是高达47%，带动力强劲。在产生的79亿笔捐赠中，平均每笔订单捐款0.46元，商家可以在后台轻松设置捐款额和捐赠方向。获得资助的公益机构还需定期接受第三方审计单位监督，并定期公开资金使用进度，资金去向清晰可见。

2017 年，由人民论坛人民智库开展的一项《中国公众的互联网公益观调查》显示，近九成受访者认为互联网公益平台的操作更规范、信息公开透明，能够更好传播公益理念和公益价值，吸引更多人参与公益。同时，公益也正逐渐成为人们一种普通的生活方式。

**可持续的公益生态已经形成**

在公益宝贝计划的体系中，一个包含了卖家、买家、平台、社会组织、受益人和第三方机构的公益生态已经形成。

在这个生态中，平台发挥自身科技和带动力量，推出适应平台的公益产品并设定规则，带动周边生态参与；买家、卖家及广大用户在这里便捷地找到各自适合的公益参与方式；社会组织在这里得到品牌推广、资金募集、受益人沟通等多种通道。

（来源：中国财富网）

"公益平台"与"平台公益"的区别，既可以体现在狭义的互联网场景中，也可以体现在更广范围的数字经济场景中。但在更大的场景下去搭建平台，需要明确"谁是目标、谁是路径"的定位。"公益平台"意味着平台是路径，希望所有人都为"公益"这个目标服务。以公益为中心并没有错误，但只能吸引特定的人群。而"平台公益"意味着公益是路径，与其他所有的数字经济形态一样，是在为平台生态上的用户提供服务。以用户为中心去设计平台上的公益内容，必然可以获得更广泛的支持。

平台与公益的结合，根本目的是利用数字技术和互联网力量，打破地域和时间的限制，打造更高效、透明和可持续的公益模式。定位的不同，也就导致了结果的不同。如果说"公益平台"是为了实现线下募捐方式的线上化，那么"平台公益"则是为了实现"多数人帮多数人"的数字经济时代全民公益的新模型。

# 建立科学认知视角

既然定义公益是一门科学，那么就有必要建立对公益的科学认知视角，进而可以更专业地行事，而不只是从道德、情怀和善心的层面来看待公益。科学认知视角，意味着可以通过系统思维、数据驱动、实证研究、跨学科合作和持续学习等方法，来理解和解决社会问题。

人们对公益往往有很多高道德高标准的要求，比如公平、利他、无私、奉献，但现实又常常让人失望：在经济活动中，人们嘴上讲着公平，却又依照效率来分配利益；展现利他精神的同时，又显示了更多利己的一面；在高谈阔论做公益的同时，又非常关注参与其中的得失……

零瑕疵的完美慈善家似乎凤毛麟角，这往往让满腔热情投身公益的新人感觉困惑又迷茫。其实完全不必悲观，只要是"人"就会受人性的影响，而人性又是影响经济活动很重要的因素。

本篇将通过经济学分析来探究公益行为背后的动因和规律，并探讨数字经济背景下的行动策略，从而为近距离观察公益提供一个相对客观、理性的视角。采用公平与效率、利己与利他、效用与激励等概念来分析公益，乍一看在情感上似乎难以接受，似乎过于冷静和理性。其实，即使是公益这样温暖、感性而又充满奉献的领域，建立科学认知的视角，也能帮助建立一个持续壮大的事业。公益本就是一项与"人"高度相关的事业，不回避人性的客观规律，才可以更好地发掘人性之美。

# 第 12 章 公平与效率共生

　　追求更加公平、平等的社会环境，过去是，现在是，将来也会是公益行业的重要使命。这也是社会学和经济学的重要课题。本书提出了"公平与效率共生"的科学视角，尝试简单阐述如何换个视角理解二者之间的关系。在大的原则上，商业社会更加追求效率优先，而公益则是典型的公平导向，但这并不意味着追求公平的过程中可以不考虑工作本身的效率追求。

## 人类恒久的命题

　　效率与公平之间的权衡取舍，一直是整个人类社会面临的课题。从经济学的定义上说，效率指的是整个社会如何从稀缺资源中获取最大利益；而公平则是探讨经济成果如何在社会成员中平均地分配。很多公益人认为如果要更大程度地促进公平，就要让相对富裕人群和企业履行更多的捐赠义务，以帮助弱势群体更好地摆脱困境——他们认为这样会更有利于全社会整体福利的提升。然而这种提法难免有偏激之嫌，本身就是违背市场规律，甚至会适得其反的。

我国著名经济学家厉以宁提出了"三次分配"的理论，即：通过市场实现的收入分配为第一次分配，通过政府调节而进行的收入分配为第二次分配，个人出于自愿、在道德的影响下把可支配收入的一部分捐赠出去，为第三次收入分配。

　　通俗地来讲，第一次分配就是通过劳动、资本、资源等生产要素的投入所进行的收入分配，这个环节更加强调效率，也就是人们常说的"多劳多得""论功行赏"。但在第一次分配时，由于能力、天赋、资源、教育程度等方面的差别，以及资本和劳动力要素投入的差别，必然会产生收入和财富的差距。这时候体现出了第二次分配的价值，也就是政府通过税收、社保和转移支付等政策的实施，依靠宏观统筹和调控，让社会财富相对公正公平地部分转移给弱势群体，以建设公平有效的社会保障体系。所以效率和公平主要是依靠第一次分配和第二次分配来实现。

　　但很多时候效率目标和公平目标是相互冲突的。假如想要经济上更高程度的平等，就需要加大诸如税收这样的第二次分配的力度，并通过政府转移支付、失业救助金等形式分配给相对落后的地区或者个人，或者更加鼓励第三次分配带来的慈善捐赠。这样的做法显而易见会让辛勤工作并创造财富的人感觉到更大的不公平："为什么我辛苦赚的钱，要拿出这么多去养别人呢？"长此以往，大家创造社会财富的积极性就会下降，依赖救助和福利度日的人就会增多，甚至可能形成"养懒汉"的极端情形。从这个视角来说，"公平"是一个相对的概念，加大第二次分配和第三次分配力度会让弱势群体感受到社会更加公平，但过犹不及，也会让被分配的人感受到不公平。

　　就像很多经济学家形象地比喻："效率"探讨的是如何做大经济这块蛋糕，而"平等"探讨的是如何分割这块蛋糕；但当将富人的收入更多地分配给穷人时，就降低了人们辛勤劳动创造财富的意愿，也就是说，如果试图将蛋糕切成更加均等的小块，这块蛋糕本身也变小了。

以很多国家实行的个人所得税"累进税制"举例，这种税制下收入越高，纳税比例越高。而税收中的相当一部分通过公共福利、社会救助等形式转移支付回到家庭，越是弱势、贫困的家庭，被转移支付政策惠及的力度越大。从这个层面来说，如果将政府实施的社会福利政策所带来的货币价值考量进来的话，低收入人群实际纳税的比例与高收入人群相比，已经低了很多，甚至是负值（即实际完全不纳税，也在接受补贴）。

同样的道理也适用于分析企业捐赠的情形。假设一个在现实中根本不可能发生的极端情况：如果一个企业将收入的主要部分用于捐赠，会更大程度促进社会福利吗？答案当然是否定的。这种情况下，不仅企业的正常经营会受到影响，企业能够用来分配给付出劳动的员工的收入也会大幅下降——也就意味着因为第三次分配而影响了第一次分配的公正性，并让员工也陷入困境。最终，看似企业通过更多捐赠在为社会公平做贡献，员工却因为状况变差也变成了需要帮助的弱势人群。

探讨三次分配的关系，对于正确认知公益慈善的价值是有很大帮助的。诚如"三次分配"理论所阐述的那样，第三次分配要在"自愿"的基础上开展。这对人们的启发是：公益组织不能以"公平"的名义、用道德绑架的方式、打着公益的旗号去进行劝募。这样对公益以及公益所倡导的平等目标，伤害是极大的。而对于整个公益行业来说，更要注重调动捐赠人"自愿"原则下的积极性。请再次回想一下前面所说的"以人为中心"，在数字经济时代高度透明化和个性化的大背景下，"自愿"原则不仅可以帮助公益机构规避许多不必要的口诛笔伐，同时也是带来持续增长的必要前提。

## 案例：推动共同富裕，需要企业"办好自己的事"

2021 年 11 月 12 日，中共中央举行新闻发布会，介绍党的十九届六中全会精神，并答记者问。

发布会上，有记者提问：中国已经将实现共同富裕正式提上了日程，目前中国经济增速正在放缓，是不是会对实现共同富裕带来挑战？中国在经济增长面临压力的情况下，如何实现共同富裕？

对此，中央财经委员会办公室分管日常工作的副主任韩文秀作出如下回答。

关于共同富裕，习近平总书记指出，要在高质量发展中促进共同富裕，这就指明了共同富裕的实现途径和努力方向。

推动共同富裕，解决发展问题是第一位的，分配问题也很重要，但不能仅仅靠分配来实现共同富裕。我国人均国内生产总值虽然已经超过 1 万美元，但还没有达到高收入国家的水平，即使把现在所有的国民收入全部平均分配，也还达不到共同富裕。共同富裕没有捷径，不是变戏法，必须靠 14 亿多中国人民艰苦奋斗来实现。

第一，推动共同富裕，需要实现高质量发展。我国仍然是世界上最大的发展中国家，我们仍然要用发展的办法解决前进中的问题，新时代的发展必须完整、准确、全面贯彻新发展理念，实现高质量发展。

要增强发展的平衡性、协调性、包容性，持续缩小城乡、区域发展差距，从源头上打好共同富裕的基础。要坚持以人民为中心的发展思想，保障人民在参与发展中机会公平、规则公平、权利公平，共同创造社会财富，共同分享发展成果。

可以说，推动高质量发展的过程就是解决发展不平衡不充分这一主要矛盾的过程，是提高中等收入者比重、优化分配结构的过程，是促进人的全面发展、推动共同富裕的过程。

去年以来，面对新冠疫情的冲击，中国率先恢复经济增长，如期完成脱贫攻坚任务，全面建成小康社会，展现了中国经济的强劲韧性。

经济波动是短期现象，共同富裕是长期目标。中国经济拥有健康的基本面、巨大的内需潜力和发展空间，完全能够实现长期持续健康发展，为扎实推动共同富裕提供更为雄厚的物质基础。

第二，推动共同富裕，需要构建体现效率、促进公平的收入分配体系。

初次分配对于最终分配格局的形成具有基础性作用。要坚持按劳分配为主体、多种分配方式并存，激励引导社会成员通过诚实劳动和创新创业富裕起来。初次分配既要讲效率，又要讲公平，要规范分配秩序、合理控制初始分配差距。

再分配要增强对分配差距的调节功能，通过完善税收制度、提高直接税比重、加强税收征管，更好发挥收入调节功能。

同时，还要健全社会保障体系，完善转移支付制度，加大对低收入者和困难地区的支持与帮扶，更好地发挥兜底提低的作用，努力使橄榄形分配结构的两头更小一些、中间更大一些。再分配也要处理好效率和公平的关系，既促进公平，又考虑效率，防止顾此失彼。

总之，要构建初次分配、再分配、三次分配协调配套的基础性制度安排，使收入分配调节既能够分好蛋糕，又有利于进一步做大蛋糕。

第三，推动共同富裕，需要企业"办好自己的事"。

企业家为共同富裕做贡献有多种渠道和方式，最基本的就是要做到合法诚信经营，照章纳税，履行社会责任，善待员工和客户，保护劳动者和消费者合法权益，办好自己的企业，为社会创造财富，这是企业的"本分"，也是为共同富裕做贡献的"正道"。

同时，国家鼓励支持企业和企业家在有意愿、有能力的情况下积极参与公益慈善事业，这在客观上也会起到第三次分配的作用。

随着我国企业不断发展壮大和更多的人富起来，加上国家激励政策的完善，我国的公益慈善事业将会迎来一个大发展。

但是，慈善捐赠是自愿行为，绝不能"杀富济贫""杀富致贫"，不能搞"逼捐"，因为那不符合共同富裕的本意，也不可能达到共同富裕的目的。

（来源：新华网）


## 公益的权衡取舍

对公益慈善而言，"稀缺性"问题显得更为严峻。社会上有待解决的不公平问题涉及方方面面，牵涉到成千上万的人，但公益所拥有的可供分配的资源却十分有限。实际上，相对拥有更丰富资源的政府和企业在解决这些问题时同样面临资源稀缺性问题，公益行业能有所作为的空间自然非常逼仄。这也是很多资深公益从业者"无力感"的一个重要来源：为什么做了这么久，却没有带来根本性的改变呢？难道都是在做无用功吗？

作为公益从业者，完全不必过于自责。以"公平"为目标的公益行为，也无法避免"不公平"的发生，因为人们总是面临资源稀缺的状况：工作人手捉襟见肘、筹集的善款杯水车薪、知识和经验有待完善、协作力量并非神通广大……与此相对应的，是需要帮助的人、需要解决的问题总是很多。

以大病救助类的公益项目举例，公众很容易发问：这类型的项目为什么划定了这么多救助条件呢？这些条件的设定真的就是公平的吗？同样需要救助的老人和儿童，为什么选择了儿童而没有选择老人？在同样需要救助的诸多儿童当中，为什么选择了小明而没有选择小强？作为一个捐赠人，同样的大病救助项目，为什么选择了甲项目而非乙项目，两者的差别真有那么大吗？

当面临资源的稀缺时，公益同样无法做到面面俱到、有求必应，更多时候还是需要从效率角度出发进行权衡取舍。如果选择给所有求助的重疾患者都进行捐赠，那最后就只能是"摊大饼"式的结果，每个求助者只能得到一点点微不足道的资金。这样一来，看似项目覆盖了所有人，却并没有对任何一个人带来实际的支持，也不能帮助受益人战胜贫困和疾病。更为关键的是，如果公益机构无法给捐赠人传递出一个有效率的信号，那么也会打击捐赠人对机构和项目的信心，无法激励他们给予更多的支持。一个讲究效率与专业的机构和项目，必然会得到更多捐赠人的青睐，因为他们会觉得付出的善款也被有效率地使用了。

所以公益同样是面临公平与效率的权衡取舍的，完全不必为此感到过度困扰。作为公益人，当然希望能够帮助解决更多问题，但现实中也会面临自己能力和资源有限的实际情况。有舍才有得，选择最有效率的手法，也是为更多受益人争取更大平等性的必由之路。

说起中国公益的标志性项目"希望工程"，人们会条件反射一般在脑海中出现"大眼睛"的宣传海报，可以毫不夸张地说，"大眼睛"伴随着"希望工程"共同成长，也与"希望工程"一起深入人心。那么"希望工程"为什么选择了"大眼睛"，而不是其他受益人或者更多受益人呢？下面这篇摘选自百度百科的文章，解释了这个问题背后的思考。

## 案例："希望工程"为什么选择了"大眼睛"？

说到"希望工程"，人们总会想起那双大眼睛。1991年5月，8岁的苏明娟是张湾小学的一年级学生，《中国青年报》摄影记者解海龙到金寨县采访拍摄"希望工程"，跑了十几个村庄，最后来到张湾小学，找到了正在上课的苏明娟，一双特别能代表贫困山区孩子"渴望读书的大眼睛"被摄入他的镜头。1983年，苏明娟出生在安徽金寨县桃岭乡张湾村一个普通的农家，父母靠打鱼、养蚕、养猪和种田、种板栗为生，一家人过着拮据、简朴的乡村生活。

这幅题为"我要上学"的照片，画面是一个手握铅笔，两眼直视前方，对求知充满渴望的大眼睛小女孩。照片发表后，很快被国内各大报纸杂志争相转载，成为中国"希望工程"的宣传标志，苏明娟那双渴望读书的大眼睛也随之成为"希望工程"的形象代表。

和"大眼睛"一样，给人们留下深刻印象的还有"大鼻涕"胡善辉和"小光头"张天义。

"大鼻涕"曾经差点取代"大眼睛"成为"希望工程"的标志性照片。据中国青少年发展基金会有关人士介绍，"大鼻涕"是"希望工程"使用频率最高的照片之一，所有看到照片的人都会联想到"大鼻涕"在声嘶力竭地喊："我要上学!"

被称为"小光头"的男孩张天义以惹人怜爱的形象，打动了无数有爱心的人士。圆圆的脑门，光光的头，微微凹下的鼻梁，皱起的眉头，鼓鼓的小嘴，这都还不是"小光头"照片最打动人的地方。仔细看，你会觉得这双眼睛不太像是孩子的，在略带悲哀的瞳孔里，有一些难以描绘的东西，既蕴藏着希望所留下的火花，也有对现实的一种无奈的接受。如果说苏明娟的眼睛中令人震撼的成分超过了惹人怜悯的话，那么"小光头"惹人怜悯的成分就大大超过了令人震撼。正因如此，才格外让人感到疼爱和心酸。

1992年"希望工程"开始大规模宣传，"大鼻涕"、"大眼睛"和"小光头"成为家喻户晓的人物。其中，"大鼻涕"的形象发表后很受喜爱，差点取代"大眼睛"。"后来因为觉得女孩子更能够感动人，才选了苏明娟。"拍摄三位孩子的记者解海龙说。

虽然三个孩子都用自己的形象为"希望工程"的发展做出了巨大贡献，但三个人的命运却截然不同。因为"大眼睛"而家喻户晓的苏明娟，在成长的路上得到无数的关注和帮助，可谓一路"开挂"。14
岁时，成为共青团十四大代表，也是最小的人民大会堂里的与会代
表，并被选举为团中央候补委员；19 岁，被安徽大学职业技术学院录
取，毕业后进入工商银行安徽分行工作并在之后担任该行的团委副书
记；2007 年 6 月 23 日，成为北京奥运会安徽赛会志愿者招募形象大
使；2017 年 12 月 15 日当选为共青团安徽省委副书记（兼职）；2018
年被评选为全国向上向善好青年；2022 年当选中共二十大代表。

而"大鼻涕"胡善辉没有考上高中，为了供学习成绩不错的二哥
哥读书，胡善辉去了县城一家餐馆打工，随后 2002 年应征入伍，成为
济南军区后勤部队的一名志愿兵。

"小光头"张天义则因为很早就随着打工的父母从老家迁居无锡，
没有领到过"希望工程"的任何资助，但学校老师和社会爱心人士的
持续爱心资助，也激励和支持着他刻苦学习，成为一名大学生。

如果单从三个人的人生走向来说，同样为"希望工程"的宣传和
发展做出巨大贡献，但被选中成为标志性代言人的"大眼睛"，显然成
了真正意义的天选之子，并因此而彻底改变了命运。从这个角度来说，
这个结果对另外两个孩子显然是有失公平的。

但从"希望工程"的效率来说，这个选择无疑是成功的。因为更
为打动人的"大眼睛"，让"希望工程"走进了千家万户，也唤起了全
国人民捐资助学的热潮，截至 2004 年底，最终共捐助了 275 万名贫困
学生，援建了 11888 所希望小学，收到海内外累计捐款 27.3 亿元。而
正如在"关注外部性"章节所分析的那样，"希望工程"的正外部性影响，
远不止于这些直接受益人本身，还推动了贫困地区教育的发展，促进
了全民教育文化素质的提升，并为经济建设储备了更多高素质高水平
人才。

反之，如果"希望工程"出于公平考虑，当初平均用力地宣传"大眼睛""大鼻涕""小光头"三个形象，甚至不加选择地宣传所有孩子形象，那么人们也就难以形成深刻的印象和强烈的共鸣，也许"希望工程"的发展又是另外一种图景了。

## 数字公益与更大公平性

数字经济时代，为寻求更大程度的公平提供了可能性。人们很早就听过"互联网让世界变得越来越平"的说法，的确，数字技术的应用极大提升了社会经济活动的整体效率，也为缩小差距、追求均等化提供了更大的可能性。对公益而言，通过数字技术提升效率和公平目标也迎来了更大的机遇。

数字公益带来的第一个公平性机遇，是公开透明的数字经济特征，让公益组织可以更加公平地竞争。前面的章节探讨过数字经济为广大公益机构和项目提供了新的机会，得以在从"人找公益"到"公益找人"的转变通道中发掘新的蓝海。在实践中也可以发现，各个互联网募捐信息平台上，活跃度最高的往往是拥抱数字经济转型较早的公益组织，而曾经在获得大企业捐赠、政府支持等方面占据绝对优势的一些公益组织，反应却略有迟缓。互联网的推广和应用，打破了公益组织和公众之间的信息壁垒，让公益组织可以在更加平等的条件下充分展现并争取捐赠人的支持。

而在为受益人谋福利方面，数字公益也带来了更大的公平性。仍拿大病救助举例，近年来兴起了很多通过移动互联网便利提供大病个案筹款服务的平台。许多网友在朋友圈、微博看到过一些凄惨的求助个案，并进行过捐助。如果从平台上大病救助的受益人数、带动的捐赠人次等成效角度来评估，显然大大超过了公益组织传统的救助模式。

根据水滴筹官网公示的数据，水滴筹自 2016 年 7 月上线截至 2020 年 12 月底，有 3.4 亿多位爱心人士支持了平台上的大病救助项目，他们帮助支持超过 170 万名经济困难的大病患者筹得超过 370 亿元的医疗救助款，共计产生超过 11 亿人次的爱心赠予行为；而轻松筹官网公示的数据则显示，截至 2018 年 9 月，轻松筹体系在全球 183 个国家和地区的用户总数已经突破 5.5 亿，共帮助超过 253 万个家庭，筹集善款总额超过 255 亿元。

数字公益通过数字技术的应用，可以实现公益资源更加公平的分配和利用。一方面，数字公益所带来的信息公开透明，让公众了解公益项目的情况、资金的使用和效果评估更为容易和便捷，增加了公众对公益组织的信任，促进公益资源的公平分配。另一方面，数字公益通过数据的收集和分析，可以更准确地了解社会需求和资源分配的情况。这种数据驱动的决策可以帮助公益组织更公平地分配资源，根据实际需求和效果来优化项目的实施。

数字公益也可以为所有人提供平等的参与机会。任何人都可以通过在线平台参与公益活动、捐款或志愿者工作，无论其地理位置、社会地位、身份背景如何，也无论公益项目标的大小、组织规模大小。这种平等机会，可以减少不平等因素对公益参与的影响，提高公益资源的公平性。

然而，数字公益仍然面临一些挑战和限制，可能无法实现最大限度的公平。这些挑战主要来自数字鸿沟、数据偏见和社会原本就存在的不平等。

数字鸿沟的存在，是最难以弥合的数字公益公平性问题。数字公益的应用和受益，需要依赖数字技术和互联网的接入和使用。在一些地区和人群中，数字鸿沟仍然存在（"人人都是数字人"章节介绍过，中国还有将近 30% 的人口不是网民），可能导致部分人无法平等地参与数字公益。而数字鸿沟造成的资源分配不合理，会进一步加剧弱势群体的不平等地位。

同时，数字公益的数据收集和分析可能受到数据偏见（data bias）的影响，导致对某些群体或问题的认知不准确。数据偏见是指在数据收集、处理和分析过程中，由于数据的选择、采集方法、样本偏倚等原因，导致数据集中存在系统性的偏差或不完整性（在"数据驱动"章节，对这种影响进行过详细阐述）。这种偏见可能会影响对数据的解释和分析，导致对真实情况的误判或不准确的结论，并进而导致决策的偏向，使得公益资源的分配出现不公平。

而社会原本就存在的不平等状况，也会影响数字公益最大可能性公平的视线。除了互联网接入条件和资源的差异之外，即使同样是网民，因为受教育程度、经济条件、所处生存环境的差异，其对于数字平台的利用和使用程度，以及对数字平台的使用能力，都是不一致的。比如"数字化原住民"章节分析过的，"城镇未成年网民使用搜索引擎、社交网站、新闻、购物等社会属性较强的应用比例明显较高，而农村未成年网民则更偏好于使用短视频、动画或漫画等休闲娱乐应用"。即使同样是刷短视频，受教育程度高的网民，可能会利用短视频平台获取知识和财富，而受教育程度低的网民，则可能是纯粹打发时间，甚至可能被骗取财产。这种形象迁移到数字公益层面，社会地位、经济条件相对较弱的人群，可能无法获得或理解与数字公益相关的信息，可能无法寻求足够的公益资源和支持。这种资源分配不均可能使一些人无法享受到数字公益的福利，加剧了社会不平等。

同样以互联网重疾众筹为例。数字技术为弱势群体提供了门槛更低也更便捷的求助通道，自然也为整体社会福利的提升做出了贡献。然而也需要看到这些新模式，带来了新的公平和效率问题。比如：

　　（1）大病求助者由于非常明确而迫切的"救命"需求，存在谎报信息的可能性，而捐赠人出于同情心的捐助，可能是这种信息不对称下的冲动行为。

　　（2）平台运营所需要的成本，要么由平台运营者承担，要么由捐赠人承担。从社会总成本的角度考虑，一个个独立个案救助的运营成本，与标准型公益项目的运营成本之间，哪种模式更有效率呢？

　　（3）由于信息技术带来了新鸿沟，可能最需要帮助的人群，反而使用不到这么好的互联网服务。捐赠人也就无法确定所捐出的救助资金，是帮助了最需要的人，还是只是帮助到了有能力、有机遇使用平台的受益人。如果去访谈曾经在平台上得到帮助的受益人，他们自然会赞不绝口，而那些没有得到帮助的患者，可能会认为平台的运营方法是不公平的。

　　（4）更大层面的不公平性问题，则是对其他公益形式的捐赠资源的挤兑，以及可能引起新的效率问题。大病救助的模式，让捐赠人得以直接面对一个个单独的个案，久而久之会让捐赠人形成"直接面向受益人"的捐赠心智，并认为这种捐赠模式才是最直接有效的。在社会整体的捐赠总额处于相对稳定状态的前提下，捐赠资金在不同领域的分配是此消彼长的。当有更多资金投入直接救助个案时，必然会影响其他的公益项目所得到的捐助和支持，进而让更多的公益机构开始转向个案筹款的模式。然而个案筹款的模式，对于公益机构来说，效率是相对低下的，因为个案救助只是在解决某一个受益人的问题，而公益项目是旨在通过机制性的手法解决一个社会问题下的一批受益人的问题。

总体来说，尽管数字公益在提供公平性方面面临一些挑战，但通过数字技术的应用，不断改进和创新，可以逐步改善，并实现公益资源更加公平的分配和利用。

## 本章小结

"鱼和熊掌不可兼得"这句充满智慧的谚语，也可以用来描述公平和效率之间的关系。这两个截然不同的目标虽然相互冲突，矛盾似乎也永远无法调和，但它们像一枚硬币的正反面一样，相互依存、共生共荣。如果一味追求做大蛋糕，却不关注蛋糕的分配，人类利己的天性和资本逐利的本能，必然会将绝大部分份额装入少数人的盘子中，进而引发社会动荡和不稳定，影响全人类福祉的共同提升；而如果不讲按劳分配，一味以平均主义分配蛋糕，虽然看似天下大同，却会丧失社会的活力并最终导致无人做蛋糕。

公平和效率之间的平衡点究竟在哪里，也许无法找到一个完美的答案。但对于公益人来说，客观理性地建立这个科学认知，有利于抓住数字经济时代提供的契机，在提升效率的同时实现公益上的更大公平。

# 第13章　尊重人性

"人性"是一个比较有争议的概念。百度百科里对"人性"这个词条这样描述：

> 人性的本质就日常用语上有狭义和广义两方面。狭义上是指人的本质心理属性，也就是人之所以为人的那一部分属性，是人与其他动物相区别的属性；广义上是指人普遍具有的心理属性，其中包括人与其他动物所共有的那部分心理属性。无论是人的本质心理属性，还是人与动物所共有的属性，由于它们都是人所共有的心理属性，那么这种属性也就不可能是后天的结果，只能是人类天性，属于无条件反射。孔子说"性相近，习相远也"，以此将人性划分为先天性和后天性两种。就人性的争论很多，中国古代就有性善论、性恶论、无恶无善论、有善有恶论等，外国古代虽然未见有如中国古代就人性善恶的争论，但对人性善恶的见解广见于宗教理论、心理学思想与管理学理论之中。

在数字公益的探讨中提到尊重人性，不是为了做形而上的学术研究，也不是为了灌输心灵鸡汤，而是从经济学的一些基本分析框架出发，试图给公益与人之间的交互提供新的思考视角。当然，如果说"尊重人性"的提法略显宽泛的话，也许提倡"不违背人性""不玩弄人性"地开展工作会更有助于理解。

尽管一谈到公益，人们就不自觉地正襟危坐、心生敬意，然而所行所为似乎又不像所说的那样纯粹，"嘴上说着公益，身体却很诚实"。这背后倒不一定是刻意的言行不一，而是人性使然。举个简单例子：为什么本书时时提醒做公益要避免"道德绑架"？因为站在道德制高点来提倡公益，会让受众即使不赞成，也很难拒绝。这必然会造成很不好的感受，甚至是抗拒心理。所以违背人性要求他人去做公益，虽然可能获得碍于情面的支持，但也将惹人反感，公益也就做成了一锤子买卖。强调数字公益要尊重人性，是从经济规律来分析如何更好地带动、激发人们参与公益的"自愿"意愿。这才是受欢迎和可持续的公益之路。

还有一点需要注意：研究人性是提倡如何激发人性的优点，而不是"玩弄"人性的弱点。在数字经济时代，一些 App 产品通过大数据和算法等数字技术，将人性的弱点利用到了极致。它们把对人性弱点的研究，应用于产品交互中，把人死死地捆绑在它们的生意里。这样固然带来了巨大的流量和商业利益，却对人的发展带来了显著的弊端。比如某些内容平台，参照赌场的运营模式，采用全屏画面让用户忘却时间，使用大数据算法不断向用户"投其所好"，诱导用户花费大量时间沉溺在平台上；某些电商平台，用红包、提现、倒计时失效等策略做利益点，诱导用户不断分享、拉新，用户焦虑而又紧张地忙活一大圈，四处求熟人帮忙之后，却发现这些利益点要么是挂在驴前面永远够不着的胡萝卜，要么不过是几分钱的蝇头小利。

这种利用人性弱点的做法，为商家带来了巨大利益，却让更多人为机器所奴役。这种有悖伦常的做法，在数字公益中是绝对不倡导的。

## 利己与利他

人们为什么要参与公益？做公益的初衷究竟是利他还是利己？如果期望带动更多人对公益付出更多，需要提供激励吗？……这一连串的问题，人们经常会进行思考和探讨，然而似乎谁都无法给出一个一锤定音的答案。但在谈到自己的动机时，很少有人会同意做公益有利己目的。人们往往会坚定不移地宣称自己是纯粹的利他主义者，并以自己的价值观和世界观为佐证。对这一动机提出的任何质疑，都会引来激烈的驳斥。

纯粹的利他主义当然应该收获毫不犹豫的赞美。无论是大灾大难中的无畏逆行、救人于危难的见义勇为，还是出手相助、解人困厄的无私奉献，这些人性的光辉犹如皇冠上的明珠一样珍贵，是人类社会历经苦难而仍然能够坚定前行的巨大动力。

但就像人到底是本性向善还是本性向恶的话题一样，利己派和利他派都不缺乏拥趸。坚定地认为"做公益等于纯粹利他"并没有什么错，但也不妨加入一些"利己"动机的思考。或者，人们也可以换一个思考方式——"利他"和"利己"的定义是什么？是否"利他"在任何情形下都是褒义词，而"利己"就必定是一个带有道德污点的贬义词呢？

要回答这些问题，就有必要引入经济学当中的一些论述。亚当·斯密在他的伟大著作《国富论》中最早提出了"经济人假设"的思考，这一假设也是整个经济学的基础。这个假设认为，每个人都是追求效用最大化的，也都是理性和利己的，因此总是会力图以最小的经济代价，去获取自己最大的利益。由于这种"利益最大化"的诉求，人们在相互的影响和交互过程中，就会自动进行调节，无意识地自然达成供求关系的均衡。这种"利益最大化"的利己诉求，以及带来的自动均衡调节的力量，也是促进人类社会不断追求科技进步和经济繁荣的重要动力。

亚当·斯密这样描述人们通过"利己"心激发"利他"性并相互影响：

人类几乎随时随地都需要同胞的协助，因此要想仅仅依赖他人的恩惠，那是绝对不行的。一个人如果能够刺激他人的利己心，使其有利于他，并告诉其他人，给他做事是对他们自己有利的，那么他要达到目的就容易得多了。……请把我所要的东西给我吧，同时，你也可以获得你所要的东西：这句话正是交易的通义。我们所需要的相互帮忙，大部分是依照这个方法取得的。

我们每天所需的食物和饮料，不是出自屠户、酿酒师或者面包师的恩惠，而是出自他们利己的打算。我们不说唤起他们利他心的话，而说唤起他们利己心的话。我们从来不说自己有需要，而只说对他们有利。社会上，除了乞丐，没有一个人愿意全然依靠别人的恩惠过活……

每一个人……既不打算促进公共的利益，也不知道自己是在何种程度上促进那种利益……他所盘算的只是他自己的利益。在这种场合下，像在许多场合一样，他受着一只看不见的手（市场）的引导，去尽力达成一个并非他本意想要达到的目的。但也不会因为不是出于本意，就对社会有害。他追求自己的利益，往往能使他比在真正出于本意的情形下更有效地促进社会的利益。

　　这段论述，形象地阐述了经济参与者如何受利己心驱动并最终带动经济繁荣。如果没有利己心，大家都是出于"利他"的动机去行事，结果会如何呢？可以通过一个简单的例子来回答这个问题。假设现在有一个慷慨的读者，决定购买这本书，他出于纯粹的利他心，非常希望让作者的劳动付出得到应有的褒奖，很大方地以 100 元 / 本的价格购买 1 万本；而本书作者也具备纯粹的利他心，认为自己的知识应该完全共享，并且执意要免费送给这名读者 1 万本书。结果可想而知，两个人都受自己完全的利他心驱使，即使谈上三天三夜也无法达成共识，谁也无法说服对方，不仅降低了效率，还没法实现各取所需的结果。

　　但如果两个人都具备利己之心，结果就会完全不一样了，读者觉得 100 元太贵，希望作者可以降价到 50 元，最好是免费赠送给自己；作者则认为自己的著作是智慧的结晶，100 元定价都很廉价，当然出于成交的考虑，愿意降价到 50 元。于是，这样一个交易很快敲定，读者获得了书，作者也获得了收入，各取所需、皆大欢喜。

　　"经济人假设"也有着固有的缺陷，那就是忽略了人的情感、道德、责任心、创造力等个性化因素，而是将人作为一种模式化的"机器"来看。同时，人绝大多数时候是"冲动"的动物，能做到绝对理性的人往往被戏称为冷血动物。人是复杂的，人性也不可能用一个简单的模型或者一个公式下定论。但需要看到这个假设的本质，还是将复杂的问题简单化，是一种理想化的模型，因此引用这个理论基础来分析人们参与公益的"人性"因素，也是希望通过简化的模型来探讨复杂的问题。

现在可以再来回答"利他"和"利己"的一系列问题：完全不必将这两个词加上道德色彩的褒贬含义，而是中性地看待。一方面，利他和利己不是两个对立面，在利己的同时完全可以做到利他；另一方面，"利益"也不代表着单一的"金钱"价值，也可能是金钱之外的其他收益，比如名声、荣誉、信用等。鉴于"利益"的概念也会存在争议，不妨用"好处"这样一个更为白话化的词来代替。

商业市场上"一手交钱，一手交货"的利益关系清晰明了，分辨"利他"与"利己"几乎没有争议。在这方面公益显然面临着更大的难题。公益实际上处于一个三边甚至多边关系的情景之中，如图13-1所示，捐赠人A将资金支付给到公益机构B，B通常并没有什么"货"供给到A，反而是通过向供应商"C"购买一些商品或服务，供给到受益人D。

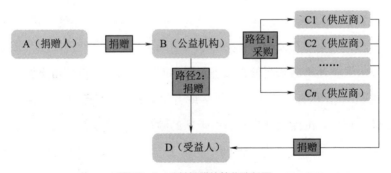

图13-1　公益捐赠的简化路径图

这个简化的路径图，反映了各利益相关方之间"好处"的流动关系，B、C都得到了资金的好处，D得到了资金、物资或者服务的好处。但显然这个简化路径图有着先天的缺陷：A似乎成了只求付出不求回报

"无欲无求"的纯粹利他者，所有人都得到了"好处"，唯独捐赠了资金的人没有得到好处——这也是人们通常认为公益捐赠、乐善助人是高尚行为的底层逻辑。

难道捐赠人对"好处"真的没有什么追求吗？当然不是这样。捐赠人追求的好处是什么呢？公益组织又应当怎样设计给予捐赠人的好处呢？

## 公益的效用

不同人对"好处"的定义不同。多数时候人们为了金钱、权利和基因繁衍的"好处"而拼搏，所谓"天下熙熙皆为利来，天下攘攘皆为利往"。而有一些人，或者人有一些时候，会追求无法用物质衡量的东西，比如名气、尊敬、存在感、内心的安宁、价值感等所谓比较"虚"的部分，这也是马斯洛需求层次理论所热衷探讨的内容。

以我写这本书的"好处"举例，显然可以首先排除挣钱的"好处"——这本书在公益这么小的市场范围里探讨数字经济话题，必然是一个亏本还不赚吆喝的买卖（花同样的时间去写一本言情小说可能会更赚钱）。因此作者的"好处"或者说动机，就在于比较"虚"的反馈，比如：沉淀和分享知识所带来的满足感，推动行业发展所带来的成就感（如果本书有幸做到了的话），以及因为写书而得到的逻辑锤炼、知识强化和软实力提升……所以，如果从利己心分析作者写书的动机，可以至少总结出满足感、成就感、提升软实力等诸多"好处"。

这种所谓比较虚的"好处"，可以用经济学中"效用"一词予以解释。消费者拥有、消费商品或服务，对欲望的满足程度被称为商品或服务的效用。一种商品或服务效用的大小，取决于消费者的主观心理评价，由消费者欲望的强度所决定。经济学家用它来解释，理性的消费者如何把他们有限的资源分配在能带来最大满足的商品上。

效用也一度被认为是一个人快乐程度的数学测度，经济学家一直尝试用多种方法来衡量效用。效用相关的理论，本身就可以解释生活中一些非常有意思的现象。比如我们耳熟能详的"边际效用递减"：在预算既定的情况下，虽然总效用会随着消费者享受物品和服务的增多而逐渐增加，但达到一个极限值之后，就会下降，也就是每增加一单位商品或服务所带来的满足感是递减的。简单地说，当一个人非常饿的时候，吃第一个馒头狼吞虎咽十分满足，吃第二个的时候就没那么享受了，吃第三个的时候就会感觉有点恶心了。

边际效用递减理论对公益带来的启发是，人们用来满足自己需求的投入总会达到一个极限值，当自我满足的刺激越来越小时，参与公益就会给他带来新的满足感，这就是所谓的"仓廪足而礼仪丰"。仓廪足带来的满足感越来越小时，自然就有了空间去追求精神层面的满足感。

同时，公益要善用"效用"，或者说捐赠激励的价值。公益的激励容易走向两极化，要么参与公益根本感受不到效用（捐赠服务的缺乏），要么很少的参与就能得到很大的激励（捐赠服务无差别）。所以有必要设计一个合理的激励梯度，让捐赠人感受到的成就感和满足感，在一个合理的区间内阶梯式增长。

关于效用的"无差异曲线"理论也有助于更好认知公益对参与人的价值。该理论用于描述消费者在面临不同选择时的偏好和效用。无差异曲线表示了一组消费组合，其中消费者对这些组合的偏好程度相同，即消费者对这些组合是无差异的。

按照"无差异曲线"模型来分析，可以把消费者面临的诸多选择简化区分为公益和私利（包含消费、投资、储蓄等）两种情形，来观察消费者可能如何做出决策。如图 13-2 所示，在 A 点时，消费者愿意更多地选择私利，而更少地投入公益；在 B 点时，消费者愿意更多地投入公益，但牺牲了一部分私利。虽然这两点对于消费者而言，整体的满足程度是一致的，但由于消费者在 A 点已经得到私利的极大满足，让他感觉倦怠了、不刺激了、空虚了，所以他减少私利并转移到 B 点（更多投入公益）的意愿就比较高，宁愿放弃 5 单位私利（纵轴）也要去换得增加 1.5 单位（横轴）公益的满足感。

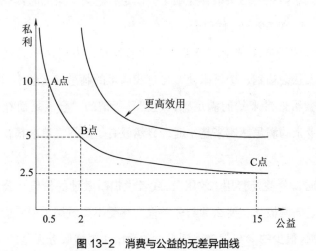

图 13-2　消费与公益的无差异曲线

当然这个曲线也意味着，如果希望消费者对公益投入更多，就要求公益能够提供更大的满足感，以弥补减少私利所带来的损失。而观察从 A 点到 B 点，与从 B 点到 C 点的差别时，可以看到消费者在后一种情况下所愿意放弃的私利是更少的。也就是说，刚投入公益时，消费者愿意牺牲一些私利来获得公益的满足感；而当消费者已经对公益做了一定量的投入之后，他就不太情愿为了增加公益的投入，而继续牺牲更多私利了。这再次印证了边际效用递减的规律。

有没有可能让消费者在私利和公益的投入上都取得更高效用呢？可以，但这要以消费者的可支配支出增加为前提（图 13-2 中位置更高的无差异曲线）。

图 13-2 所示曲线，在形态上彰显为离纵轴（私利）更近而离横轴（公益）更远。实际当中对于大多数普通人来说，这个曲线应该会离纵轴（私利）无限趋近，而离横轴（公益）更远——也就是说，普通人的偏好更倾向于私利而非公益，甚至倾向于一点公益都不做，全部用来满足私利。在这种曲线形态下，即使他们愿意对公益做一些投入，也不会以牺牲太多私利为代价。

假设消费者按图 13-2 示例一样愿意投入公益，那么实际上会投入多少呢？仍然以 A、B、C 三点的比较来举例，考虑到消费者的预算约束，消费者更大的可能性是会选择 A 点附近的均衡点。这是因为普通人对私利的评价属于刚需，而对公益的评价会更加类似于奢侈品特性，弹性非常大，资金有限的情况下自然会优先满足私利的需求。

从公益效用的分析，可以更加明晰并且应当坚定地遵循这些结论：

- 当期望带动一个消费者从"0"到"1"转变为捐赠人时，应该让消费者更多地看到公益所能提供的差异化的、与私利的满足感不同的价值，这样他们才会按照公益机构募捐文案——"您的一杯咖啡钱，可以为孩子们提供一天的餐费"——所期望的那样，放弃喝一杯咖啡的需求，将钱拿来为贫困儿童捐一天的餐费。
- 如果希望捐赠人付出更多，必须给他提供比以往更大的满足感，才能让他增加更多捐赠投入。

- 不能逮着一个捐赠人可劲儿薅羊毛。无论是政策要求、道德约束还是重复捐赠策略，如果对看似更有钱、更有意愿的捐赠人过度劝募，也会收效甚微，因为这样是违背人性的，公益效用会越来越低。所以应该不断去发展新捐赠人，通过更多人的加入不断增加源头活水。

尽管应用"效用"理论的分析有一定的普遍适用价值，但诚如前文所言，这种分析只能提供一种参考，公益的效用是相对主观的，不同的人对公益的价值认知和满足程度可能有所不同。"效用"的分析模型，也解释不了人们基于情感、道德和冲动所做出的决策，更何况仍然有许多闪耀着人性光辉的案例。这些值得人们学习的榜样，往往能够做到超越人性，将对私利的偏好压缩到极小值，而近乎全身心地投入公益之中。如果描述他们的无差异曲线和预算约束线的话，就会和上面的讨论完全相反，即无限接近于公益（横轴）最大化，却几乎不考虑私利（纵轴）。他们无私奉献、舍身为大义的精神，是人类最宝贵的财富。

## 案例：感动中国的三轮助学老人白方礼

白方礼老人出生于 1913 年，自幼家中贫寒，不仅没条件读书，就连温饱都是问题。1944 年白方礼在天津落脚，成了一名职业三轮车夫。之后他就靠着一双脚骑遍天津，赚些辛苦钱。生活清苦，白方礼却怡然自得，乐观进取的他，养大了四个孩子。孩子们非常争气，有三位考上了大学出人头地。

1974 年，白方礼老人从天津市河北运输单位退休。对于大部分人来说，退休不过是在家养花弄草，抑或是外出旅行，但白方礼老人却不愿意过这样的生活。1987 年，好不容易"闲"下来的白方礼老人重新蹬起了脚踏车。这一次，他不是为了养活自己，也不是为了养活自己的孩子，而是为了帮助贫困的学子，让他们也能够上学。

　　就这样，一位古稀老人不畏严寒、不惧风雪，日复一日地在大街上蹬三轮车。许多人都觉得白方礼老人在做无用功，就连白方礼老人的孩子也无法理解他。毕竟老人做的是体力活，孩子们都担心老人的身体支撑不住。老人也吃尽了苦头，他曾蹬三轮车中过暑，还曾在冬天的漫天飞雪中，跌进臭水沟里。他对自己苛刻，每天的午餐总是馒头加开水；对家人则无私大方，尽量不让他们操心。

　　老人穿得像个乞丐，却比任何富豪还要高兴，他精神上的造诣，普通人已经难以与之比较。他不图名利，只为社会做贡献，他说只要让受助孩子能安心上课，那么这一切就都值了。这位风尘仆仆的老人，将自己拼命赚的钱，都用在了受助孩子的教育上，而常年透支体力的劳动，让这个老人在晚年得了许多严重的疾病。老人疾病缠身，却依旧蹬三轮车赚钱。

　　尽管如此，老人从下定决心捐助贫困的孩子开始，便坚持了18 年，也就是直到老人去世那年。

　　在这18 年的时间里，白方礼老人靠着自己的体力劳动，一共捐赠出 35 万元资金，受到老人资助的贫困学生达到了 300 余人。资助几百位贫困学生，听起来像是只有大富翁才能做到的事，可白方礼老人却凭着一脚一脚地蹬三轮车实现了。

按照白方礼老人孩子的话来说，这几十万元的捐款，全都是老人从牙缝里抠出来的。在捐款这件事情上，老人总是慷慨的、毫不犹豫的，可在他自己身上，总是精打细算，从不多花一分钱。最终，老人在92岁那年生命戛然而止，离开人世。但受过他恩惠的学生却如春笋，拔地而起，向阳而生。

据悉，在白方礼老人去世后，许多民众自发前来为他送行，一段时间后，乌泱泱的人群甚至站满了马路，灵车启动时，群众潸然泪下。前来为白方礼老人送行的许多人从未见过白方礼老人，但他的事迹，却早就被他们熟知。有如此多的民众被老人打动、为他送行，或许能够给远在天堂的老人一丝慰藉。

（来源：百度百科）

## 公益的激励

探讨了人们的"利己"心，以及从效用的角度如何定义"利己"——不论物质的回馈，还是满足感的回馈，都能带来人们看重的"好处"。绕了一大圈，有必要回到正题了：讨论这些话题的最终目标，是希望在数字经济时代带动更多人参与公益，并带来公益的快速发展。因此，虽然不排除绝对纯粹的和无欲无求的利他主义者存在（他们也是人们学习和敬仰的道德楷模），但这不是普遍现象。所以这些讨论希望设定在普世意义的基础上，通过对人性的充分认知来促进公益目标的达成。

"利己"也许稍显刺耳，但从上面的分析可以看到：在绝大多数情况下，人们从利己的角度出发，客观上也有利于社会整体进步和人们之间互帮互助。能发掘出公益对捐赠人自身的某种"利己"价值，也是一件互惠互利的事情；而这种"利己"的价值，除了对捐赠人本身的效用之外，还有对社会的正外部性价值。

前文描绘了一张公益捐赠路径图（图13-1），实际上在那张图里，用简化的形式隐去了一些信息。通过随后对利他与利己关系的分析、效用的分析，现在可以将这些信息补充完整了。如图13-3所示，补充的是"社会进步"的模块和线条。这些补充的信息表明，即使捐赠人做公益的时候完全没有利己的诉求，他实际上也面临着多重激励。

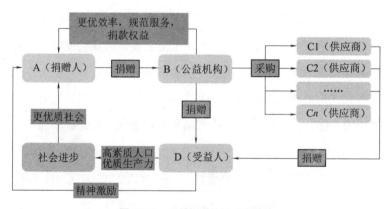

图13-3　公益捐赠的循环流量图

在这张补充完整的循环流量图中，可以明显看到捐赠人得到的至少三重激励。第一重，也是最直接的激励，就是公益机构所带来的价值反馈，包含：

· 公益机构为捐赠人所提升的捐赠效率。相对于捐赠人自己寻找受益人、自己做项目执行所需要付出的时间、精力、额外资金等成本而言，公益机构的专业化运营是效率更高的。

- 公益机构为捐赠人所提供的规范化服务，比如更科学的捐赠标准、捐赠过程的风险规避（如受益人可能形成对捐赠人的依赖）、为捐赠人开展的善款使用规划等。
- 捐赠权益，常见的有：可做税收专项扣除的捐赠票据、捐赠证书、表彰活动等。

第二重激励也较为容易理解，就是捐赠人因为能够实施帮助，并看到自己付出带来的"改变"而感受到的精神激励。"予人玫瑰，手有余香""施比受有福"，阐述的就是这种激励。

第三重激励则是比较容易被忽视的，来自公益慈善行为本身的正外部性。当人们通过公益捐赠的形式帮助弱势群体改变状况之后——无论是教育助学让全社会整体的受教育程度提高，还是环境保护让生活环境变得更好——都会助力创造一个更加良好的社会发展环境。这无疑会让包含捐赠人在内的所有社会成员受益。抛开对受益人本身的价值而言，为低收入人群提供了生活基础保障，就让整个社会更加稳定和安全；通过产业促进的方式帮助欠发达地区发展，就增加了整个社会的财富；通过教育公益让更多学生能接受高质量教育，就提高了社会整体的人口素质，也能提高整体的生产力水平，进而推动技术进步；而通过重疾救助，让贫困劳动力能够重返工作岗位，就能为社会提供更多高质量的劳动力供给。所有这些最终都会或多或少地让捐赠人及其家庭直接或间接受益。

更清晰地阐述公益所能带来的直接或潜在激励，会有利于提升人们对公益的参与热情。人们会对激励做出反应，是经济学的基本原理之一，也是人性的基本表现之一。对于多数人而言，运用恰当的激励策略是能起到作用的。即使是绝对纯粹的、无欲无求的利他主义者，也会关心善款是否起到了应有的作用，这种情况下公益组织最大化善款使用效率，让捐赠人看到改变的发生，对利他主义者也是一种激励。

## 拓展探讨：异曲同工的马斯洛需求层次理论

著名的马斯洛需求层次理论，与基于经济学分析人性，有异曲同工之妙。而在每一层的需求当中，都有对如何进行激励的探讨。许多公益人倾向于将公益归于最高层次的"自我实现"需求。通过经济学分析人们参与公益的动因之后，也可以思考如何将公益往下几层进行穿透。以下对该理论的描述，摘选整理自百度百科，读者在阅读的时候，可以留意每一层次需求不同的描述及激励办法。

马斯洛的需求层次结构是心理学中的激励理论，包括人类需求的五级模型，通常被描绘成金字塔内的等级。从层次结构的底部向上，需求分别为：生理（食物和衣服）、安全（工作保障）、社交需要（友谊）、尊重和自我实现。前四个级别通常称为缺陷需求（D需求），而最高级别称为增长需求（B需求）。马斯洛指出，人们需要动力实现某些需求，有些需求优先于其他需求。

### 一、生理需求的应用

生理需求（physiological needs），属于低级需求，包含食物、水分、空气、睡眠、性的需要等。它们在人的需求中最重要，最有力量。

例如：当一个人很饥饿时，他极需要食物。人需要工作的薪酬来生存，以生理需求来激励下属。

激励措施：增加工资、改善劳动条件、给予更多的业余时间和工间休息、提高福利待遇。

## 二、安全需求的应用

安全需求（safety needs），属于低级需求，人们需要稳定、安全、受到保护、有秩序、能免除恐惧和焦虑等。

例如：一个工作者居无定所，四处漂泊。

激励措施：强调规章制度、职业保障、福利待遇，并保护员工不致失业，提供医疗保险、失业保险和退休福利，避免员工受到双重的指令而混乱。

## 三、归属和爱的需求的应用

归属和爱的需求（belongingness and love needs）：一个人要求与其他人建立感情的联系或关系。属于社交需求。

例如：人们积极社交，结交朋友，追求爱情。

激励措施：提供同事间社交往来的机会，支持与赞许员工寻找及建立和谐温馨的人际关系，开展有组织的体育比赛和集体聚会。

## 四、尊重需求的应用

尊重需求（esteem needs），主要指自尊，以及希望受到别人的尊重。

自尊的需求使人相信自己的力量和价值，使得自己更有能力，更有创造力。缺乏自尊，使人自卑，没有足够信心去处理问题。

例如：努力读书让自己成为医生、律师来证明自己在社会的存在和价值。

激励措施：公开奖励和表扬，强调工作任务的艰巨性以及成功所需要的高超技巧，颁发荣誉奖章，在公司刊物发表文章表扬，设立优秀员工光荣榜。

## 五、自我实现需求的应用

自我实现的需求（self-actualization needs）：人们追求实现自己的能力或者潜能，并使之完善化。

在人生道路上自我实现的形式是不一样的，每个人都有机会去完善自己的能力，满足自我实现的需求。

例如：运动员把自己的体能练到极致，让自己成为世界第一或是单纯为了超越自己；一位企业家，真心认为自己所经营的事业能为社会带来价值，而为此更好地工作。

激励措施：设计工作时运用复杂情况的适应策略，给有特长的人委派特别任务，在设计工作和执行计划时为下级留有余地。

## 无知之幕

美国哲学家、哈佛大学教授约翰·罗尔斯在他的著作《正义论》中提出了著名的"无知之幕"思想实验。如果人们认为一个社会的制度、法律和政策应该是公正的，那么社会成员如何对公正的含义达成一致呢？由于每个人的教育、出身、文化、财富、地位等背景不同，观点必然会产生很大的差异，也就导致人们很难真正客观地达成关于"公正"的公允定义。为了解决这个问题，罗尔斯提出了"无知之幕"的实验。

简单来说，人们就如同电脑内存中的文件一样，当"无知之幕"拉上之后，所有人的状态全部清零重启，人们并不知道也不能决定大幕拉开之后，他们将处于什么样的状态，贫富、阶层、强弱都是随机的。罗尔斯认为，在这种"格式化"之后的初始状态下，人们可以为社会选择一套公正的规则。每个人都可能沦落到贫穷、社会底层、赢弱等弱势的状况，出于自我保护的诉求，大家会"被迫"考虑这些规则将如何影响每一个人。用这种方法设计一个期望达到"公正"的政策时，是能够保持客观的。

因此，当人们处于"无知之幕"下思考"平等"问题时，会更多地从"利己"角度出发，带来一个"利他"的结果。谁都不知道当大幕拉开之后，自己将处于什么样的状态：是生在罗马、含着金钥匙出生的优越阶层，还是注定要穷困潦倒、颠簸一生的最底层。对落入底层可能性的惶恐，让人们主动思考并且积极倡议给予最差状况的支持和福利。

现实中"无知之幕"并非空中楼阁的假想，比如宗教所宣扬的"修来世"或者"上天堂"，就是在现世的"无知之幕"下为可能的来世（如果真如宗教宣扬的那样存在的话）创造更好的可能性。在某种程度上，当人们处于较好状况时，愿意做出贡献去帮助相对弱势群体，背后也隐含着一种期望，那就是当自己不幸落入弱势状态时，也能得到类似的帮助。从这个意义上来说，奉献公益也可以视为人们对冲社会风险的一种保障制度：未来是永远无法预测的，人们对自己未来的预期，只是基于当前现状延续的理想化模型而已，但人生会遇到的变故太多了，可以说每一个明天都是"无知之幕"。人们代入最差结果的假设，考虑到自己也有可能落入不利境地，就会有更多的共情、同理与悲悯之心。

前文讨论的大数据相对于问卷调研的优势，也印证了"无知之幕"理论：问卷调研对用户来说也是一种"无知之幕"，只不过他们更愿意把自己假设为"道德至上"者。

然而"无知之幕"有两个明确的不确定性因素，其中一点是当人们处于"无知之幕"状态时，是否足够厌恶风险。诚如前文所说，"理性人假设"只是一种理想状态，实际中每个人都不是绝对理性的。因此，对风险的厌恶程度是否足够大到去做出行动，是不明确的。而另外一点，就更加让人感到沮丧，那就是当"无知之幕"拉开，一切都开始逐渐清晰，原本模糊不清的未来在一点点展开而成为当前相对确定的现实时，人们往往难以坚持在"无知之幕"下所设计的公正、平等、利他的良好约定。人性的"利己"心会重新占据上风，并在权衡取舍之后，选择并积极倡导对自己最有利的方案。在这种情况下，已经占据优势地位的人们就会获取更多的资源和保障，而已经落入弱势地位的群体，甚至连已有的利益都难以保护。"凡有的，还要加倍给他，叫他多余；没有的，连他所有的也要夺过来"，强者越强、弱者越弱的马太效应，让"无知之幕"下的悲悯之心被血淋淋的现实无情嘲讽。

"无知之幕"的思想实验虽然充满争议，但同样可以启发思考，如何建立对公益的科学认知视角。期望对抗人性、扭转人性，让人们对公益的支持呈现万人空巷之势是不现实的；承认并且共情人们的"利己"之心，并将之代入"无知之幕"下启发出"利他"之行，才是更可行的路径。

而当"无知之幕"揭开之时，正因为公益组织应有的使命、价值观的坚持，以及通过规范化的组织行为取代个人随性的善行，才会让社会的正义、温暖和人性的光芒得以延续，不至于被群体的利己之心无限扭曲。

## 案例：刘润谈上海封控区的社会学

上海疫情封控期间，财经自媒体人刘润分享了上海封控区现实发生的"无知之幕"案例及其社会学分析，深刻地阐释了这一思想实验对于生活和认知的影响。其自媒体视频的原意大致如下：

我有个朋友居住的小区，在封控的第二天发起了一个投票：如果有邻居不幸被确诊新冠阳性，我保证本户不驱逐，不强行转运，支持感染者在家隔离。当然，是否转运，这不是由邻居决定的，而是由疾控中心决定的。这个投票的目的，是表达邻里之间的态度：至少"我"不会驱逐你。投票的结果怎样呢？

结果是：共收到218票。其中216票支持，2票保留，0票反对。也就是说，绝大多数人表示，如果邻居不幸"阳"了，不会驱逐他。

这个投票，是一个很有意思的社会学实验。因为这个投票，正好是发生在"无知之幕"背后的。

我讲过，一个人有四种表达：事实（fact），观点（opinion），立场（stand），信仰（belief）。有了切身的利益，就有了确定的立场。有了确定的立场，要改变"观点"，几乎只能通过改变"利益"。这就是为什么有人说：小孩才分对错，大人只讲利弊。

"无知之幕"这个思想实验的高明之处，就是通过剥离身份的方法，切掉了每一个投票者的"立场"，从而让大家的观点，更接近"正义"。

　　这个小区的投票，就是一个在"无知之幕"背后的投票。99%的人认为"不驱逐"是正义的。这种"正义"的背后，是一种隐隐的身份代入：如果被驱逐的是我，我无法承受。因此，我也不应让别人承受。所有人都非常感动。直到9天后。

　　9天后，一位外国邻居检测呈阳性。又过了几天，另一位母亲检测呈阳性（她未成年的女儿呈阴性）。其他人正常。"无知之幕"拉开了，哦，原来你是"阳"啊；哦，原来我是"阴"啊。

　　下面的故事，就让人有些压抑了。

　　一开始，大家纷纷表达"没关系，谁都可能碰上的"。但是逐渐地，抽到"阴性"立场的邻居们，开始计算"利益"：如果不"驱逐"这个"阳性"，小区解封时间会往后拖延很久啊！基于利益的立场，开始在心中生根、发芽。

　　基于"正义"，我们应该坚持不驱逐；基于"利益"，驱逐能缩短封控时间。怎么办？

　　一场"认知协调"的游戏开始了。

　　什么是"认知协调"？当行为和认知出现矛盾时，如果行为无法改变，人们会通过改变认知的方式，让自己的行为合理化，以达到逻辑自洽。这种"把自己的行为合理化"的力量，就叫"认知协调"。

怎么才能"把自己的行为合理化"呢？那就要证明，抽到"阳"的两个人，是坏人。他们"阳"，是他们咎由自取的结果。于是，有些邻居化身福尔摩斯，到处寻找他们是坏人的证据：

这一家人有问题！他们从一开始就破坏了规则！他们是特权阶级！他们是逃回小区的！他们在明知自己阳性时还下楼做核酸！

果然，他们真是坏人！我早就觉得他们是坏人！

认知协调了。然后，有人通风报信，有人打电话给居委会，有人报警……于是，"无知之幕"拉开后，大家的选择就戏剧性地变为：

如果我"阳"了，应该居家隔离；如果我的邻居"阳"了，必须拉去方舱。

我浑身发凉。

我赶紧审视自己。我那些自以为充满正义感的表达，真的是源自于"正义"？有没有可能，我也仅仅是通过一场认知协调的心理游戏，"把自己的利益正义化"了呢？

· 持"清零"的立场，可能会"选择性地"相信：放开后有很多老人会死亡。

· 持"放开"的立场，可能会"选择性地"相信：数据显示其实死亡率很低。

· 靠卖高价蔬菜赚钱的，相信：高价才会刺激更多的供给，有更多供给才能满足更多需求。

· 老人死亡出现了，就会有年轻人相信：早就让他们打疫苗了，是他们自己选择不去打。

· 有人死于基础病，就会有健康人解释：虽然大家都不愿看到，但这就是自然界的规律。

· 上海的同学们说：我痛到不行了，解决方案不应比问题更糟糕。

· 全国的朋友们说：你再忍一忍吧，千万不要蔓延到我们这里。

……

每个人都有自己的立场，这非常正常。谁没有自己的切身利益呢。这不可怕。可怕的是，我们会误以为自己的立场，是凌驾于所有人之上的唯一正义。但是，你真的确定，你的正义没有输给利益，你的观点没有被立场挟持？

你真的确定？

这场叫"正义和立场"的封控区里的社会学实验，到此结束。我陷入了沉思。他们，错了吗？没错吗？真的错了吗？难道没错吗？唉，我不知道。

（来源：微信视频号"刘润"）

# 第 14 章　从本质出发

从本质出发来解决问题，是老生常谈的一句话。但正如"明白许多道理，依然过不好这一生"所戏称的那样，在实际应用中，人们往往会忘掉这个基础的原则。这里不会展开本质思考的具体步骤，也不想赘述人们津津乐道的马斯克"第一性原理"传奇故事，而是期望在数字经济的背景下，一起思考公益的本质及如何在这个时代有所作为。

在迅速变化的潮流趋势和蜂拥而至的新需求夹缝中，人们很容易迷失在繁文缛节之中，而忽略、忽视了做公益的初衷和初心。在数字经济时代更要做到溯本清源、坚守主干，包含以下几个主要方面。

第一个本质是要让数字经济的红利能为我所用，为公益发展提供新动能。诚如本书第一章中所分析的，数字经济的本质是利用数字技术、发挥数字价值所带来的深刻变革。之所以强调学习数字经济、了解数字经济、应用数字经济的重要性，是为了让公益找到创新突破的方向和空间。发展是硬道理，如果学数字经济，只是挂在嘴上、写在PPT（演示文稿）里，而没有从组织、管理、运营、思维等层面进行真正的变革，可能最后连数字经济的皮毛都没学到。所以要积极地以结果为导向，去布局根本性的改变，并关注最终带来的成效。反之，什么不是从本质出发呢？举个简单的例子，如果人们推动数字公益发展的形式，是就数字经济与公益的结合召开许多专家座谈会，并将这些会议的成功举办或者研究报告的发布作为变革的关键成果，那就只是在旁枝末节上锦上添花而已。

第二个本质是要积极主动应变，创造新供给，发现新需求。数字经济时代带来了全新的一代数字化原住民，这意味着无论是潜在受益人，还是潜在捐赠人，都在快速发生着变化。公益的本质关系还是解决公益供给与需求的均衡问题。所谓的供给就是公益能够提供什么样的项目、什么样的服务，所谓的需求，就是捐赠人的参与动力，以及当前社会迫切需要解决的问题。以前提到公益，人们第一反应就是扶贫助弱这些传统领域。随着数字经济的发展，"弱势群体"的范围和边界也发生了新的变化。不会使用智能手机的老人（尤其是因此在城市里变得寸步难行的老人）成了新的弱势群体，共享经济下的共享单车、共享充电宝带来便捷的同时又带来了新的环境污染、公共资源占用与浪费问题，而还没搭上数字经济便车的地区与发达地区的差距正在快速拉大。

此外，数字经济也给公益项目执行带来了许多新的契机。高质量的远程数字课堂，也许比大学生暑期支教更能缩小城乡的教育差距；信息无障碍技术的应用，更能帮助盲人享受到高质量的生活；而智能家居结合物联网的科学布局，也许能给独居老人提供更为安全的居家关怀。甚至可以探索更大的想象空间，比如未来是否可以通过大数据和 AI 技术的加持，为孤独症儿童、罕见病患者、聋哑人等人群提供更有效的支持呢？

数字经济思维和科学认知视角的熟练运用，会更有助于把握本质的需求，洞悉弱势群体的真正需要。在曾经的有线电话时代，人们如果想在各个房间都能接打电话，就需要给电话机装一根十几米甚至几十米长的电话线。看过香港老电影的朋友应该会有这样的印象：一个风情万种的少女抱着电话机，拖着长长的电话线在房间里走来走去煲电话粥。那时候，电话公司对于"移动"电话的解决方案就是提供长长的电话线，如果你想移动得更远，那就需要一根更长的电话线。在人手一部手机的当代社会，再看那个时代觉得很好笑，但这背后就是需求的本质。人们需求的本质是更便捷地、随时随地打电话，而不是不断加长电话线。同样，前面列举过"为老人提供午餐"的案例，城市空巢老人们并不缺乏一顿午餐，他们本质上缺乏的是交际、照料和看护。

时代在变化，抓住"供给—需求""捐赠—受益"这个基本主干，自然可以应变而变，而不是故步自封却不自知。

第三个本质是认清"变与不变"，在拥抱变化的同时明白核心竞争力是什么。拥抱数字经济主动求变，目的是更好地促进公益的发展，但需要注意的是，公益组织不能在求变、应变的过程中迷失了自我，丢失了最本源的内涵，而应该明白什么是"不变"。这个"不变"就是公益的基本逻辑：解决什么问题，以及怎么解决问题。公益解决的肯定不是政府和商业在解决的问题，自然也不能照搬照用政府和商业的手法，而要在学习和借鉴的基础上做补充助力与优化发展。在市场失灵、政府干预还有所不足的时候，公益的力量能很好地支持到一些空白领域。

"不变"的还应该有人文价值。前面谈到，数字技术的应用，为更高效解决社会问题提供了新的可能性，但同时也要看到，科技的应用永远无法取代人文关怀的价值。机器人和大数据可能让弱势群体整体福利提升更多，但如果缺少了"人"在中间的交互与情感传递，公益最终也就成了一种冷冰冰的社会问题解决方案而已。无论在何时何地，公益的首要价值，都是生命温暖生命。

# 四 ▶ **重塑公益供给**

经济学中一个最基本的关系是"供给"和"需求"的关系。供给指的是在某一时期和一定的价格水平下，生产者愿意并且可能为市场提供商品和服务的数量。供给的基本规律是与价格成正比，也就是说如果市场价格提高了，生产者就愿意更多地生产，反之亦然。而需求指的是在一定时期和一定价格条件下，消费者对某种商品或服务愿意且有能力购买的数量。需求的基本规律是与价格成反比，也就是说如果市场价格提高了，消费者的购买量就会下降。当谈论供给时，关键词是"愿意并且可能"，也就是说不光要考虑生产者的意愿，还要考虑他的能力和所面临的局限条件；当谈论需求时，关键词是"愿意而且能够"，也就是说消费者的购买决策不光受价格因素的影响，还受到偏好（是否愿意）、收入（是否能够）、预期等诸多因素影响。

那么公益的"供给"及其重塑讨论的是什么概念呢？先从下面这张简单的供需关系图说起。

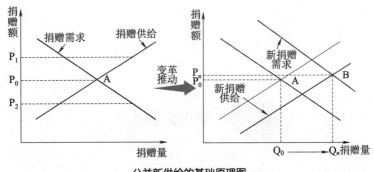

公益新供给的基础原理图

为了便于说明问题,上图描绘了一个简单的公益供需关系。横坐标代表的是捐赠量(可以简单理解为捐赠人数),纵坐标代表的是捐赠额(可以简单理解为人均捐赠金额),整个社会的捐赠总额就等于捐赠量乘以捐赠额。从左侧图中可以看到一个简洁的情景模拟:公益组织期望单方面提高项目的捐赠额到 $P_1$,但由于捐赠人还是同一批人,公益组织期望对每个捐赠人薅更多羊毛的愿望,会让实际愿意并且能够捐赠的捐赠人数量减少,就产生了供大于求的状况;当公益组织将项目的捐赠额降低到 $P_2$ 时,捐赠量会大幅提升,但是公益组织受成本的限制,实际能够执行的量短时间难以提升,产生了供不应求的情况。所以一般情况下,大家会处于捐赠额为 $P_0$ 的均衡状态,也就是供给曲线和需求曲线相交的 A 点,可以理解为这一点就是目前公益所处的"千二均衡"的状态。

经过上面的分析,可能读者已经大致明白了,在目前中国公益所处的"千二均衡"状态下,单纯地期望通过单方面提升人均捐赠额的方法来突破这个均衡是不可能实现的。这个愿望的实现,更多需要依赖右侧图的路径,即供给曲线和需求曲线都能向右移动,也就是因为技术、理念、社会进步等变革的推动,致使需求和供给都发生了革命性的改变，均衡点也就能从当前"千二均衡"的 A 点突破到新的 B 点。

之所以可以寻求突破"千二均衡"的可能性，并非纸上谈兵，而是由于数字经济的发展和契机，为公益提供了创造新供给和新需求的巨大蓝海。本篇将着重就如何重塑供给进行详细展开。

# 第15章 公益的"市场"结构

在传统经济学的划分中,市场结构被划分为完全竞争、完全垄断、寡头、垄断竞争等几种形式。如果以市场结构的模型来分析公益行业,会发现公益行业具备了垄断竞争市场的许多特征。很多人一看见"垄断"二字就如同看见了洪水猛兽,将公益和"垄断"二字产生联系更加令人难以接受,但其实"垄断"只是对于某些市场特征的一种客观描述,也是社会需要的市场形态的一种客观存在。所以,当将公益行业定位为垄断竞争时,指的是可以用类似于分析人们所面临的绝大多数商品市场(啤酒、饮料、日用品等)的方式,来剖析公益行业的供求特征。

当然,公益行业是非营利性的,旨在满足社会的公共需求和改善社会福利,与传统商品市场的主要目标是实现利润最大化不同,公益行业更注重社会效益和公共利益。因此,公益行业的市场结构在某种程度上独具特性。虽然不存在商业利润最大化的诉求,但公益和商业一样面临着成本控制和生产决策的诉求,自然在一定程度上受到供求规律的影响。只有定位清楚了公益更接近哪种市场结构,才能更好地思考公益的供求变动策略。

垄断竞争市场与完全竞争市场、完全垄断市场相区别，其实就是人们所熟悉的绝大多数商品所处的市场结构，比如啤酒、冰淇淋、电视机。它们的特征是生产相似但又有一定差别的产品，而这些产品的差别更多取决于品牌，处于这个市场上的企业也不会完全按照社会效益最大化的考量来决定价格和生产量，而会更多地考虑它们自己的利润最大化和产品溢价。

　　可以举几个其他市场结构的例子来帮助更好地理解什么是垄断竞争市场。人们熟悉的"菜篮子"供应（大米、面粉、蔬菜）属于完全竞争市场，以大白菜举例，各地农民生产的大白菜几乎是一样的，价格也保持一致，生产者和消费者对价格都没有什么发言权，只能接受市场形成的价格；而水电供应、微软操作系统、邮政则属于不同类型的完全垄断案例，它们可以决定产品的价格，类似邮政、水电煤这样的公共服务采用完全垄断模式则能降低社会成本、提高社会福利。与上两种市场结构不同的是，垄断竞争介于两者之间，具备一定的进入门槛，有很多企业提供相近的产品，但对价格又有一定的控制权。

### 公益的垄断竞争特性

　　经过前面不同市场结构的分析，相信读者已能大概理解为什么说公益行业是一种垄断竞争的市场了。接下来可以用表格对比的形式，更清晰地说明公益行业如何展现垄断竞争市场的特征（表 15–1）。

表 15-1　垄断竞争市场与公益行业对比

| 关键特征 | 垄断竞争市场的某行业<br>（以糖果行业举例） | 公益行业 |
| --- | --- | --- |
| 组织数量 | 很多企业 | 很多公益组织 |
| 产品或服务 | 产品间有一定差别，但相似（糖果可能口味、成分、品牌不同，但它们都是满足人们快乐、味觉及能量需求的产品） | 公益项目间有一定差别，但基本相似（通过资金或服务，以对出资人无物质利益回报的形式，支持需要解决的社会问题） |
| 市场准入 | 有一定门槛，但不是太难 | 有一定门槛，但不是太难 |
| 定价 | 有一定程度控制权：既会考虑市场的需求和接受度，也会按自己利润最大化进行定价和供给 | 对公益项目的捐赠标准有一定发言权，但也要考虑捐赠人的意愿，且管理费收取标准要遵循法律的约定 |

以上从整个行业的全景宏观观察，便能看到公益行业的许多垄断竞争市场特征；而如果拿出一个放大镜，从不同维度去稍作探究，就会发现更多垄断竞争市场的特征。

比如从地域范围，会发现越到下沉的区域，偏向"垄断"的特征就越明显，而"完全竞争"的特征就越少。在一线城市，存在着大量领域、规模、资金来源、运作模式都非常多样化的公益组织；到二、三线城市，公益组织的丰富度就会低很多；到了县城一级，可能就只剩下慈善会、红会体系，甚至依赖部分政府部门代为履行公益机构的职能了。

从公益领域的维度来看，同一议题领域里的公益机构有限，这导致它们的服务所覆盖的范围、合作伙伴的资源也会更偏向于"垄断"的特征。在同一议题下，很多机构、项目也努力探寻自己的"差异化"定位，期望自己可以树立一个新的"垄断"优势。实际上这种期望通过"差异化"来加大自身优势的尝试，对公益机构而言，无论是吸引捐赠人，还是更有效地帮助受益人，都是更有益的。

而从公益事业的参与主体来看，不同层面的垄断竞争趋势更为明显。红会体系、慈善会体系、官办基金会体系，在各自的领域里，都有着更强的资源和市场优势。公募权、慈善组织认定、基金户的注册门槛等，又进一步限制了完全自由竞争的程度。

即使是在互联网公益的层面，也存在着典型的垄断竞争特征。民政部指定的慈善组织互联网募捐信息平台从 2016 年开始逐步达到了30 家，对数字化公益筹款来说，这 30 家平台形成了非常清晰的垄断竞争市场。虽然互联网募捐信息平台为所有的公益组织提供了打破种种传统壁垒、相对公平竞争的环境，但是公募资质又成了新的门槛；而不同机构实力及话语权的差异，也在这些平台上形成了公益机构之间新的隐形壁垒。

## 公益的供给与"定价"

说起公益的"供给"，许多人是陌生又迷茫的，毕竟这不是人们所习惯的话语体系。在公益行业，人们不太习惯用经济的术语来描述和分析基本规律——但探讨数字公益，就有必要打破这样的思维惯性。

如开篇所介绍，在经济学定义中，供给指的是在某一时期和一定的价格水平下，生产者愿意并且可能为市场提供商品和服务的数量。供给的基本规律是与价格成正比，也就是说价格增长就会带来供给的增长。举一反三，可以对公益供给作出定义：在某一时期和一定的价格水平下，公益组织愿意并且可能为捐赠市场提供的以公益项目为主的公益服务数量。这个定义里，"价格"也是大家所不习惯的话语体系，没关系，慢慢来适应。

确定公益的"供给"规律是非常困难的。一方面，如果从垄断竞争市场的特性来看待公益的话，那么公益对所谓的"定价"具备一定的话语权，这就意味着不会存在一条有规律的供给曲线。另一方面，之前从未有人提过公益"定价"的说法，因此对于公益这个行业来说，"价格"的含义是模糊的。当提到游戏机、奶茶、火锅、麻辣烫，人们谈论价格的时候，哪怕一个小孩儿都知道价格指的是什么。而公益的"价格"是什么呢？模糊的价格概念也让分析供给的规律成为难题。

"价格"概念不清晰，并不代表市场这只"无形的手"在公益行业中失灵了。实际上可以非常清晰地看到，资金对于公益行业的行为方式和结果有着非常显著的影响力。在深入思考公益行业的"价格"定义时，可以尝试将公益与某些商业机构进行参考对照，然而找到一个完全适用的参考对照是不现实的。

公益组织在很多方面类似于商品或服务的提供者，即自己研发、实施公益项目，并为公益项目制定合理的捐赠标准，在这种情况下，公益组织对自己的项目有着非常明确的"定价"权（即可以制定捐赠标准），这个特征会更加倾向于"垄断"的特性；同时，公益组织又有着"中介"的特性，会通过对善款收取管理费的方式来获得维持机构运营所需的费用，但由于法律对于管理费收取有着非常明确的限定，从某种程度上可以说管理费的"价格"是被规定的，这个时候可以将公益组织和捐赠人都视作价格的被动接受者，这个特征就更加倾向于"竞争"的特性了。

接下来将分别就"管理费"和"捐赠标准"这两个"定价"维度来探讨其对公益供给的影响。

# 第 16 章　管理费"定价"的影响

对于管理费的提取标准，2016 年 10 月 11 日，民政部、财政部、国家税务总局以民发〔2016〕189 号印发的《关于慈善组织开展慈善活动年度支出和管理费用的规定》（以下简称"管理费规定"）进行了非常详细的规定。如果将这个规定视作公益收取管理费的一个"指导价"的话，那么公益在某种意义上是供给弹性无穷大的，即富有完全弹性。在这一点上，公益组织更像"完全竞争市场"，即只能接受市场给定的固定价格。也就是说，在这个"定价"下，公益组织愿意无限量地供给公益内容和服务。当然，实际情况下，就如垄断竞争市场一样，公益组织仍然会受到生产成本（人力、执行成本、受益人限制等）的制约，而不可能是无限供给的。

## 管理费的"价格"竞争

由于"管理费规定"只是约束了不同情况下的收取上限，就给公益组织留下了一定的"竞争"空间，尤其当它们为了争夺捐赠人、政府或者互联网募捐信息平台的有限资源时，除了展示自己公益项目的价值之外，有一些机构就会通过收取更低管理费的策略来赢得竞争。

在单个案例、短期竞争的情形下，个别公益组织通过降低管理费的形式来参与竞争是会获得优势的。如图 16-1 上方的图（单个组织供求曲线）展示的那样，消费者的需求曲线一般是一条向右下方倾斜的曲线，也即价格越低，消费者买得越多；而当公益在既定管理费标准下的供给曲线弹性是无穷大时，这条曲线是近乎平行于横轴的。供求相交的平衡点 $Q_1$，意味着捐赠需求（人们愿意且有能力捐赠的数量）与捐赠供给（管理费标准）相契合的最佳状态，即为该规则下能够产生的捐赠量；而当个别公益组织主动降低自己收取的管理费时，他们会设想平衡点移动到 $Q_2$，也就是说带来的捐赠量可以大幅提升。

从单个机构的供求曲线来说，这样的变化也许是符合预期的。然而如果从行业的整体发展或者机构的长期发展来看，任何一个公益组织都不可能以一己之力影响整体结果。当某个公益组织私自行动通过降低管理费而使捐赠增加时，其他的公益组织也只有被迫降低管理费，否则它们得到的捐赠量就会大幅减少。当大家一起降低管理费时，整个行业（而非单个机构）的供求曲线就会出现预期之外的变化。由于捐赠量是固定的，管理费降低会导致公益组织的服务质量降低，人们的捐赠意愿也就相应降低，实际的捐赠需求曲线会比大家想象的更加陡峭。如图 16-1 下方的图（行业供求曲线）所示，不可能提升到 $Q_2$ 的量，实际会是只比 $Q_1$ 多一点点的 $Q_3$ 位置，甚至仍然处在 $Q_1$ 的位置。

这就是被不少人所诟病的管理费恶性竞争背后的经济学原理，也可以称为管理费上的"内卷"。一些公益组织为了获得更多的支持，甚至不惜宣称自己零管理费。它们所宣称的零管理费，只不过是因为管理费由某些捐赠人定向支持承担，无须再在其他捐赠收入中计提，但这并不代表没有管理费产生。这种宣传自然能让这些公益机构短期

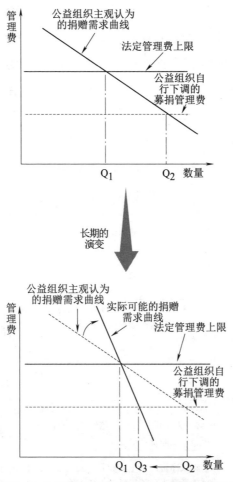

图 16-1　公益组织降低管理费带来的捐赠量变化分析

内获得收益，却会带来非常明确的长期不良影响，即让捐赠人产生公益管理费可以更低的心理预期，让整个行业在与捐赠人关于管理费的谈判上，处于不利地位。

　　对于有特定捐赠人支持管理费或者捐赠收入非常高的公益机构来说，低于上限标准的管理费水平，在短期内不会有太大影响；但是对于小型公益机构来说，较低的管理费可能会严重影响机构的正常运转乃至生存。实际上，"管理费规定"也将公益组织的规模纳入了考虑范畴：机构的规模越小，管理费比例的上限就越高，这是一个比较科学的支持公益行业发展的良性策略。慈善组织管理费收取标准如表16-1所示。

表 16-1　慈善组织管理费收取标准

| 公募资格 | 组织类型 | 年度支出约定 | 管理费约定 |
|---|---|---|---|
| 具备 | 基金会 | 不得低于上年总收入的70% | 不超过当年总支出的10% |
| | 社会团体和社会服务机构 | 不得低于上年总收入的70% | 不超过当年总支出的13% |
| 不具备 | 基金会 | 上年末净资产高于6000万元（含）人民币的，年度慈善活动支出不得低于上年末净资产的6% | 不超过当年总支出的13% |
| | | 上年末净资产低于6000万元高于800万元（含）人民币的，年度慈善活动支出不得低于上年末净资产的6% | 不超过当年总支出的13% |
| | | 上年末净资产低于800万元高于400万元（含）人民币的，年度慈善活动支出不得低于上年末净资产的7% | 不超过当年总支出的15% |
| | | 上年末净资产低于400万元人民币的，年度慈善活动支出不得低于上年末净资产的8% | 不超过当年总支出的20% |
| | 社会团体和社会服务机构 | 上年末净资产高于1000万元（含）人民币的，年度慈善活动支出不得低于上年末净资产的6% | 不超过当年总支出的13% |
| | | 上年末净资产低于1000万元高于500万元（含）人民币的，年度慈善活动支出不得低于上年末净资产的7% | 不超过当年总支出的14% |
| | | 上年末净资产低于500万元高于100万元（含）人民币的，年度慈善活动支出不得低于上年末净资产的8% | 不超过当年总支出的15% |

| 公募资格 | 组织类型 | 年度支出约定 | 管理费约定 |
|---|---|---|---|
| 不具备 | | 上年末净资产低于 100 万元人民币的，年度慈善活动支出不得低于上年末净资产的 8% 且不得低于上年总收入的 50% | 不超过当年总支出的 20% |
| 慈善组织的年度管理费用低于 20 万元人民币的，不受上述规定的年度管理费用比例的限制 | | | |

来源:《关于慈善组织开展慈善活动年度支出和管理费用的规定》

## 管理费的权衡

前文探讨了在给定管理费上限的前提下，个别机构降低管理费对整个行业尤其中小机构的发展是不利的。这背后的原因是小型公益机构捐赠收入和支出都很低，而按照比例计提的管理费，都是以捐赠规模为基础来计算的。中小机构在这种计算规则下，整体可计提到运营成本的收入就很少，可能都无法覆盖成本。

但对大的公益机构和项目来说，如果不降低管理费的计提比例，显然对捐赠人和受益人也是不公平的。假设一个公益组织有 30 个工作人员，一年的捐赠支出有 9000 万元，如果仍然按照 10% 的管理费计提的话，意味着这个机构有着人均 30 万元的机构运营费用。批评者认为很多企业的人均运营成本远远达不到这么高的水准。这个粗略的估算当然有不合理的地方，比如公益机构有时候会将项目的执行成本也计算在管理费当中，这会让管理费看起来很高，但实质上仍有相当一部分是项目执行的成本。

批评者针对大型公益机构管理费的这种指责不是没有道理的。鉴于公益从业人员的薪资水平是被严格规定和考核的，因此，多出的管理费也很难用于从业人员的薪资福利上，却可能在机构管理和项目执行过程中由于低效率或者对成本的漫不经心而被浪费掉。从这个角度来说，出于争夺捐赠资源目的而展开的降低管理费竞争对行业整体是无益的，但对体量足够大的公益组织或项目来说，可以基于规模效应优化管理费水平而调整本机构所面临的供求曲线的平衡点。

无论公益机构规模大小，捐赠人与公益机构就管理费展开谈判，都会促进捐赠资源在不同公益组织之间的优化配置，并有利于公益资金更有效率地使用。在实际操作中，也有大型的公益组织，主动针对大型项目降低管理费，或者在本机构全年的实际运营成本基础上计提管理费，以此提升自身对善款的使用效率。

## 案例：曹德旺2亿元捐赠的管理费条款

2010年，曹德旺决定向西南旱区捐款2亿元。事前，他向合作的中国扶贫基金会提出要求，要"紧紧盯着，确保这些钱发到真正急需的人手中"，不能把钱发给"当官的人和有钱的人"。

同时，他向中国扶贫基金会提出要求：半年内将2亿元善款发放到近10万名农户手中，差错率不能超过1%；如果超过1%，基金会要按超出部分资金的30倍进行赔偿（最高赔偿额不超过项目管理费）。为了保证这笔钱发到最该救助的对象手中，这次捐款制定了长达15条的排除标准，包括"两代以内直系血亲中有副科级（含）以上干部的""家庭成员中（以户口簿上信息为依据）有村委会三职干部、村医、兽医的"等，都做了明确清晰的规定。

为了避免出现被罚款的情况，中国扶贫基金会与云南、贵州等西南五省区市扶贫办分别签订协议，规定如果因为其工作中的问题，导致基金会蒙受捐赠方罚款，扶贫办需要全部承担。各省扶贫办也与所属的各市县等签订了相关协议，层层传导压力，一直到村，规定如果查出一个村有一户不合格，就取消全村人的受助资格。

对于合作基金会应收取的管理费，曹德旺通过精密测算，要求中国扶贫基金会收取的管理费占捐款总额的3%，而不是通常情况下的约10%。对此，曹德旺并不觉得自己的要求苛刻，他觉得3%的管理费还偏高，可以再省一点，"你省2000元就可以多救济一户"。

在捐款的实施过程中，中国扶贫基金会请了534名志愿者，进入17个县的所有项目村进行"逐户核查"，保证项目实施真实可靠。最终经中国人民大学NGO研究所的评估报告确认，西南五省区市的17个贫困县，有92150户受助农户收到了2000元善款，差错率为0.85%。而这次捐助，也被业界称为"史上最苛刻捐款"，成为公益行业人士津津乐道的事。

（来源：新浪公益）

关于管理费的辩论，对如何优化公益供给提供了不同的思考。引入经济学上"价格"和"供需"视角的分析，充分说明了提高管理费会减少捐赠人数量，降低管理费会增加捐赠人数量，而不同组织的规模也影响着管理费的提取情况。这些都带来了关于公益供给侧改革的新启发。

首先，降低管理费的提取，能够显著激励更多的捐赠。但对于当前管理费高低的判断，应该在成本分析的基础上去说服捐赠人。作为一家小型公益组织，善款带来的管理费的边际收益，可能只能刚刚好，甚至不足以覆盖机构运营和项目执行所需的边际成本（每多增加一单位受益人所需要增加的成本）。在这种情况下，要求小型组织在法定标准的基础上再降低管理费，是明显不合理的。而一旦公益组织达到了规模效应，即平均成本随着公益项目规模的增加而持续降低，并且管理费的边际收益高于边际成本时，该组织就有必要和义务主动降低管理费了。公益组织虽然是非营利组织，但没有营利目标的过多管理费，可能会导致机构臃肿、效率降低和资源浪费。

　　其次，公益组织在实际运营中，应该努力使自己的管理费水平无限靠近完全竞争市场下的价格机制。在完全竞争市场机制下，企业的平均生产成本与市场价格完全相等，也就是说市场价格刚好能够满足企业正常运营的需要。在管理费的使用上，公益组织遵循完全竞争市场的机制，即意味着要努力使收取的管理费刚好能满足组织运营的需要。当然，这里的"满足需要"对不同的公益机构有不同的标准，但遵循这个指引意味着不同规模的公益组织都努力使管理费的使用最优化。小机构有小机构的做法，大机构有大机构的做法，但最终将使不同规模的公益组织都能更有效率地使用管理费，且不至于产生不同组织间的人均成本差异。

　　最后，公益组织"提高管理费标准"的呼声，更换成"有效分配管理费"的自驱力，可能会更加容易落地。增加供给的最有效方法，就是依赖技术进步和生产率提高带来的供给侧改革。数字经济为公益发展提供了新的技术支持和生产要素，合理地加以运用自然将带来生产率的提高。在传统公益模式下，一个10人的公益机构一年可能只能募集到几百万元，而通过互联网公益可能能募集到上千万元乃至更多；以往一个大额捐赠人的突然退出，可能就会让一个小型公益机构面临灭顶之灾，而海量的互联网用户的捐赠则完全可以避免这种风险。生产率的提高，自然能带来管理费总量的提升，进而带来平均成本的下降，这也就是人们经常说的"降本增效"的又一种运用了。

# 第 17 章　捐赠标准"定价"的影响

与管理费有明确的法定上限不同，捐赠标准没有一个明确的标准。"捐赠标准"这个词被创造出来，可能因为早期人们在设计公益项目的时候，潜移默化中受到了"商品定价"思维的影响，或者希望给捐赠人传递一个确定性信息，以便捐赠人知道需要捐赠多少资金才可以产生一单位的公益贡献。在传统情形下，"1000 元捐助一名小学生一学期生活费"的描述，比"捐赠任意金额支持小学生生活费"的说法，更能给捐赠人传递清晰且有号召力的信号。此外，明确的标准描述，会让捐赠人更深切地感受到在帮助一个鲜活的个体，并认为自己"非常清楚"地知道捐款花在了哪里。

## 探讨：环保公益组织转型公众筹款的痛点

如果回看 10 年前的环保类公益项目，会更容易发现捐赠标准缺失所带来的公众筹款难题。彼时环保公益机构的筹款主要构成都是大额捐赠，鲜有公众捐赠。它们急切地想拓展公众捐赠的份额，但不知道从何入手，而它们面临的困境之一，就在于捐赠标准的缺失。环保类公益机构的传统捐赠资金来源是大型基金会、企业、富豪的捐款，它们去募捐的时候，更多的是采用类似"预算申请"的方式，即给捐赠人呈现一个项目可行性方案及详细的预算表，捐赠人针对整体进行评审之后决定是否予以支持。

所以当它们面临向公众筹款转型时，需要做的众多工作之一，就是细化出一个明确的捐赠标准。因为在面向公众捐赠人时，基本没有机会呈现机构专业而详尽的预算——他们的注意力非常短暂，能够停留在推广上的时间很短，并且对公益完全不专业，很难理解所呈现的专业术语和预算细节，还可能因为对预算背后的逻辑和背景不了解而横加指责。实际上公众捐赠人只想知道，他需要捐多少钱，能够收到什么样的成效。

环保类公益组织制定一个捐赠标准并且被捐赠人理解和接受是不容易的。比如关注水污染的公益项目，可能要通过志愿者巡查、排污监测、水质检测、社区协作、污染治理、科学研究等多种综合手段才能达成项目目标，无法像资助一个个人那样直观和清晰。有的公益组织总结出了"××元洁净一升水"这样的捐赠标准，也是一种不错的尝试。

捐赠标准的制定并不总是适用的，总有一些项目难以给出一个很有感觉的量化标准，但也不用太为这一点而苦恼。决定消费者是否付款的不只有价格这一个因素，偏好也是很重要的影响因素。人们习惯用价格来表达自己对某个商品或服务的评价，并决定是否支付，但这种评价并不总是基于"性价比"的理性决策。对于有特定偏好的人来说，也许觉得捐 100 万元在公园里建个雕塑比花 10 万元资助 20 个大学生更有价值和意义。

面向捐赠人制定一个捐赠标准，其意义不止于"定价格"，重要的是在用一种清晰直观、容易引起共鸣的方式，给捐赠人讲述一个他们愿意去倾听和理解，并且能够参与其中、予以支持的故事。

### 不同领域的项目竞争

在讨论完捐赠标准之后，很多人又产生了新的困惑：不同的公益项目有着完全不同的内容，如果以"价格"作为竞争的依据，捐赠标准是否应该越低越好呢？抑或是大家约定一个相同的标准？

当然不是这样。首先，不同领域的公益项目有着截然不同的服务内容和工作方式，捐赠标准没有必要进行统一；资助一顿午餐只需要几元钱，而资助一个科学家的科学实验可能需要几十万元甚至更多——这就好比衣服、食品、出行等都是生活需要，但它们互不冲突。其次，捐赠人也有着不同的价值观和决策理念，并影响着他们对公益项目的选择和偏好。比如，当了妈妈的女性通常更关注儿童类的公益项目，而单身女性可能就没这么强烈的偏好。同样，在商业活动中，有的人觉得饱餐一顿是人生最重要的事情，有的人认为收集手办才是最大的快乐。

通常我们认为，当捐赠人面临不同领域公益项目之间的选择时，偏好甚至情绪往往是比价格更重要的捐赠动机。从供给的角度出发，公益组织可以思考如何找到并且抓住与其倡导领域和理念一致的偏好人群，进行有效供给。当然，这也许需要将项目进行一定的"包装"，形成"卖点"，以引起捐赠人的兴趣，使他们愿意捐赠。"卖点"的形成除了设置能快速抓住捐赠人的捐赠标准描述之外，还有很多方法，比如：

- 能引起情感共鸣的"故事"，包括文字描述、图片、视频等，如果你讲述的项目故事连自己都打动不了，就更不可能打动捐赠人了。

- 有亲近感的话语体系，取代一板一眼、照本宣科的单向通知式的官僚化文本，使用更加符合互联网文化的、娓娓道来的沟通式文本。

- 具备一句话点明主旨、打动人心的宣传语。

- 很多时候也强调"教育"的重要性，以通过不断的布道改变他人的偏好、劝人向善——这是重要的，但也会耗费更多的精力和成本。

图 17-1 展示的截图，是某互联网公益平台提供给公益机构发布新项目的指引页面。这个页面通过介绍项目募捐图片应该如何选择和应用，说明了应当如何引起捐赠人的情感共鸣。

**图 17-1 某互联网公益平台的发布新项目指引页面截图**

需要注意的是，这并不是说要按照捐赠人的偏好去"无中生有"地造一个新项目。不同公益领域所发现的问题是不同的，比如空巢老人、信息鸿沟、残疾人出行、大龄孤独症生活等，这些问题的内核和本质是不变的，不能为了给捐赠人制造泪点而将弱势群体工具化，去讨好捐赠人的所谓"需求"。牢记"从本质出发"的原则，如果一个人群最迫切的需求是解决吃饱饭的问题，就不要因为有家公司愿意捐赠舞蹈培训课程而拉着这些人去上舞蹈课。

在数字经济时代，找到"志同道合"的捐赠人并不难，大数据和互联网平台等成熟技术和工具的应用，提供了极大的便利，无论公益领域有多么大的独特性，都有机会"被"志趣相投的捐赠人找到。请回想一下在"以人为中心：受益人"章节中探讨的内容，实际上在供给侧做变革的一个要义，就是要能够充分展现自己，让捐赠人从被动接受者变成兴趣发现者，这个时候，差异性就成为独特性。请务必相信，当你的捐赠人终于发现你时，他们一定会有相见恨晚之感。

综上所述，不同公益领域的项目之间，不用在意各自捐赠标准的差异；与其关注对有限捐赠资源的竞争，不如做好自己：优化自身的供给信息，让志同道合的捐赠人发现并给予支持。而数字经济的加持，让这一切变得不再遥远。

## 同领域的项目竞争

如果说不同领域的项目之间的差别就好比食品和电器的差别，那么相同领域的项目就面临着高度同质化的真正竞争，并且越是聚焦的项目，同质化竞争就越激烈。这一点并不难想象。提到乡村教育类的项目，大家已经可以如数家珍了；再具体到捐书类的公益项目，也可以轻松罗列十几个。这就好比同样是碳酸饮料，市面上的选择琳琅满目，即使具体到可乐这一个品类，仍然有着多种选择。

这些相同领域的项目依靠什么来竞争呢？大家心中大约已经有了答案——是的，答案就是"品牌"。一些公益机构的负责人经常会这样抱怨："我们和某某项目做的是一样的内容，在某些方面甚至做得比他们还要好，可为什么捐赠资源总是向他们倾斜，而我们总得不到关注呢？"这些负责人很少会意识到，他们的这句抱怨里已经蕴含了问题的答案："某些方面做得比他们还要好"揭示了胜出的可能性，即你在同质化情况下所拥有的独特性和差异性；"得不到关注"揭示了没有胜出的原因，即缺乏"关注"，也就是没有品牌影响力。

也许有人会说，找到独特性和差异性是很困难的一件事情。但独特性恰恰应该是必然的，关键在于是否发现并提炼了出来。地球上有70多亿人，也找不到完全一样的两个人。即使允许克隆，克隆人和原主也只是长得一样，性格、经验、情感不可能一致。公益项目也是同样的道理，都是给不发达地区的小学生捐赠书籍，不同项目之间捐赠的书籍类别一样吗？覆盖的地域一样吗？倡导的读书理念一样吗？给捐赠人提供的捐后服务一样吗？……

如果都一模一样，或者在大多数情况下一样，那这个项目为什么要存在呢？这种情况下，合并或关停项目是最好的选择，否则就是对公益这种稀缺资源的极大浪费。鼓励公益项目找到自身的独特性价值，并不是指过度包装夸大差异，而是真的能够产生对捐赠人和受益人的差异化价值。可能不少人都听过汶川地震之后，灾区的小学生人均收到五六个新书包的故事，这种完全同质化、为了捐赠而捐赠的公益项目我是绝对不赞成的。

在明确了项目本身的独特性之后，更要注重项目的品牌建设。对公益项目而言，品牌的根基仍然是扎实的公益项目设计和执行，其后才是传播和美誉度的积累。传播除了要能够传递项目本身的社会价值之外，还要注重建立和捐赠人之间的情感联结。实际上，如果观察一下商业品牌的广告，我们会发现很多都不是在传递商品或服务本身的功能，而是在影响消费者的心智，通过情感和心理的共鸣，在消费者脑海中描绘美好生活的图景。此外，公益项目是否愿意做传播、能否做好传播，也有着很重要的"传递信号"的附加值作用。一个能做好传播的公益项目，通常也能给捐赠人传递一个公益机构的积极形象。

如果用一句话总结，同领域项目竞争的公式就是：独特性乘以传播等于品牌的胜出。

## 单个项目捐赠额扩幅

具备垄断属性的行业，经常使用的一个营销策略是"歧视性定价"：由于对价格具备一定的自主发言权，它们定的价格往往是高于均价的，这就将一部分有意愿但支付能力不足的顾客拦在了门槛之外，因此，为了获取更大的利润，企业往往对同一产品，在不同的条件下设置不同的价格。

这个概念也许大家不太熟悉，可对生活中许多鲜活应用的案例并不陌生。很多人都逛过批发市场，经历过和摊主砍价的反复拉锯过程。下面仍然请出本书的唯一主角马冬梅，来演示歧视性定价的应用。

马冬梅在一个售卖时装的摊位看中了一件连衣裙，经过和摊主的一番讨价还价仍然没有达成共识。没办法，马冬梅亮出了底牌，报了一个价格之后就假装要走；摊主一看她真的态度很坚决地往外走，赶紧跑出来把她拉了回去，然后一边抱怨着"亏死了亏死了给你带一件"，一边同意了马冬梅的开价。马冬梅满心欢喜地结账走人，但彼此都知道摊主实际上仍然是赚的。摊主根据消费者的意愿和支付能力而差别化定价的案例，就是非常典型的"歧视性定价"，也是最彻底的价格歧视，因为每一个有意愿的顾客的钱，老板都赚到了。

第二天马冬梅又找到这个摊主说："朋友们都夸好，让我帮忙带十件回去，昨天咱俩的价格不行了，你得给我一个批发价。"又经过一场艰苦的拉锯战，摊主给了马冬梅一个比昨天更低的价格。这是第二种价格歧视，就是基于不同批量的差别定价。

还有一种常见的差别定价，就是成人票、儿童票和老人票，这是非常典型的根据不同人群的需求强烈程度来定价的策略。拿看电影举例，身高 1.2 m 以下的儿童通常很难有耐心和注意力在电影院坐一部电影的时间，也很容易被电影的特效和场景吓哭，所以在家看动画片的意愿远远强于去电影院里看电影的意愿；而 60 岁以上的老人，可能又嫌影院太吵，眼神也不好，更担心心脏病、高血压发作，也不太愿意走进电影院。但对成年人来说，看电影能满足消遣、打卡、谈恋爱、追星等多种需要，需求自然更为刚性。在这种情形下，电影院一般会对成年人收取全价，而对儿童和老人收取优惠价，通过对消费者分组定价来吸纳更多消费，增加利润。但电影院放电影时多吸纳一位客人所增加的成本几乎为零，绝大多数情况下放映厅都坐不满，这种分组的差别定价对电影院来说自然是利益最大化的。

道理明白了，新的困惑又产生了。这些商业上熟练运用的"歧视性定价"策略，在公益上可以怎么用呢？公益又不可能允许捐赠人来讨价还价，或者打折、定批发价、发优惠券，又或者设定儿童捐赠门槛和老人捐赠门槛。是的，当然不能将这些方法生搬硬套应用在公益的供给定价上，但差别定价思路的核心要义在于根据不同人的支付能力和意愿设定不同的准入门槛，也就是说可以通过捐赠门槛的调整，达到扩大捐赠人规模、带动更多人参与的目的。

传统的公益运营模式通常以固定的捐赠标准示人，捐赠人面临的选择无非是固定标准的倍数。这是因为公益组织能够接触到的捐赠人有限，机构的资源也有限，固定的捐赠标准有利于双向选择的互相筛选而提升整体效率。但在以互联网为代表的数字经济时代，公益组织有机会接触不同类别的用户，如果单以支付意愿、能力、偏好来做精细化分组，也许可以把用户分为成千上万个用户组，并对不同用户组进行差别性定价。

需要澄清的有两点：其一，这里说的"差别性定价"与批发价或者折扣价的概念不同，不代表同一个公益项目要对不同的人有不同的捐赠定价，而是可以将项目标准按不同维度进行拆分，供给不同的用户组；其二，在实操中，完全不必无限划分用户组，就像电影票也只有成人、儿童和老年的用户组一样，制定几个切实可行、效益相对较高的用户组就足够了，这样虽然会损失一部分用户和捐赠收入，但相比而言更具备实操意义。

以捐赠营养餐类的公益项目举例，公益组织可以按照表17-1所示的方法设置不同的捐赠标准。

表 17-1　营养餐公益项目的不同捐赠标准

| 捐赠标准 | 描述 | 计算逻辑 |
|---|---|---|
| 5 元 | 捐赠一个学生一顿营养餐 | 5 元（顿·人） |
| 25 元 | 捐赠一个学生一周营养餐 | 5 元 × 5 天 |
| 110 元 | 捐赠一个学生一个月营养餐 | 5 元 × 22 天 |
| 440 元 | 捐赠一个学生一学期营养餐 | 110 元 × 4 个月 |
| 880 元 | 捐赠一个学生一学年营养餐 | 440 元 × 2 个学期 |
| 1250 元 | 捐赠一个班的学生一周营养餐 | 5 元 × 5 天 × 50 名学生 |
| 6250 元 | 捐赠整校学生一周的营养餐 | 5 元 × 5 天 × 50 名学生 × 5 个班 |
| 20000 元 | 捐赠新建一个厨房 | 以实际基建成本计算 |

这样设置捐赠标准的好处在于，给不同支付能力和意愿的用户提供了充分的选择空间，并且每一个选择都会提供清晰的确定感和良好的参与感。同时，捐赠人在有余力的情况下，还可以在不同标准之下进行多份捐赠。换言之，虽然看似用不同的档位划分，固化了捐赠标准，但实质上用户仍然可以捐赠他们想捐赠的任意金额。可以想象，对于有一定经济基础的人而言，一次次捐赠 5 元会不胜其烦，他们宁愿一次性捐赠 2 万元；而对于可支配收入相对较少的人来说，5 元就可能是一个不需要犹豫的非常友好的额度设置。

有朋友也许会焦虑，如果对一个学校的项目只接收到 5 元捐赠怎么办？难道只给这个学校的某一个学生捐一顿饭就完事儿吗？这不是违背了本书"以人为中心：受益人"部分所阐述的原则吗？

在做公益项目执行的时候，当然不可能募集到一点钱就去零散地做一点事情，实际上项目仍然会待整体筹款目标达成之后再去执行。这里的界限在于：公益项目执行是科学严谨的，有必须遵循的伦理和整体规划；而项目筹款是可以通过差别定价的方式来扩大筹款规模的。两者既紧密相依，又要有独立思考和行动空间。

图 17–2 可以更清晰地展示，针对同一项目设定不同的捐赠标准，能带来更多的捐赠额。从图中可以发现，公益项目所获得的总捐赠额是阶梯曲线与两个坐标轴所圈定的图形的面积（捐赠量 × 捐赠额的累加）。在这种情形下，几乎按照不同捐赠人的意愿和能力，提供了所有满足需求的供给，并因此收获了几乎所有可以获取的捐赠。

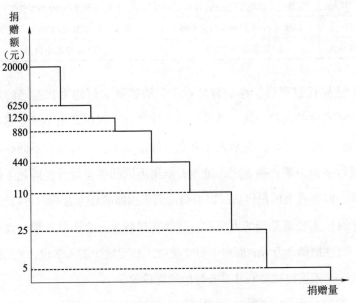

图 17-2　学校营养餐项目所获得的捐赠额示意

这里又出现了一个新的疑问：既然捐赠人可以自主选择进行倍数捐赠，为什么不直接提供一个最低的 5 元标准呢？这里我们不能只以"钱"的维度来做决策，仍然要强调"意愿"的重要性，消费者出 5 元钱的时候，并不代表他的支付能力只能承担 5 元钱，更多情况下代表着他对这个事情的评价是 5 元钱。因此，如果只提供一个"捐赠一个学生一顿营养午餐"的捐赠标准，那么捐赠人也会偏向认可这件事情就是 5 元的，并且多数情况下也不会主动去做倍数捐赠。换言之，捐赠人认可一顿营养餐值 5 元，也认可建一个厨房值 2 万元，并且他们愿意（且只愿意）为认可的事情付款。当然，实际运营中可能会采用一些话术，让捐赠人进行倍数捐赠或者重复捐赠，这是另外一个话题。

因此，如果只提供一个最低标准的捐赠选择，最终的结果将是项目会损失掉高额捐赠人。捐赠人并不会按人们想象的那样"自觉"地调整他"应该"捐赠的额度，而是遵循指引、根据他对当前标的的评价进行捐赠。这不只是理论上的分析，在实际的应用中是得到验证的。

某个互联网公益平台的运营团队正在讨论设计新的线上筹款产品。产品团队出于扩大捐赠人规模的考虑，将所有选赠项目的基础捐赠标准设置为 1 元钱，并且允许捐赠人进行倍数捐赠。运营负责人认为这样会导致总捐赠额的下降，但产品经理的理由是捐赠人规模扩大最终会导致捐赠总额的提升并最终说服了运营负责人。

当产品上线后，却收到了来自使用该产品的公益机构的抱怨：捐赠人数量确实增加了，但捐赠额并没有显著提升。最直接的对比就是，同样一个原本捐赠标准是 100 元的公益项目，以前一天只有 300 多人捐赠，每天的总捐赠额有 3 万多元；现在改成 1 元标准，每天有 1 万多人捐赠，但每天的总捐赠额却只有 1 万多元，比之前下降了 2 万多元。

如果该运营团队能用经济学的知识进行更充分分析的话，也许会更早地预测到这个改变的结果。从"获取更多捐赠人"这个目标来说，提供 1 元的捐赠标准无疑是正确的，单个项目的每天捐赠人从 300 人发展到了 1 万人，这是非常了不起的获客效率改变；但从"提升捐赠额"的目标来说，只设置 1 元或者 100 元这样单一的捐赠标准是不恰当的，这会让项目损失不同支付能力的捐赠人，也丧失了捐赠金额与捐赠人数量同步提高的机会。

在某种意义上，市场这只无形的手是被价格这根指挥棒指挥的。如果认为只提供单一的最低捐赠标准是给了用户最大的自主权，那就大错特错了。从上面的分析可以看出，最大的自主权实际上不能帮助做出对双方都最有效的决策。而差别定价，虽然初听刺耳，却能满足更多人参与公益的期望。

# 第 18 章　有效的问题解决方案

公益所做的事情就是在政府无力触及、商业无动力介入的情况下，在捐赠人和受益人之间架起桥梁，解决影响平等和福利的社会问题，从这个意义上来说，公益行业的产品（或者说供给）就是"问题解决方案"，也可以理解为这是公益项目的基础定义。这是因为"需求"的最根本来源，就是客户要解决的问题，而问题就是期望与现状的差距，谈公益的供给本质就是要找到社会问题的解决方案，以满足捐赠人和受益人等多方的需求。

因此，既然是谈如何重塑公益供给，那就应当从"问题解决方案"这个"产品"的质量提升入手去思考：针对这个社会问题的解决方案有效果吗？有效率吗？而这两个"有效"决定着解决方案的质量。

## 方案的"有效果"

首先，也是最基本的，要让问题解决方案有"效果"。所谓的问题解决，需要具有批判性的思维、创造性的想法、量化的结论、逻辑性的思路。可以通过"问题解决六部曲"（图 18-1），来发现解决社会问题的有效项目方案。

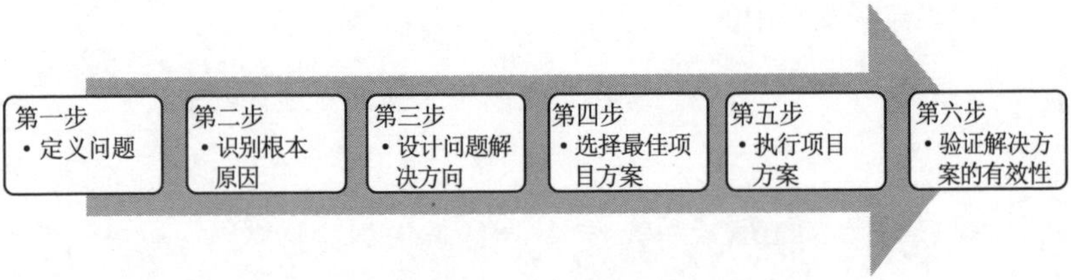

| 第一步 ·定义问题 | 第二步 ·识别根本原因 | 第三步 ·设计问题解决方向 | 第四步 ·选择最佳项目方案 | 第五步 ·执行项目方案 | 第六步 ·验证解决方案的有效性 |

图 18-1　设计公益项目的"问题解决六部曲"

第一步是定义问题。定义出了需要解决的问题是什么，问题就解决了一半。有很多问题并不是真正需要解决的问题，而只是一些表面的现象。比如当有人向你推荐了这本新书，你也许会说："哎呀书是好书，我也很想看，只是苦于没有时间呀。"但"没有时间"并不是一个问题。先哲们早就说过，时间就像海绵里的水，挤一挤总会有的。地铁上、睡觉前，都可以随手翻两页。但如果你说没有动力去学习，或者说虽然有动力但读不进去，那可能是因为这本书本身写得可读性太差，无法引起读者的兴趣，这才是需要解决的"问题"。

精准定义问题在数字公益中尤为重要。数字技术催生了很多新产品、新模式、新形态，但商业上的创新失败率是很高的。一些创新在商业应用场景不明确、找不到买单方时，就开始尝试寻找与公益的结合点。从大的方向来说，这有利于公益的创新，如果能切实找到数字技术创新与社会问题的交集，毫无疑问会带来让人惊喜的化学反应。

但需要警惕基于产品特性而强行去找社会问题的方式。如果商业机构先找到了一棵商业创新的"萝卜"，然后为这个"萝卜"近乎量身定制地"找到"了社会问题的一个"坑"，宣称这棵萝卜就是为了填这个坑而生的，可能只会造成商业资源和公益资源的双重浪费。网友嘲笑中国男足时经常会说："阿根廷队踢球是指哪儿打哪儿，中国队踢球是打哪儿指哪儿。"数字技术创新对公益的这种"无中生有"寻找问题的方式，与网友眼中的国足何尝不是异曲同工呢。

对数字公益而言，重要的是洞察社会现象时，使用数字经济思维和科学认知视角的思考方式。当定义清楚一个问题之后，能够思考如何运用数字技术创造性地更好解决问题、创造社会价值。但其本质仍然是对社会现象深入一线的体验、洞察和思考，而非为了应用一个技术而反过来去发现甚至"发明"一个社会问题。

第二步是识别根本原因。这一步就是要搞清楚为什么会导致这样的问题出现。前面提到的"从本质出发"的思考逻辑就很重要，因为人们有时候会选择性地相信对自己更有利的判断，并从自己选择相信的判断出发，来设计公益项目，也容易浮于表面。假设很多读者向我反馈这本书虽然有用但读起来很费劲，我可能会本能地进行自我辩护，做出一些对自己有利的心理暗示，比如，我可以甩锅给读者的学习动力不足。但如果我愿意认真地自我反省和抽丝剥茧去研究，也许会发现根源就是这本书写得太烂了。

还有很重要的一点，就是要分清楚什么是问题的原因，什么是问题本身，不要本末倒置。假如环保组织发现某地出现了严重的水污染，经过调查发现水里的鱼都死亡了；如果由此判定是鱼的大量死亡导致了水污染，并据此提出大量投放活鱼的公益项目方案，那么就是令人哭笑不得的本末倒置了。

定义问题和识别根本原因，从根源上决定着项目的成败。这两点恰恰是六部曲当中最为"说得容易，做起来难"的。在这两步，可以充分运用"换道数字经济思维"和"建立科学认知视角"篇章中的知识，恰当地使用数据驱动的助力，以极大地缩短达成目标的路径。

比如，可以从数据分析的角度来判断：什么是主要问题？什么是根本原因？以很多人都听过的"80-20法则"（又称帕累托法则）举例，这是由意大利的经济学家帕累托提出来的一个重要的经济学原理。该法则认为，在许多情况下，80%的问题由20%的关键因素引起。运用在问题定义上，可以帮助发现某公益议题亟待解决的诸多问题中，80%的问题是同类型的问题，巨大差异化的问题可能只占20%；而当去追溯要解决的问题的根本原因时，会发现这80%的同类问题可能只是由20%的原因造成的。这样就可以帮助发现主要矛盾，抓住关键节点。类似的数据分析工具和理论还有很多，在这里就不一一做介绍了。

第三步到第六步是项目方案的制订及优化方面。这里介绍著名的PDCA戴明循环作为实践指引，参照图18-2的公益项目策划实施PDCA，可以知道：

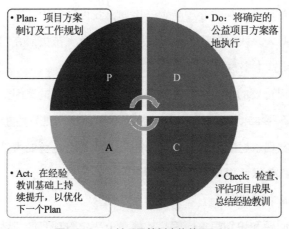

图 18-2　公益项目策划实施的 PDCA

- P代表Plan，也就是在问题发现和分析的基础上，进行项目方案制订以及相应的工作规划。这是对问题发现和原因分析的关键回应。物联网、流媒体直播、AI如何应用到解决方案中，可以进行充分论证。比如，以直播技术＋双师课堂模式＋低时延的光纤宽带，可以更方便地帮助山区孩子享受到大城市优质音美体教师的同步教学。

- D 就是 Do，将公益项目方案进行落地实施。执行阶段可以充分利用数字化平台和工具，助力推进项目的实施，并确保项目按预期进行，提升各关键相关方的参与度和透明度。如应用数字化的项目管理系统，在线工作流、审批流，文档协作，音视频会议，以及数字化筹款平台、财务管理平台，等等。

- C 是 Check，也即检查、评估项目开展所取得的结果，做得好的地方总结经验，做得不好的要找出原因。在数字公益应用中，项目检查和评估可以有多种多样的方式，并通过微信、钉钉等便捷化的社交工具的应用，与各相关方保持密切沟通和交流。比如，可以确保捐赠人像网络购物一样评分和评价，使用网络问卷收集受益人的匿名反馈，以此来获取真实的用户反馈及优化建议。

- A 就是 Act，持续的优化提升，进一步标准化和规模化，是对总结检查的结果进行处理。对成功的经验加以肯定，并予以标准化；对于失败的教训也要总结，引起重视。数字化管理工具，如云存储、在线文档、数据库，让经验总结更容易留存和流转，也会减轻因关键人员离开或物理损坏等不可控因素而导致的经验的流失。

需要注意的是，PDCA 循环并不是独立的循环，四个过程不是运行一次就结束，而是周而复始地不断进行。一个循环完了，解决了一些问题，未解决的问题进入下一个循环，这样螺旋式地上升。前面在"敏捷与迭代"的章节中，设计的公益创新迭代模型也有着异曲同工之妙，区别是那个模型更加侧重于鼓励创新、守正容错的敏捷式前进，而 PDCA 注重的是确定性项目方案的落地实施。

## 方案的有效率

在做到了有"效果"的基础上,同样要强调解决方案的有"效率"。让公益项目真正做到有"效果"已经是不容易的事情,对效率的追求则又提出了新的要求。效率的提升点可能是多方面的,比如项目执行流程的设计、不同部门或伙伴之间的协作关系、对商业市场力量的合理借力,甚至项目模式本身可能都有着极大的效率提升空间。

中华民族是一个有着"一方有难,八方支援"优良传统的民族,然而在以往的救灾行动中,反而经常因为这种救灾热情导致整体效率的低下。汶川地震发生的头几天,大量的志愿者和各方捐赠的物资源源不断地送往受灾中心,然而崎岖狭窄又遭到破坏的山路,在这突发的物流、人流、车流蜂拥而至之后不堪重负,一度严重拥挤到让承担着生命救援任务的解放军都前进缓慢。这其实就是一种缺乏有效协调的低效率的表现。

在紧急救灾之外,效率低下的情况比比皆是。比如一些做物资捐赠的公益项目,可能会一次性向供应商下足全部订单,却忽略了大量物资所需的物流、仓储和分发成本。在物资的运输过程中,很多公益组织又倾向于自己建设与各地公益组织合作的层层转运和分发的物资捐赠模式。这种情况虽然看似透明,且有大量组织和志愿者参与,但如果算一笔细账,就会发现也许直接借助快递公司的物流网络和配送力量,效果会更好。

在提效方面已经有很多非常成熟的管理实践,比如大家耳熟能详的精益生产(lean production)的概念。这个理念最早是由丰田汽车在生产的实践基础上提出的。汽车工业早期,是以美国福特的标准化生产线为代表的,生产出来的是大量标准化产品,流水线各个工种的作业功能掌握的是单一技术。在这种情况下，员工只对自己所负责的单一工序负责，不对其他人的工作予以支持，就导致忙的忙死、闲的闲死的状况；同时，由于批量生产的特性，每一道工序的原材料和成品都会按照该道工序的需求去实现，而不考虑上下游的需求，这也就导致要么缺货、要么大量仓储的压力。

而精益生产的理念相对于传统的生产模式就有着非常明显的效率提升。精益生产是一种管理理念和生产方式，旨在通过提高效率、降低浪费和持续改进，实现生产过程的优化和卓越。它强调以客户需求为导向，通过精确的生产计划、流程优化和员工参与，实现生产效率和质量的提升。

精益生产强调以客户价值为中心，注重满足客户需求和要求；注重优化生产流程，减少非必要步骤和活动，提高生产效率和质量；主张通过减少各种类型的浪费，如过量产出、库存积压、不必要的运输、等待时间等，提高资源利用率；不断追求改进和创新，通过员工的主动参与和持续学习，实现生产过程的不断优化；强调生产能够快速适应需求变化，实现快速交付和灵活生产。

在此基础上，精益生产的实践手段包括：价值流分析（通过分析整个生产流程，识别出价值创造和非价值创造的环节，找出改进的机会）、5S管理（通过整理、整顿、清扫、标准化和强化纪律等措施，改善工作环境和工作效率）、小批量生产（通过控制生产批量，减少库存和过量生产，提高生产灵活性和响应速度）、按需生产（根据实际需求进行生产，减少库存和过剩产能）、质量控制（强调从源头上预防质量问题，通过持续改进和员工参与，实现零缺陷的生产）。

精益生产有两个关键特征，一是即时生产JIT（just in time），二是全员积极参与改善。精益生产的理念强调按需生产、连续的作业流程和团队合作。

在数字公益中，应用精益生产的原则和方法，结合 AI、大数据分析、区块链等技术手段，或是各大成熟商业公司提供的数字化工具与互联网应用，帮助组织提高工作效率、降低成本、提供更高质量的公益服务，并实现持续改进和创新。以下是一些在数字公益中应用精益生产思想提升公益"有效率"的基本思路。

流程优化：以数字化手段分析和优化公益活动的执行流程，消除冗余、重复和无效的步骤。例如：以数字化审批流替代传统的线下、纸质审批流，以数字化协作系统（如在线编辑文档、在线项目管理系统等）提高数字公益活动的执行效率，以音视频会议替代大量的线下差旅和会议，以数字化应用的流程图和价值流分析等工具识别和改进公益活动中的瓶颈和烦琐环节。

数据驱动：利用数据分析和监测来支持公益活动的决策制定和资源分配。通过收集、分析和解读数据，可以更好地了解公益活动的效果、受众需求和资源利用情况，从而进行目标设定和决策。

敏捷与迭代：如前文所述，借鉴敏捷的原则和方法，将其应用于公益活动的开发和实施过程中。采用迭代的方法，根据用户反馈和需求不断调整和完善公益活动，以提高活动的质量和用户参与度。以"敏捷和迭代"的数字化思路取代传统的"瀑布式"项目开发方式，对降本增效有显著帮助。

多主体参与和协作：数字公益的最大特征是高便利和低门槛的多主体参与。促进用户参与和协作，在数字技术和互联网应用的支持下，变得无比便捷，提升参与度的边际成本也非常低。通过与公益机构、志愿者、捐赠人和利益相关者的密切合作，收集反馈、分享经验和资源，可以更高效地满足多方需求，并优化公益效益。

在数字公益框架中，通过应用数字精益的思想和方法，不仅可以提高公益活动的效率、效果和影响力，实现更好的社会效益和公益效果，还可以通过不断反思和反馈，找出改进机会并采取措施，建立学习型组织文化，促进团队持续改进和学习，鼓励团队成员互相支持和积极创新。重要的是，要始终以社会效益为导向，在数字公益中积极回应受众的需求，不断改进和优化活动的目标和实施方式，如此，才可能实现数字公益的"有效率"。

这是看起来很简单的道理，但在现实中要做到却并没有那么容易。以下使用一个模拟的案例，来解析如何以数字公益思维应用精益生产方式，促进公益项目效率的提升。

某公益组织在执行一个给小学生捐赠冬装的项目，但最终春节过完了，物资都还没发放下去。面对质疑，公益组织可以有诸多正当理由，比如捐赠资金不到位、服装生产商的供应链反应不及时、物流出现了问题、恰好碰上了寒假……并且认为即使春节之后才发放冬装也并没有什么太大的问题，理由是接下来的冬季仍然可以穿。然而这些正当的理由之下，却掩盖了一个事实：原本计划应对今年冬天的御寒物资，却在下一年才能发挥作用，甚至下一年都无法发挥作用（孩子长大了，衣服小了）。也许公益组织可以假设，孩子还可以把衣服转赠其他人继续发挥衣服的价值，但这已经偏离了设计项目时希望解决的问题初衷。

如果引入"精益"思想，会发现整个项目有很多的改善空间，让御寒衣物能及早发放到受益人手中，以在今冬起到御寒的作用。例如：

- 在组织内部完全可以加强协作，筹资部门、项目执行部门、财务部门和采购部门可以更早探讨优化内部协作关系，并以线上文档和任务管理的方式，促进各部门的职责咬合。

· 项目部门和筹资部门甚至在夏季的时候，就可以以 AI 模型来预测今冬的大致入冬时间及气温变化，确定募捐活动及项目执行的启动时机和执行节奏，并及早开始准备针对性的募捐方案。

· 在准备项目方案时，可以通过对过往活动的大数据分析，发掘出活动成功经验和失败教训，在今年的活动中扬长避短；通过对捐赠人的人群画像，做出捐赠人的画像的分层，并制定个性化募捐策略；通过与受益地区的远程协作（同样可以采用数字化手段实现），做好目标受益人的人群及需求分析。

· 财务和采购部门可以根据以上确定的项目信息，尽早和供应商展开谈判，让供应商以订单滚动式生产并且为项目留足生产线和生产资源。确保每一笔捐赠资金到账，供应端都能有相应物资尽快生产和寄递出去。

· 虽然募资还没到账，但项目执行部门完全可以用敏捷迭代的思路，先小规模测试一下项目执行路径（比如 10 月就可以启动东北及北方的测试），用小成本发现活动中可能存在的卡点及阻碍，并进行优化。

......


如果做到了既有"效果"，又有"效率"，公益供给端最重要的"产品"（公益项目），毋庸置疑会成为一个好的问题解决方案。这样的公益项目推介给捐赠人时，其项目质量是经得起推敲和监督的，也会具备很强的说服力。

毕竟，没有谁能拒绝一个有效的问题解决方案。

# 第 19 章　供给侧改革的可能性

本篇的前几章，已经充分探讨了公益的"市场"结构，浓墨重彩地分析了管理费和捐赠标准这两个"价格"的影响，并对所供给的"产品"（有效的解决方案）展开了详细的论述。至此，公益行业供给侧的"货、价、场"已经明晰了，那么系统性的供给侧改革该从何入手呢？

供给侧改革，指以供应方为导向的结构性改革，旨在优化供给结构，使要素实现最优配置，提高供给的质量和效率，提升经济增长的质量和数量。供给侧改革强调通过改善供给端的结构性问题和短板，来推动经济增长和提高全要素生产率。公益供给侧改革的一个重要目标，就是借力数字经济的发展新动能，以数字经济的全新生产要素来优化公益供给，带动更多人参与公益，并带来公益捐赠额的提升。虽然前面分析了可以通过管理费和捐赠标准的策略制定，以"价格"的指挥棒来扩大需求面，但就如本篇开头所描述的，如果需要实现供给曲线向右侧移动，根源性的动力还是技术、理念等升级所带来的变革推动。

前面举过有线电话和手机的例子，人们要的是能随时随地打电话，为什么非得用不断延长的电话线来提供解决方案呢？一部手机才是真正的解决之道（可穿戴设备或者脑机接口可能会以同样的逻辑取代手机）。就像乔布斯在第一次发布 iPhone 并对比当时主流的带键盘智能手机时所说的那样，人们只是想要在手机里输入信息，为什么非要用越来越复杂却很难用的键盘来解决呢？一个触屏输入的手机不是很好吗？就像马斯克用第一性原理去思考 SpaceX 一样，发射火箭的目的是把卫星送上太空，本质不过是一次运输的过程，送一次解体一次成本不是很高吗？可回收和重复利用的火箭是降本增效的必然选择。

如同种种耳熟能详的商业案例一样，公益要在供给侧改革，也需要有打破陈规旧习的勇气。放下既有的经验和誓死捍卫的逻辑，重新思考公益需要的到底是什么，才有可能创造出革新性的项目供给。这需要整个行业的共同探索和实践。结合前面几章探讨的重塑公益供给的基本框架，数字经济带动的公益供给侧改革，从大方向上也许可以从"应用新技术解决老问题""创造具备正外部性的供给""关注数字经济带来的新问题"这三个方面着手。

## 新技术解决老问题

当希望"新技术"能带来变革推动时，技术就应该站上舞台的 C 位（中央）。就好比一个交响乐团应该让专业的指挥家站在舞台中央，而不是一个扮演"指挥家"的演员站在那里一样。如果技术的应用只是让原来的项目"看起来"更好，那就好像只是顶尖的设计师给演员量身打造了一套指挥家的礼服。漂亮礼服固然会让演员看起来更像指挥家、更具魅力，但并不能根本性地提升交响乐团的演出质量。同样，如果技术只是在公益的细枝末节上做一些表面工作的加减法，那就无法带来人们期待的真正变革。

数字技术解决老问题，能够带来的供给侧改革契机是方方面面的。大数据、云计算、AI、区块链等数字经济时代全新的资源、力量、技术、工具和知识等生产要素，应当是思考助学、救灾、助医、助残等经典公益领域的新助力。以下是几个基础的思路。

以 AI 应用提升项目内容的质量。AI 对世界的改造是全方位的，对公益项目的技术支撑，也将是超乎想象的。以大语言模型（LLM）为例，以此为基础研发的虚拟数字人已经广泛应用于直播、客服、营销外呼等场景，在公益领域，这是一个很好的提供支持和危机干预的技术。这种基于 AI 技术的自然语言处理模型，对海量文本数据进行预训练，学习语言的语法、语义和上下文等规律，并能够生成类似人类语言的文本，其优势在于能够理解和生成人类语言，可以进行复杂的对话和生成有逻辑的回复。在近年来逐步成为公益新议题的心理危机、"一老一小"等领域，大语言模型的这种特性就有了可探索的应用空间。进行了专项的心理学和公益伦理训练的数字人，可以作为一个 $24 \times 7$ 在线支持平台，为需要帮助的个人提供心理支持、危机干预和资源引导。用户可以无负担、无压力、无时延地与数字人分享问题和困扰，数字人可以比人更专业、更亲和地提供相关资源、建议和安抚。

除此之外，经过大量专业数据训练的 AI 模型还可以广泛应用于疾病诊断、远程教学、公共服务等基础民生领域。城乡差距、地区差距中的一个典型差距，就是公共服务的差距，因为"人"这种独特资源流动性的限制，造就了优质资源天然向大城市、发达地区聚集的虹吸效应，反之也就造成了乡村区域的资源匹配不足与发展不均衡问题。而 AI 技术的应用，有望最大程度地缩小这个差距，弥补发展的鸿沟。乡、村两级的基层医疗机构，很难留住优秀的医疗人才，更多是靠行政派遣和个人情怀，保障医疗资源的供给。但如果 AI 技术应用于基层医疗，就可以帮助本地的村医、家庭医生提升诊疗水准，让乡村居民本地化享受到的医疗服务水平得到本质的提升，甚至逐渐实现无差异化。同样地，数字化教学平台和 AI 助学的发展，能够最大程度地帮助乡村孩子和城市孩子站在同一起跑线上。

## 案例：应用 AI 技术提升阿尔茨海默症的筛查效率

在人类面临的诸多疾病困扰中，阿尔茨海默症是公认最难攻克的课题之一。由于发病机制不明确，患者一旦发病就基本不可逆转和治疗，而这个疾病给患病老人本人、家庭和社会都带来了巨大的负担。在医学手段还不能取得有效突破的情况下，一些公益项目会将预防和照料作为这一领域的切入点。其中预防的基本原理，是通过专业的问卷，筛查出具有早期症状的患者，并进行系列的干预措施，延缓疾病的进程。

这个筛查方法最大的难点在于操作成本很高。一是做一次筛查问卷需要花费大量的高度专注的时间；二是只有经过专业培训的志愿者才有能力执行。这两个限制因素也导致筛查和干预工作很难大范围开展。近些年，一些技术志愿者尝试将专业问卷进行产品化，引入用户交互的理念，并以经过训练的 AI 代替志愿者进行结论判断，不仅可以有效缩短阅卷时间、降低志愿者要求，还能有效提升效率和准确性。这也许是寻求技术支持来革新公益项目方案的一个不错的尝试。

以数字化增强与捐赠人、公众的沟通。淘宝、支付宝、抖音、微信、钉钉等互联网应用，让公益组织和项目能够更好地展示自己，并增强与各相关方的互动。信息沟通不止于使用好这些渠道，同样也可以更好地应用 AI 来帮助提升信息传递的效率和质量。比如基于大模型训练一个虚拟助手，为公众提供关于公益服务、项目和活动的信息；用户可以通过与虚拟助手的对话，获取所需的公益信息，了解公益组织的使命、活动和资源。只要虚拟助手训练得足够精准，会比工作人员提供的互动质量更直接、更高效和个性化。这种虚拟助手的应用不是单向的，而是双向的。在与公众的互动过程中，AI 模型也可以收集用户的问题、需求和意见等反馈信息，进而不断提出公益组织和项目可以改进优化的建议。

应用区块链技术提升善款使用效率和项目透明度。区块链可以提供去中心化、可追溯和不可篡改的记账机制，增强公益项目的透明度和信任度。公益组织可以将项目的资金流动和资源分配记录在区块链上，公开可验证的信息，使捐赠者和利益相关者能够实时了解项目运作和资源利用情况。同时，区块链的去中心化特性可以减少公益项目中的中间环节和中间人，降低管理和交易成本。公益组织和受益人可以直接进行交互和价值转移，减少中间环节的复杂程序和费用。区块链还可以提供安全、可信的数据共享和合作平台，方便公益组织、政府机构和其他利益相关者进行合作。通过区块链，可以实现敏感数据的安全共享和协同处理，提高公益项目的数据管理效率和协作效果。

近几年，一些公益组织和平台开始尝试运用区块链技术给公益带来新的变化。比如医疗救助类的项目，通过区块链存证和不可篡改的特性，将救助流程上链，让整个救助过程变得更可信。在区块链技术的保障下，捐赠人的善款资金每一步流动都透明可见且有存证，以确保更直接有效地应用于受益人。这对于提升公益项目的透明度和捐赠人的信心是非常有帮助的，无疑具有巨大的意义，也是非常重要的数字公益创新探索。

对捐赠人而言，区块链上一串标注了公益资金流转过程、验证数据完整性、构建区块链链接、保证密码学安全和提高数据访问效率的哈希值，比公益机构发来的一个电子捐赠证书更可信。

根据特殊人群定制化数字技术的无障碍应用，能够更好地提升弱势群体的生活质量。信息无障碍技术在国内各数字化平台的应用，已经有十几年历史，这为助残公益创造了新的项目形式和空间。这项最早起源于帮助视障人群上网的技术倡议，已经拓展到老年人、聋哑人、肢残人等更多弱势群体，应用场景也拓展到了购物、出行、娱乐、社交等生活的方方面面，为切实解决残疾人、老年人等相对弱势群体面临的各种困难，提升其生活质量，提供了极大帮助。其中数字经济面向老年人的适老化改造，除了不少 App 推出字体更大、交互更简洁的助老版本之外，还推出了老人专线客服、老人专项服务，一些智能家电、家居，也专门设计了更为友好的适老化应用产品。

> **案例：阿里巴巴发布年度助残行动报告：建立数字"盲道"、开放互助生态，为残疾人朋友提供就业机会**
>
> 近日，阿里巴巴和阿里巴巴公益基金会共同发布年度助残行动报告《阿里巴巴的助残心愿与行动 2022》。
>
> 行动报告显示，国家当前最为关注的残疾人就业领域，现有 2007 位残疾人在阿里巴巴工作。同时，借助科技力量，还支持数十万名残疾人在阿里巴巴旗下各个平台和数字化就业基地，通过

电商、客服、外卖骑手、数据标注师等创业、就业，并提供相关专业技能培训。

据该报告的线上抽样统计，22.5%的残疾人首份工作是开网店，网店为残疾人提供了就业新方向，也成为一部分残疾人职业的新起点。此外，39%的残疾人商家雇用了同是残疾人的员工，在自己打拼的同时，带动残友们就业。

除了支持残疾人创业、就业，行动报告还显示，过去一年，阿里巴巴正在用技术铸就一条数字"盲道"，给残疾人的生活带来更多便利：高德的"轮椅导航"让坐着轮椅的残疾人可以勇敢地走出家门，淘宝的"OCR（光学字符识别）"读图技术让视障人士用耳朵听图购物，达摩院的数字手语机器人"小莫"让听障朋友和别人顺畅沟通，优酷的"无障碍剧场"把影片中没有对白的画面，用文字加工，再经过配音、合成，让视障人士理解影视内容、欣赏影视艺术……

截至目前，淘宝、闲鱼、优酷、饿了么、盒马等15款App完成无障碍升级改造，涉及网购、点餐、娱乐、社交、办公、就医等多种数字生活场景，让残疾人可以共享美好数字生活。

事实上，帮助残疾人，不仅需要个人和企业的力量，更需要全社会共同参与。行动报告显示，除了自身和鼓励员工投身助残事业，阿里巴巴还广泛联合合作伙伴，建立合作互助的助残生态系统：联合聋协资助听障群体，联合医疗机构帮助出生缺陷的孩子，联合地方政府减轻困难群众的就医负担；联合社会力量发起"益起动""公益宝贝"等项目，让用户、商家等每个群体都能感受到社会关爱、更好地融入社会，共同解决社会问题。

目前"公益宝贝"项目累计支持残疾人就业、听障、视障、心智障碍等23个助残项目，从2016年到2022年9月，累计支持善款1.1亿元。仅助力孤独症康复的"星光益彩"自闭症艺术疗育项目，截至2022年10月，直接受益人就超过6500人次，数万人间接受益。

（来源：封面新闻）

数字经济的"新技术"带动解决"老问题"，本质还是以数字技术的应用提升问题解决的有效性和质量，将数字经济思维应用到问题解决方案的各个环节中。当然，数字技术并不是万能的，技术的应用只是对人的工作的补充和效率的提升，而不可能完全替代公益人的工作价值。公益人面临的是善用新技术，并启动自我工作模式的转型，更好地实现"人机结合"升级公益供给。

## 具备正外部性的供给

"以人为中心：受益人"一章中阐述了设计公益项目时如何从外部性影响的视角出发，以使对受益人的帮助取得更好的效果。由于对受益人的项目设计，本质上也是对捐赠人的供给，所以这两个不同视角说的其实是一件事。在那个章节中阐述了加入外部性的考虑，可以更好地改进受益人福利，这里则会更多阐述项目设计中的外部性对捐赠人的影响。

从外部性影响出发去设计项目，与"从本质出发"有异曲同工之妙，但又有着显著的差异。同样是为了避免"头痛医头、脚痛医脚"的表面性问题解决思路，外部性还看重"附加值"。当谈供给侧改革时，"附加值"应该是项目直接结果之外的更大价值。

"70后"和"80后"可能对非常有年代感的农村刷墙标语印象深刻，现在想来，其实很多标语都包含着大智慧。比如"要致富，先修路"，如果从公益项目的逻辑来看，把路修完这个项目就可以结项了，也是对捐赠人捐赠资金的交付结果；但修成这条路实际上是有着"致富"的正外部性影响的，因为路是非常重要的基础设施建设，可以促进人、货的有效流动，自然也就有了促进经济繁荣的基础条件。类似的还有，"十年树木，百年树人""要想生活好，读书少不了"，不胜枚举。

从历年来的中国慈善捐助报告中，同样可以发现，教育领域基本占据了社会捐赠总额的大头，这是因为教育的正外部性影响是显而易见的。而当大灾大难发生时，人们的捐赠热情往往会得到极大的激发。老话有言"救急不救穷"，很多人会认为"穷"具有一定的主观因素影响，单纯地对"穷"予以物质救助，无法带来更大的外部性影响；而"急难"更多是外部的客观环境所致，通过救助支持受灾群体度过短暂的受灾状态，具备帮助他们尽快恢复正常生活的更大正外部性。

将这些思考引入公益项目的设计之中，会让项目对捐赠人具备更强的说服力。比如同样是为学校提供营养午餐的项目，在学校建食堂，并在当地聘请村民做厨师、采购食材来现做餐食的方案，必然比集中采购面包、牛奶统一发放的方案更有说服力。因为前一种方案，不仅能为受益人提供更大的福利，还能带动当地就业和经济，而且食品安全更有保障。

类似的应用正外部性的项目思路，还可以举出很多。比如，同样是关注留守儿童问题的项目，在当地发展一个公益性的企业（或者社会企业）提供就业岗位，让外出务工的父母能够回来就业，肯定比带着志愿者去留守儿童家庭慰问的方案更有说服力；同样是脱贫扶困类的公益项目，以往大量做的是送米送面的事情，而在前几年的脱贫攻坚战略中，各个贫困县更加注重通过产业发展和人的发展来改善现状。

如同"要致富，先修路"一样，数字技术为数字经济修建了路、电、网等基础设施。在这些新的基础设施上设计公益供给，给考虑外部性提供了更多的关切点。

数据的收集和有效分析，能够帮助公益组织更好地掌握包括社会、经济、环境等在内的各种因素影响，还能够基于历史数据和模型，结合数据建模等手段，预测和模拟不同决策选择的结果，帮助公益组织更好地理解和评估项目可能带来的外部性影响，制定更具前瞻性和有效性的项目策略，并为项目设计提供依据。

广泛应用的社交媒体和在线参与平台，也使公益组织可以与公众进行更直接、实时的互动，及时掌握舆情动态和社会动向，能够便捷地获取更多关于项目外部性影响的反馈和意见，以在项目设计过程中更好地理解和回应公众的需求和期望。

此外，数字技术对数据的应用、处理和分享，也使对外部性的管理有了更大的空间。便捷的数据共享和合作机制，可以帮助公益组织与其他组织、机构和研究者进行合作，以共同分析和评估项目的外部性影响，加强跨界合作，提高对外部性的综合认识。通过传感器、数据采集和监测系统等技术，可以及时获得项目外部性的相关数据，实现对外部性的实时分析评估、监测和反馈，以在过程中及时调整和改进项目策略，最大限度地发挥项目的积极外部性影响。

基于数字化手段对外部性的识别和管理，也就可以更好地促进正外部性的积极作用，降低负外部性的消极影响。比如，运用"内部化外部性"的思路，让项目参与者或利益相关者为其外部性影响负责，对于公益项目带来的正向外部性，可以鼓励项目参与者分享他们的知识、技能或资源，通过合作和共享创造更广泛的社会效益。对于可能产生负外部性的公益项目，需要采取措施来减少或避免这些影响，包括采用环保技术、数据安全、数据监测等措施来降低环境污染、数据隐私侵犯等负面影响。

## 数字经济带来的新问题

以往当人们谈到公益的时候，关注的更多是经济发展所带来的差距性问题，比如地区的差距、城乡的差距、教育的差距、民生基础服务的差距等，这些问题在数字经济时代仍然存在，并将继续作为公益重点关注的方向。同时，数字经济的发展带来了更多新的社会问题，这些问题发生的区域可能不是传统意义上的贫困地区（不存在地区差距），发生的对象可能不是传统意义上的穷人（不存在收入差距），甚至在传统意义上所关注的各种差距都不是问题，但并不妨碍这些新的"弱势群体"产生。而这些弱势群体，往往是最容易被忽视的。

一个典型的新社会问题，是数字鸿沟。大量智能设备（手机、刷脸机等）的普及和基于这些智能设备的应用，在提升人们生活便利度的同时，也造成了实质上的社会断层，而这并不是通过技术革新就能够完全解决的。大家都听过、看过类似的新闻：疫情防控期间，有些老人因为没有智能手机无法出示健康码而在城市里寸步难行；需要出行的老人，因为不会使用打车软件而无法打出租车……类似问题的解决方案，可以通过对 App 做适老化改造或者教会老人使用智能手机来解决，但也要考虑老人整体处于学习能力和适应能力都相对较弱并且不断退步的阶段，何况有些老人根本不愿意使用智能手机。

曾经有一群技术志愿者向某基金会申请公益经费支持，以落地一个帮助老人使用智能手机的公益项目。他们设计的项目实施方法，是通过网络直播的方式，分步讲解智能手机的操作步骤，以及一些关键 App 的简单使用方法。基金会负责项目评审的项目经理，向他们提出了一个问题：如果你们的受益群体是不会使用智能手机的老人，那怎么能期望他们可以通过直播的方式来学习智能手机的使用呢？志愿者们一时被问住了。

对于从事数字经济工作的互联网人来说，通过直播这样的数字技术手段来扩大受益面，是提升效率的惯性做法。但我们要时刻思考，精心设计的公益项目会不会没有帮到最需要的那群人？

在被质疑之后，这群志愿者回去重新设计了项目方案，改用走进社区面对面教授的方式来做智能手机使用的普及，并且将教学方式更多地改为回答问题、解决问题的互动模式。这个项目执行方法成本高、效率低，需要投入大量的资金和志愿者人力和时间，但显然效果是更好的，而捐赠方显然也更愿意支持这种模式。

所以当面临数字经济带来的新社会问题时，也许更需要从人文关怀的角度出发，用更"笨"的方法来提供解决方案。回到疫情防控期间的健康码问题，后来很多场所针对没有智能手机的人群采用由志愿者代查的方式来解决核验诉求。这就是用简单的"笨"方法，来解决实际大问题的做法。从这个意义上来说，与数字经济的"快"不同，在解决数字经济带来的新问题时，也许更应该采用"慢"的方式来做公益。

微信公众号"伏羲智库"发表的一篇文章中，清华大学互联网治理研究中心刘金河博士，就数字文明发展与数字治理等核心议题专访了数字化研究先驱、《数字化生存》译者、著名学者、北京大学新闻与传播学院胡泳教授，其中部分内容就探讨到了数字经济时代所带来的新问题，这里摘录以飨读者。

## 观点：从数字化生存到数字文明，我们如何向善？

**刘金河：**……在具体去理解数字文明的时候，可以从哪些关键特征进行评估？比如评估当下中国一线城市是否在一定程度上进入数字文明新阶段。

**胡泳：**我的思路恰恰相反。我认为，关键标准不是就高，而是就低。谈数字文明，衡量的是开放度和包容性，而非先进性。如果衡量数字城市指数，中国北上广等一线城市应该排在世界前列，无论是基础设施还是网民应用，它们要比大多数西方国家都先进。但是，衡量数字文明要就低不就高，要考察它的包容度有多大，它在何等程度上能够促进社会弱势群体的发展。过去统计学意义上的弱势群体，包括受教育程度低者、少数民族、老年人、残障人士、农村人口、女性等，都应该得到尊重。这才能体现数字文明的程度。

例如，我考察一个城市文明与否，更关注的不是高楼大厦、灯红酒绿，而是这个城市能否推轮椅出门。包括北京在内很多城市真出不了门。我母亲行动需要轮椅，我就无法带她出来吃饭。因为饭店往往有栅栏或台阶，或者没有残疾人卫生间。甚至在很多医院，轮椅都无法行进，还需要人抬，因为无障碍通道被堵塞。当然，这不是数字文明问题，这是前数字文明问题。但适老性在数字时代也做得不好，例如强制人脸识别，对老年人相当不友好，其实体现出尖锐问题。

刘金河：如果带有一定价值观来看技术对文明的影响，比如这几年大家在说的科技向善，您觉得科技真的能向善吗？或者说科技带来的善恶观到底怎么去理解？

胡泳：大家通常会说技术是中性的，我觉得这个论点是彻头彻尾的错误。庸俗版本是菜刀可切菜亦可杀人，完全取决于持刀之人。这不值一驳。更明显的例子是枪，为了杀人发明枪。枪自带被使用的特定目的，当然你可以用枪做镇纸，但此并非枪发明的本意。所以，技术有倾向性，可见一斑。如果坚持认为技术中立，其实是进了技术发明者／程序员的圈套。后者宣传技术中性，因为这对他们利益最大。

因此对于技术中性，我们要保持清醒，认清其话语背后的逻辑。因此，对于技术决策需要多方介入，不可只交给技术人士。技术该怎么演进，经过什么途径，如何才能防止落伍、被淘汰？其实有关一个社会的科学和技术的决策，是需要多重力量协商的。唯其如此，才能保证我们不会被幕后的权钱所裹挟。例如，工厂、商场、饭店等大规模上机器人，机器人厂商当然有利可图，但那些被替代的大批人员该何去何从呢？所以，一种技术采用与否，实际上牵涉到全社会的利益。做人脸识别的厂商当然希望到处都刷脸，但这符合大多数人的利益吗？这需要论证、对话、反思，寻求共识，才能得出结论。这个结论不是由厂商承担，也不能被政府决定。

刘金河：技术的发展带来的问题其实很多，比如数字鸿沟。在数据层面体现为数据鸿沟，在网络内部导致一种分裂化，即网络碎片化。从这个意义上，如何看待技术所带来这种看似必然存在的负面因素？

胡泳：我觉得，关键是要避免技术鸿沟 / 数字鸿沟，与现实的社会鸿沟结成一体。现实社会中存在弱势群体，如果经过技术划分，再度被数字世界排除在外，这就造成一个极其糟糕的局面：技术的断层线，也是现实社会的断层线。这样的社会不是包容性的，而是排斥性的。因此，要解决数字鸿沟的问题，不能单靠技术，还要结合更大的社会背景。数字鸿沟表现为一个技术问题，但它本质上是社会问题。在这个意义上，如果你改善了社会，就是朝着消灭社会鸿沟的方向迈进。

除了显而易见的数字鸿沟问题之外，即使是数字原住民也面临着可能更隐形的弱势情形。大数据和算法的成熟应用，使得"信息茧房"问题在数字经济时代走向了极致。信息茧房是指人们的注意力会习惯性地被自己的兴趣和爱好甚至偏见所引导，从而将像蚕一样在无意识中给自己织了一个观念、思想和行为模式的"茧房"而桎梏其中。看完这句话，读者头脑中可能很快就浮现出了一大堆熟练运用大数据杀熟、算法推荐不断推送相似内容的 App，也会突然意识到为什么现在身边人讨论的话题总是和热搜上推荐的那些大致相同。从公益的视角来看，"信息茧房"是存在多方面亟须关注和提供解决方案的问题的。

首先是群体的思想极端化问题。网络信息茧房一旦形成，拥有相同爱好和想法的群体，就会更加往强同质化的方向发展，也是所谓的"物以类聚，人以群分"。而不同群体之间的分歧就会愈加强烈，这就会导致偏执和狭隘的极端思想和行为的出现。想一想，网络暴力盛行不衰，为何一些偏见的评论就能逼得一个人自杀？动不动就爆出的"大瓜"中，先行发声的素人为何轻易就能引导着网民一起将一个明星打入万劫不复的深渊？人们其实或多或少都身处信息茧房之中，并终将见证或者成为受害者。

其次是更容易诱发更加多样化的心理问题。既然是在"茧房"之中，那就是一个非常脆弱的小生态了，这意味着人与人之间的沟通减少，且更容易受这个小生态中的信息和能量的影响，情绪性和心理性的弱势状况就更容易显现。常见的诸如抑郁症、焦虑症以及消极情绪，都是因为缺乏多样性、多视角的交流而引致的负面影响。

最后是整个社会联结的缺失。可能大家已经习惯了在任何场合自己和身边人都处于"低头族"的状态，但这种群体性的表象被大家所"习惯"，想来也是不寒而栗的。现在的成年人，在还是孩子的时候，晚上一家人会围坐在一起看电视或者聊天，而现在基本每人各自面对一个屏幕，虽然在同一个物理空间，心和脑却在不同的时空。人类之所以能从猿进化而来，群居起到了相当大的作用，因为这样能够保证更多资源的优化和群体的生存发展。在信息茧房的桎梏下，人们感觉好像找到了志同道合的人群，但这却是一个虚拟的弱联结，真正需要强联结的身边人身边事、多样性的知识、信息和经验，反而是缺失的。久而久之，人们就只关心自己和自己所处的那个虚拟茧房，对身边正在发生的真实的人和事反而漠不关心、无动于衷。

公益的本质是生命温暖生命，"信息茧房"却让这种彼此温暖的联结变得脆弱无比。这种温暖的缺失及其所引发的数字经济时代的问题，只会越来越多，越来越显著，也将会需要公益的关注和参与解决。

除此之外，数字技术的发展也带有先天的缺陷。在应用技术助力公益的过程中，也要谨防被有缺陷的技术所误导。应用技术时，需要综合考虑技术、法律和伦理等方面的因素，确保技术的应用能够真正提升公益项目的效率和效果。

比如，前文提到的大语言模型，为人们提供了更加强大和灵活的自然语言处理工具，可以在各种场景中提供支持和辅助。但同时，对于大语言模型的使用，也需要关注其潜在的伦理和隐私问题，并确保其应用的可信度和可靠性。大语言模型作为一个 AI 模型，它的回答也是基于训练数据和算法生成的，可能存在一定的局限性和误判。在公益领域使用大语言模型时，需要确保模型的准确性和可靠性，以及充分关注用户隐私和数据保护的问题。

针对数字经济带来的新问题，需要公益组织的积极倡导和社会各层面的多主体参与，以提高数字公益本身的公平性和科学性。比如，推动更大的数字包容性，努力减少数字鸿沟，确保所有人都能够平等地获得数字技术和网络资源；加强数字素养的培训和教育，提高社会群体的数字能力，使他们能够充分利用数字公益平台和资源；加强对公益的信息传播和沟通，确保信息的广泛传播和理解，提倡网络正能量，减少信息茧房引起的不对称对公平性的影响；确保公益资源的公平分配，关注被数字鸿沟所隔离开的弱势群体的需求，减少因为数字技术的应用，反而导致对没有接触数字化的群体的资源分配不均。

## 进化是跳跃与停滞相间的

1972 年两名美国古生物学家埃尔德雷奇（Eldredge N.）和古尔德（Gould S. J.）联合提出"间断平衡学说"。该学说认为，从化石记录看，生物的进化有这样的模式：长时间内只有微小变化的稳定或平衡，但会被短时间内发生的大变化所打断，也就是说，长期的微进化之后出现快速的大进化，渐变式的微进化与跃变式的大进化交替出现。新物种只能通过线系分支产生，以跳跃的方式快速形成；新物种一旦形成就处于保守或进化停滞状态，直到下一次物种形成事件发生之前，表型上都不会有明显变化。进化是跳跃与停滞相间，不存在匀速、平滑、渐变的进化。

公益的供给侧改革，是一个宏大而系统的命题，有赖于公益的每一个参与者都做出积极的思考和改变。本篇分析了通过改变公益供给侧变革带来突破的理论基础，同时在实操层面，也提出了从管理费与捐赠标准的"定价"策略来扩大需求，从项目设计的层面去实现供给的重塑。但系统性的变革发生，不是依赖单一的组织、个人或者项目能够实现的。就像间断平衡说所揭示的进化规律一样，不存在匀速、平滑、渐变的进化。公益向数字经济的跳跃进化的基础前提，是每个公益的参与者都能有积极的行动和改变。

## 案例分析：顶梁柱健康扶贫公益保险项目

顶梁柱全称"顶梁柱健康扶贫公益保险项目"，是阿里巴巴公益与中国扶贫基金会、蚂蚁金服公益、蚂蚁金服保险平台于2017年7月12日联合发起的精准健康扶贫项目。该项目以建档立卡贫困户家庭的主要劳动力为受益主体，即所谓"顶梁柱"，年龄为18~60周岁，为这个群体提供专属扶贫公益保险。一旦发生理赔，不区分病种、医院和治疗地区，对住院总费用中的"自付费用"进行补充报销。

据项目策划人、阿里巴巴公益基金会副秘书长明宏伟回忆，2016年中期，阿里内部开始共创，就公益与保险业务相结合探讨"公益保险"的模式。

"因为当时已进入脱贫攻坚阶段，我们想，应该结合国家大政方针，做这个事情。"明宏伟说。大方向确定之后，2017年初，阿里公益找到中国扶贫基金会，两家机构开始频繁沟通。"最初确定的方向是，围绕脱贫攻坚，做一个全国范围内的公益项目，解决脱贫攻坚中的一个问题。"明宏伟回忆。而脱贫攻坚本身还有很多细分方向，教育、产业、健康……"之前想的是每一个方向我们都出一个险种。"明宏伟说，"后来我们意识到要解决所有问题是比较难的，不如瞄准最核心的问题，也就是因病致贫。"

当时中国扶贫基金会提供的数据显示，致贫原因中，因病致贫占到40%以上，这几乎是脱贫攻坚任务中最硬的那块骨头。接下来确定受益人群。"是所有人都投保还是有所聚焦？"明宏伟说，

"从公益的手法来说，要解决最核心的问题。而对于脱贫来说，最重要的是家里的劳动力，所以我们圈定了'顶梁柱'这个人群。"

之后四家发起方到位，阿里巴巴公益和蚂蚁金服公益负责筹集资金；中国扶贫基金会负责项目实施；蚂蚁金服保险及合作保险公司负责投保和理赔工作。另外各方还约定了资金使用原则，如善款的90%用于被保人理赔，另外10%作为中国扶贫基金会以及保险公司的项目执行和运营的基础费用。当年理赔结余的资金会转到下一年继续投保，超赔的资金由阿里巴巴公益负责筹集进行兜底。

明宏伟认为，"保险和公益，在广泛覆盖和需要精准识别受益人的策略上存在天然的耦合性。通过'公益+保险'的模式可以更广泛地覆盖弱势群体，通过保险理赔的商业能力可以更精准地识别和鉴别受益人，保证资金使用效益最大化"。

根据中国扶贫基金会官网公示的信息，截至2020年12月31日，项目累计动员76.3亿人次参与捐款，筹集资金34654.89万元，为四川省南江县、云南省广南县、贵州省黎平县等12省84县1138.66万人次的建档立卡贫困户提供健康保障。该项目经过几年的持续探索与努力，得到社会各界的认可，并荣获政府领域最高慈善奖项"中华慈善奖"。

（来源：凤凰网）

这个项目可以说是一个非常成功的数字经济时代重塑公益供给的案例，从上面的案例描述中，可以发现这个项目的设计就包含了本书所谈的供给侧改革的几个方向。

一是项目追求一个有效的问题解决方案。从案例中可以清晰看到"问题解决六部曲"在项目设计中的应用，定义了问题（即整个家庭的"因病致贫"），识别了根本原因（即主要劳动力受重疾的冲击会对家庭造成致命的影响），并在此基础上制订了问题解决方案。

二是充分利用新技术的力量来解决固有老问题。在这个案例中，互联网平台、大数据甄别、保险理赔、区块链等技术都得到了充分的应用，甚至可以说这些技术本身才是这个项目真正的内核。新技术的应用实现了"全透明、全跟踪、全覆盖"，也是这个项目能在短短的三年时间内达成受益人次超千万的重要原因。

三是外部性影响是项目设计的重要指导。项目将受益人精准锚定在（原）贫困县建档立卡贫困户当中的18~60周岁主要劳动力人群，就是因为一个家庭的主要劳动力对家庭经济状况起到了"顶梁柱"的作用。"顶梁柱"倒下了，不仅没人工作挣钱，繁重的医疗支出也会让原本不富裕的家庭雪上加霜，这是负外部性的影响；在公益资金有限的前提下，保住了"顶梁柱"，就能让主要劳动力重新为家庭带来收入，一个家庭就能最大可能摆脱贫困。老人的养老、孩子的教育、全家人的柴米油盐也就有了基础保障。换言之，该项目的价值在于对一个家庭的保障，这是正外部性的价值。

四是数字经济带来的信息鸿沟问题也被充分考虑。该项目宣称"一个村干部，一个支付宝"就能为全村"顶梁柱"进行理赔，通过村干部代为线上理赔，以及电话理赔、上门服务等多种项目手段相结合的方式，实实在在帮助到真正需要的那一群人。

五是巧妙设计了管理费和捐赠标准的"定价"。与人们所熟悉的商业保险高利润最大的不同是，该项目明确提出了90%的保费都将理赔出去，而剩下的10%用于公益组织和保险公司的运营费用。由于公益组织和保险公司各自发挥优势进行资源互补，加上互联网技术的应用进一步降低了项目执行成本，项目的规模效应也得到了充分保障，使得项目能够以较低的运作经费取得高水平的执行效果；而在捐赠端，捐赠人也面临着清晰的捐赠标准和多样化的捐赠选择。

## 五　引领公益需求

公益对受益人的供给即在反映受益人的需求，而对捐赠人来说，公益的供给（项目设计）和需求（捐款）虽有不同，但也密不可分，就像一枚硬币的正反面，抛开任何一面单独地讨论另外一面，都难免有偏颇和片面之嫌。从公益组织的运营和管理来说，不应该将二者割裂进行思考，就像筹款部门与项目部门不能互不搭理、各说各话一样，筹款工作必须充分了解并参与项目设计，而项目执行工作也要同时面向捐赠人和受益人进行工作设计。将公益分为供给和需求来分别阐述，一是为了便于弄清楚表象背后的原理，二是因为两者可以运用的知识领域和工具技术有着明显的区别。

本篇将更多围绕捐赠人如何决策，以及基于此如何引领捐赠人的决策并激发更多的人成为捐赠人来逐一展开，以达成真正地扩大捐赠人群体及捐赠规模的目标。

# 第 20 章　筹人先于筹款

在互联网公益平台兴起之后，很多非常有创新性的策划和产品如雨后春笋般涌现。行走捐、一起捐、月捐、蚂蚁森林、公益宝贝、公益福包、众筹、配捐等，各种具有典型数字经济特征的互联网产品，为公益筹款带来了新的活力。中国公益的捐赠人数也得以突破亿的数量级。

然而与捐赠人数大幅增长形成鲜明对比的，是偏低的人均捐款金额。难道互联网公益带来的是虚假繁荣吗？莫非互联网公益也面临着泡沫化？显然并非如此。

## 先被记住，再被选择

深入观察互联网公益的流行模式，我们会发现公益组织对互联网平台的产品和流量依赖度非常高。可以说绝大多数捐赠的带动，都来源于平台机制对消费者的拉动和转化。在这个过程中，公益组织固然需要付出巨大努力，平台才能达成更好的拉动和转化效果。只是目前公益组织的努力更多是在被动地配合平台的规则、指引和要求，而卓有成效的主动自造血鲜有发生。

在这种"强平台、弱组织"的互联网公益模式下，如果没有了平台流量和机制的支持，很多如今在互联网公益领域风生水起的组织，可能都会变得无所适从。这种状况当然不能对公益组织单方面地求全责备，因为这是平台与公益组织合作过程中逐渐形成的一种默契。但强依赖平台的流量分配，对公益组织而言有着巨大的不确定性：一旦失去这个流量来源，公益组织可能也就失去了筹款来源。

所以公益组织在开展互联网公益的过程中，需要扭转一个认知：筹人是比筹款更重要的选择。筹款可能是一次性的、强依赖流量配给的，但当目标是筹人之后，公益组织就会掌握更为可持续的源头活水。按照数字经济思维，"人"是用户，也是非常重要的数据资源库。在发展数字公益的筹款目标时，应当把发展用户数当作第一目标——这个目标实现之后，捐赠额的增长就是一个水到渠成的结果而已。

互联网公益平台的产品设计和运营思路各有不同，有纯筹款导向的，有纯筹人导向的，也有兼顾两者目标的。但无论如何，公益组织在平台获得了互联网公众捐赠人之后，应当围绕这些人群展开持续的、有策略的运营，这样也就可以将公益平台的能力逐步内化为公益组织自身的能力，实现由"强平台、弱组织"向"强平台、强组织"转变。实际上，如果公益组织能成功地筹到更多的人，就有了持续提升筹款规模和人均捐赠额的基础，捐赠人数和捐赠金额同步大幅提升也就顺理成章了。

筹人之于筹款，并不是非此即彼的选择，而是在数字经济时代信息大爆炸又极度碎片化的状况下，要找到公益组织与数字捐赠人的相处之道，那就是：首先能被记住，才能被选择；只有被选择，才可能拥有；只有拥有着，才可能长久。

## 降低进入门槛

筹人工作的运营，可以遵循的第一个准则，是为捐赠人提供一个足够低的进入门槛。

人的本性使然，我们对陌生事物都会有抗拒和戒备心理，如果捐赠人第一次接触公益时的互动，就让他们感觉很有压力，那公益组织大概率只能接受一个较高的流失率。提供一个足够低的门槛，让捐赠人形成与公益组织美好的第一次"亲密接触"，才会促成更多可能性。

### 案例：招聘 App 的用户获取策略

提到线上招聘服务，PC（个人计算机）互联网时期曾经是三家传统招聘网站三足鼎立的时代，但在进入移动互联网时代之后，一大批新兴的招聘类 App 快速崛起并迅速抢夺了传统"三强"的市场份额。这些新兴的 App 除了产品模式和对这个市场的切入口不同之外，在用户获取和留存上也有着非常精妙的细节设计。

接下来我们将以其中某 App 为例，分析一个招聘网站如何让用户在没有压力的情况下一步步去注册信息。与传统招聘网站"先注册，再认证，后使用"的用户策略不同，他们引导有招聘需求的用户去做的第一个动作，并不是注册用户信息，而是直接让用户发布招聘需求。通过界面非常简洁的招聘信息填写，一个完整的招聘广告就形成了，这时候网站才提醒用户，只需填写手机号即可注册成功发布信息。

于是用户会自然而然地使用手机注册账号，然后又被一步步引导着上传企业的相关资质证照信息，并且发布成功。信息发布成功之后，这个网站又提示用户，这条招聘信息只能展示 3 天，如果下载了他们的 App，可以获得更多的免费展示时长，于是用户又自然而然地下载了 App。

当用户做完这些事情之后，才会幡然醒悟这个网站需要用户做什么：需要你实名注册，需要你上传企业证照和证明，需要你下载 App，需要你付费，需要你填写完整的招聘信息——这些本质上和传统招聘网站需要的内容都一样。但这些 App 没有把这些要求作为用户使用招聘服务的前提，因为这些要求会像传统网站一样，让用户感受到巨大压力而不用自退。

但这个新兴招聘网站的聪明之处，在于它先回应了用户的第一诉求：发布招聘信息。然后才一步步引导着用户完成其他必须完成的动作。填写招聘信息，和后续的每一步引导动作，都会让用户感觉是非常低门槛的事情，但实际上网站最后也达成了它期望用户完成的所有动作。作为用户，虽然实际投入的工作量并没有什么变化，但当他们低门槛进入之后，就已经取得了一个小"成果"。人都有厌恶损失的心理，所以即使后面仍有工作量，用户也会想："我都到这一步了，放弃太可惜了，那就接着往下走吧！"

人们都知道要在传统招聘网站上注册账号，需要填写很多非常繁复的信息并且必须保证真实性，这会给用户带来巨大心理压力，可能在还没发布招聘信息的时候，就已经被繁复的表单弄崩溃了。在没有竞争对手的情况下，招聘网站即使用户体验再不好，大家也只能硬着头皮使用，而一旦有了这样体验更好、用户策略也更精妙的 App，市场格局自然会快速发生变化。

这个案例非常完美地阐释了提供一个足够低的进入门槛的重要性。低门槛的设计对公益同样具有重要的价值，这是因为公益面对的捐赠人也是一个个普通的"人"。可能大家还记得前面列举过的公益平台设计1元捐赠标准的故事，那个故事当中，"1元"实际上就提供了一个非常低的进入门槛，让捐赠这种非刚需又比较有压力的事情，变得不再有"拒人千里之外"的感觉。这种门槛让人们认识到，公益并不是非富即贵才能去做的，而是每一个普通的个人都有能力也无压力可以做出贡献的。

看到这里，读者也可以尝试分析一下，各个互联网公益平台那些成功的产品和运营模式，是否都具备这个特征呢？而那些做得不温不火甚至无人问津的产品，是不是又都与这一准则相违背呢？

尽管提供一个足够低的门槛是非常重要的，但这并不代表要降低甚至放弃公益应有的体感和认知。直白点说，不能让捐赠人踏进门槛之后，甚至都不知道这是在干一件公益的事情，就完成了所谓的公益参与。有一些打着互联网公益名义的产品，实质上是为了帮平台获取点击量。往往用户在点击之后，并不知道自己是在参与公益，更不用说知道参与了什么公益。

即使是那个1元捐赠标准的案例，本质上也是需要用户主动支付去完成一次非常明确的捐赠动作的。兼顾门槛的易进入性和公益的应有体感，并不是一件容易的事情——如果很容易，我们也就能看到更多的成功案例了。但无论如何，提供一个更低、更易进入的公益门槛，应该是首要考量的出发点，而公益的应有感知是基础底线。

## 从"小白"向"大咖"进阶

降低公益的进入门槛，是为了让用户有机会从"小白"逐步成长为资深的捐赠人。

上面的招聘 App 案例，还能给我们一个很重要的启发，那就是它采用了由点及面、逐步展开的策略。虽然它让用户以很低的门槛进入，但进入的目的是完整地注册并且最终下载 App，以至将来成为可能的付费用户。这个过程中，自然每一步都会存在流失漏斗，但重要的是不能让用户在第一步就大量流失。

同样地，公益降低进入门槛的目标，不应该让用户停留在浅尝辄止的程度，而是要带动他们逐步成长为公益资深粉丝，甚至成为公益的"大咖"和 KOL。只有这样，公益项目才有机会成为超级明星项目（可以回想一下"以人为中心：捐赠人"一章中所探讨的内容）。

如同前文探讨过的激励的重要性，在引导着捐赠人从"小白"一步步成长为资深捐赠人的过程中，公益可以适度用好（但不能滥用）激励的策略。无论是公益组织提供的分层捐赠权益，还是精神层面的反馈，又或者是基于马斯洛需求层次理论的设计，都应当以让捐赠人不断加深对公益项目的了解、认知和支持为目标。

人们在生活经验中已经充分认知到发展"资深粉丝"的重要性。就如同前面探讨的偏好和品牌的力量一样，人们可能认定某个品牌的咖啡，虽然它又贵又难喝，粉丝们也会坚决捍卫自己和这个品牌咖啡之间关系的正当性。

降低门槛的目的是吸引和发展。万事开头难，降低门槛可以大大降低这个"难"，并创造一个开头，后面才会有"事"的发展和成功。春天里如梦如幻如云如翳的满树樱花，也不是生来就如此绚丽，而是从简简单单的一颗种子开始，慢慢地发芽，长出主干，分出枝杈，才有了最终的繁花似锦。

## 人们总是偏离理性

如果读者还记得前面探讨过的"理性经济人"的假设，可以很轻松地对上面所举的招聘 App 案例提出反驳，"以彼之矛攻彼之盾"：一次性按要求完成所有的网站注册信息，与被引导着逐步完成信息，成本和收益是没有差别的。那么对于一个理性人来说，他在理性决策的情况下，就不应该被这些网站的小伎俩左右，而是客观冷静地比较并决定是否要注册。

在某些时刻的确是这样的。人们会非常冷静理性地理解、接受网站的注册要求，并且内心没有丝毫波澜地提交所有信息。但在更多情况下，人们缺乏耐性、厌恶烦琐并且容易情绪化，看见一堆要求就头大，而对提供了更为友好服务或支持的网站一见倾心。虽然人们终将发现，这些网站的本质没有差别甚至后者成本更高一些，但也不会为自己的选择后悔。

就像前文"尊重人性"中所分析的那样，人是复杂的，实际生活中也不可能像经济学假设模型那样去做精明的计算。行为经济学认为，人们只是"接近理性"或者表现出"有限理性"。导致人们偏离理性做出决策的，可能有多方面原因，以下是其中一部分。

· 过分自信或者过分乐观。比如：上学时老师告诫不要早恋，而那时的人们却相信一定可以天长地久；成年后稍微有点钱就觉得自己可以开始"钱生钱"了，一头扎进股市，九头老牛都拉不回；过完春节拍拍自己的小肚腩，自信地走进健身房办了张年卡，觉得自己一定可以天天健身，薅光健身房资本家的每一根羊毛……然而最后人们都会悲惨地被"打脸"：还是自信得过头了。

- **从众心理。**当大街上突然开始流行某一个从来没听过的品牌时，你会渴望也拥有一个这个品牌的产品；当你的朋友向你推荐一个神奇的护肤品时，你会毫不犹豫地下单；当短视频里某个过气明星因为直播跳健身操而爆火时，之前从来不认识他的你，也会在朋友圈骄傲地宣称自己是"××女孩"；公益机构在向你劝募时，可能会说你的朋友刚刚捐了100元，于是你也选择了捐100元……

- **偏见和惯性思维。**多数情况下，一旦人们认定了一件事情，就会寻找一切理由来捍卫其所认定结果的正当性，而在别人眼中就成了"永远叫不醒装睡的人"。即使是同一件事，持有截然相反立场的人，也可以同样将之作为捍卫自己观点的证据。比如同样一只股票，有人坚决唱多，有人坚决唱空，所使用的证据和分析材料来源却一模一样。同一个人，可能会一方面将"郭美美事件"挂在嘴边坚决否定一切公益组织，另一方面却又标榜自己做的公益项目多么可靠。

- **人是有惰性的。**人们之所以"仰慕"自律力强的人，就是因为绝大多数情况下自己很难做到。比如，制订了一堆的年度规划，却迟迟无法下定决心去执行；虽然知道家里很乱，但仍然倾向于保持现状而不是花费时间和精力去整理……

当公益组织希望扩大"筹人"目标时，充分认识到人们总是会偏离理性进行决策，有助于重新审视公益信息展现的方式。以信息披露为例，当谈到机构和项目的透明度时，很多公益机构会拿出印刷精美的年报和满是数字与图表的审计报告，来证明自身多么的靠谱。殊不知对于普通人来说，厚厚的年报、枯燥的数据和专业的结论，比高考试卷还让人"压力山大"。从理性经济人的角度来说，公益人充满热情和激情地披露年报和审计报告是最有价值的，但在现实中，由于偏离理性的决策存在，这种披露对于"筹人"却带不来任何帮助。

因此，也许可以尝试让做公益成为一种"潮流"而引发大家的从众心理，加强品牌符号而与捐赠人产生心理上的强联结，也许可以用最简明扼要、清晰易懂的方式让用户快速认可项目。以上面年报的例子来说，也许可以采用替代年报的方法：用邀请明星推荐的方式，让项目变得更有说服力，用图片、短视频和内容的方式让项目更有吸引力，用差异化的品牌设计让捐赠人产生更强的归属感。

促使人们行动起来的另一个有益尝试是"引导效应"（Nudge Effect）。"引导效应"是行为经济学中的概念，指的是通过微小、无形、非强制性的干预手段，对人们的行为进行潜移默化的引导，从而帮助他们做出更理性、更有益的选择。其核心思想是人们在做决策时受到许多认知和情感因素的影响，往往倾向于选择简单、默认、习惯性的选项，而不是进行全面的评估和决策。通过巧妙地设计选择环境，可以利用人们的心理偏差和行为模式，以非强制性的方式对其行为进行引导。例如，通过设置默认选项、提供明确的指导、提供实时反馈、设定目标和奖励机制等方式，可以影响人们的行为选择。这些干预手段可以帮助人们更容易做出理性的决策，改变不利的行为习惯，提高效率和效果。

以问卷调研为例。前文分析问卷调研在数据分析中的准确性和决策的参考价值时，阐述过其参考价值远不如大数据分析，然而问卷调研还起到了一种"引导"的效果。假设公益组织想推出一个新的公益项目来募捐，提前发送一个问卷并征询捐赠人的建议，之后再发送募捐链接，获得捐款的可能性就会大大增加。同样，如果想要把捐赠人发展为月捐人，提前发送一个问卷征询其对月捐的想法，无论对方是否认可，当再次发送月捐广告时，成功率都会大大提升。

## 优化选择体系

分析了人们总是容易偏离理性，再考虑到数字人的特性，就会认识到数字经济时代的捐赠人在做出决策时，不太会依据机构年报和对公益的深入研究，来判断一个公益项目是否值得捐赠。这一点无论是企业捐赠人还是个人捐赠人，都不会有太大的差异，因为在企业捐赠行为中做决策的也是一个个普通的个人。然而，我们可以通过优化面向捐赠人的选择体系，让他们不再为看到一堆看不懂的专业术语而头疼，并做出对公益的关键性决策，提升公益参与度。

在行为经济学中，"优化选择体系"（Choice Architecture）是指通过调整选择的方式和环境，利用个体的心理偏差和行为模式，引导他们朝着更好的选择方向前进。这种设计可以通过微小、无形的干预手段来实现，并不限制或强制个体的选择，而是通过提供有益的选择和信息，以非强制性的方式对其行为进行引导。

优化选择体系应用在包括公共政策、市场营销、金融、保险、医疗等各个领域。通常有设置默认选项、提供明确的指导、设立奖励机制、设定目标和倒计时等方式，以影响个体的选择行为。

在数字公益模式下，"优化选择体系"有以下几种可能的应用方式。

1. 设计用户友好的交互沟通方式。包括以官网、小程序、机器人服务等方式，提供简单、直观和易于操作的界面，可以引导用户更容易地参与公益活动。可以是简化注册和参与过程，提供明确的指导和反馈，以及增加可视化的奖励和目标追踪机制，激励用户积极参与。

2. 基于大数据和算法，制定个性化推荐和提醒。利用用户数据和个性化技术，可以向用户提供有针对性的推荐和提醒，用"猜你喜欢"的方式，引导其参与特定的公益活动。通过了解用户的兴趣、偏好和行为模式，可以向其推荐符合其兴趣和价值观的公益项目，提供定制化的参与建议和提醒。

3. 设置社交影响和社会认同机制。在数字公益应用中，可以借助社交网络和用户互动，增加用户参与公益的动力和社会认同感。例如，通过分享参与经历、展示他人的参与行为、提供社区互动功能等，激励用户参与和分享公益活动。

4. 设计游戏化元素和挑战性任务。将游戏化元素引入公益平台，通过设定挑战性任务、设立奖励机制和排行榜等，可以提高公益参与的趣味性和吸引力。这种设计可以激发用户参与的动力，增加参与度和持续性。

5. 提供实时反馈和数据可视化。通过数字技术，可以提供用户参与的实时反馈和数据可视化（如善款的实时跟踪），让用户了解其参与行为的影响、进展和效果，激发用户的满足感和参与动力。

6. 引导正向社会规范和行为。可以通过数字平台向用户传递社会期望和标准，如展示他人的正面参与行为、鼓励用户分享自己的参与行为，形成正向的参与循环和社会认同，以提升用户对公益的参与度。

7. 提供灵活的捐赠方式和金额选择，以满足不同捐赠人的需求和意愿。例如，提供多种捐赠方式（如一次性捐款、定期捐款、众筹等），以及不同金额的选择，让捐赠人根据自己的经济能力和意愿进行个性化的捐赠。

这种以行为经济学理论为基础的优化选择体系应用，需要注意保护用户隐私、确保信息透明和避免过度操控。在数字公益中应用行为经济学理论，引导用户行为，目的是提供有益的选择和信息，而非限制、扭曲自由意愿。因此，在具体的机制设计上，应该注重用户的自主权和选择权，以及合乎伦理和社会价值的原则。否则，不但不是引导用户参与公益的正能量行为，反而是消耗用户信任与热情的负能量行径。

前面所列举的招聘 App 案例，在这方面同样做得非常优秀。几乎每一步都对用户进行简洁、有效的引导，而不会让用户面临一堆头疼的选择。这在许多互联网公益平台的产品上也有成功的应用。

## 案例：淘宝公益宝贝的"200/20"原则

淘宝上有一个非常知名的公益产品"公益宝贝"，采用每成交一笔即捐赠一定金额的模式筹集善款。这个产品要实现成功运转，意味着要让商家选择支持哪个公益项目，同时要让消费者理解商家支持什么公益项目，并且不能干扰正常的交易流程。

产品逻辑中设计了一个重要的"200/20"原则，即：商家看到的每一个公益项目的描述文字不超过 200 字，需要选择的公益项目不超过 20 个；消费者端看到的商家支持的公益项目描述文字，不超过 20 个字。实际操作中，面向商家的公益项目展示做得更为极致，绝大多数时候同时在线的项目数量都控制在 10 个左右且进行了分类，意味着每个类别之下只有两三个项目以供选择。

这个原则确保了商家几乎"扫一眼"，就可以决定要支持什么类型的公益项目，再用最多十几秒就能看明白一个公益项目在做什么。消费者在浏览这个商家支持了"公益宝贝"的商品时，一眼便知商家在支持公益。当然，这对平台的运营能力提出了很高的要求，平台要有足够的专业性以承担起商家和消费者的代理人角色，确保筛选出来的项目都靠得住。也要求 200 字和 20 字的描述足够精确，甚至可以让商家"闭着眼睛"选。当然，完整的产品体系中，这种"将简单留给捐赠人、将复杂留给平台"的思路，还体现在很多细节中，这里就不一一展开了。

无论是招聘 App 还是"公益宝贝"的案例，都说明了优化面向捐赠人的选择体系的重要性。这种设计可以遵循一定的思维框架，代入公益对捐赠人的精确认知和行为模式分析，取得带动更多公益参与的有益产出。以下是建议的思维框架。

- **从捐赠人的动机出发**。"动机"本质上就是经济学上所说的"需求"。公益组织既然要做公益的供给，那自然要理解捐赠人的需求。分析、发现不同捐赠人的动机，并通过交互设计突出对这个动机的回应，自然能影响捐赠人的选择。比如：面对年轻妈妈群体时，可以优先突出亲子类或者儿童关爱类的公益项目。
- **理解"只要是人就得面临权衡取舍"**。这一点在"尊重人性"的章节中也有过阐述，在这里同样适用是因为要降低捐赠人的选择和理解成本，让"选择"成为对他们而言非常简单的事情，而不是一个头疼的麻烦事。

- **最好是提供默认选项。**人们已经非常熟悉在注册 App 时关于隐私条款和法律条款的默认选项，这种设计一方面能够降低用户的操作成本，另一方面也有利于 App 绩效目标的达成。虽然有的时候修改默认选项只需要几步简单的操作，但受惰性和惯性的影响，多数情况下人们通常不会这样做。比如视频网站会给订阅用户默认每月扣会员费，或者取消一个垃圾短信的推送，只需回复一个"T"，但人们往往"懒得"去操作。

在商业场景下，这种特性经常被滥用，故意让取消默认选项的操作变得很复杂。比如，某些银行或电信运营商让用户开通一个功能时，在 App 上简单操作或者发个短信就能快速开通，而要取消就必须在工作时间去线下营业网点办理。"进来容易，出去难"，取消的成本高得让人望而却步，这种做法无疑是让人反感的。

但在公益领域应用这一点时，应当有更高的道德标准要求，提供对大多数人来说都是最好的选择作为默认选项，并且最好能够一键取消。比如，可以默认给捐赠人提供他们非常关切或需要的信息（发送项目进展的反馈报告、生日祝福，推荐新的公益项目和活动），而不是要让捐赠人一个个主动选择去接收。当捐赠人不希望继续接收类似信息时，也可以很便捷地取消这些服务。

- **为捐赠人增加适当有效的反馈信号，使捐赠人可以更快地感知自己的行动成果或做出行动调整。**曾经国外有一个非常棒的户外互动性公益广告，路人只要沿着广告屏中间用信用卡缓缓划下（实际上刷卡是完成一定金额捐赠），就能解开被束缚的双手，或者切下一片面包提供给穷人。

国内的某个公益平台也曾经做过一个有意思的尝试，用户在手机屏幕上初始只能看到一个模糊的画面（模拟视力障碍人群的视力情况），捐赠不同的金额，即可看到支持不同视障公益项目所带来的改变（不同清晰度的世界）。

当然类似这样非常有体感的反馈，都需要技术力量的支持，成本和交互要求都较高，但一些基础的即时反馈，成本很低，也能带来很好的效果。比如，捐赠人选择不同的捐赠额度能马上知晓预计带来的成效。需要注意的是，这里说的反馈是能帮助优化捐赠人选择体系的即时反馈，而不是一个常态化捐赠反馈或者项目执行报告。

- **充分预估捐赠人容易出现的错误，并予以提醒或规避。** 比如给捐赠人呈现一个支付宝的捐款码时，捐赠人可能会打开微信扫码而导致错误。可以通过加强"支付宝"的提示，或者更换成一个支付宝和微信皆可使用的码，来规避这种错误的发生。

优化面向捐赠人的选择体系，本质上仍然是服务于"筹人"的目标，在提供低门槛的同时降低选择成本，提升捐赠人的决策效率，并最终希望在数字公益的助力之下，天下不再有犹豫不决的捐赠人。需要再次强调的是，这些设计是以尊重个人自主权和选择自由为前提的，通过提供有益的选择和信息，而非限制或强制，来引导人们朝着更好的方向发展。这种引导并不是一种完美的解决方案，也存在争议和潜在的滥用风险（比如互联网产品的滥用以侵犯用户隐私，获取更多用户权限）。因此，在应用这种方法引导更多的用户参与时，需要权衡利弊，确保设计合理、透明和符合伦理原则，以最大限度地发挥其积极效果。

# 第 21 章　互联网营销的应用

理解了"筹人"的重要性及其背后的可行性原理和基础逻辑，接下来就可以切入将理论应用于实际的技术和工具了。既然是探讨数字技术引领捐赠人的公益需求，就完全可以借鉴参考成熟的互联网营销方法论。本书中会着重引用介绍两个对"筹人"非常具备借鉴意义的营销理论。与传统的营销理论相似，它们也在商业实战中得到广泛应用并取得了不错成效，不同的是它们是因应数字经济时代特性所发展出来的差异性营销策略。学会应用这些互联网营销的基础方法和工具，也就能为在数字经济时代开展"筹人"工作提供更好的支撑。

## 公益的 AIPL 模型

AIPL 模型是近年来兴起的互联网营销常见模型之一，核心思路是围绕用户营销的基本链路，以"认知（Awareness）""兴趣（Interest）""购买（Purchase）""忠诚度（Loyalty）"这四步行动，来打造相应的营销策略，本质上是一个用户从看见、注意、行动到复购的漏斗，而这个模型的目标是扩大漏斗每一层级的基数并提升往下一层级的转化率。

AIPL 模型使得消费者与品牌的互动关系链路可视化、可量化并可优化。

- A（认知）：品牌通过广告、新闻、网页，或者消费者的主动搜索，形成的对品牌有认知的消费者群体。

- I（兴趣）：在浏览、知晓的基础上，对品牌产生了兴趣或有过互动行为的消费者群体，比如：多次浏览、主动搜索、对品牌的相关信息或新媒体内容进行过收藏、点赞、分享、评论、领取试用等行为。

- P（购买）：是指对品牌商品产生了购买行为的消费者，到这里就完成了消费者从种草到初次消费的一个小闭环。

- L（忠诚）：在一定时间内对某品牌商品形成复购，或者购买之后对商品进行正面积极评论、不断向身边人进行推荐的消费者。

如果只看概念还稍显抽象的话，那结合身边的案例并代入这个模型进行分析，就会发现这个看起来很高深的模型实际并没有那么难以理解。

## 案例：短视频健身博主爆火的 AIPL 模型

2022 年 4 月底，某个在短视频平台上教授健身操的中国台湾艺人突然爆火，高峰时期几千万人同时在线观看直播，并跟着一起跳操。他的爆火有着当时各种综合因素的助推，但可以轻松地在这个案例当中套入 AIPL 模型进行分析。

- A：首先，在用户认知的环节，他不断在自己的账号发布健身操视频，每天坚持做直播，持续不断地让更多的用户看到他的内容。

·I：每一个短视频、每一次直播，他都会争取引起用户的兴趣（引导用户观看他更多的视频、关注他的账号或者转发、点赞等），直至引起平台的关注，给了他更多流量的支持。而用户兴趣的表达也让他的账号变成了一个高质量的账号。

·P：在这个过程中，开始不断有用户跟着他一起做健身操，就形成了实际的行动转化（P）。越来越多的粉丝在平台发布跟练视频，带动了其影响力的裂变爆发，转化越来越多。直播产品自带的营销功能，也自然带来了另一种转化，那就是用户打赏、平台激励所带来的现金价值。

·L：最后，当最经典的那一套健身操几乎形成全民热潮时，他又不断地推出新的健身操、采用新的背景音乐，给用户带来新鲜感，形成更为持久的忠诚度。

从最容易理解的商业场景入手，了解了 AIPL 模型后，读者可能已经形成了这个模型在公益当中如何应用的大致轮廓。同时，读者应该也已经发现，从 A 到 I、P、L 的进阶过程，其实就是先"筹人"，再水到渠成"筹款"的发展过程。

接下来我们可以结合公益实践，描绘出应用于数字公益筹款上的 AIPL 模型。

在图 21-1 这个模型当中，最关键的因素有两个。一是如何做好认知（A）这个环节，也就是人们常说的公益布道和公益教育工作。尽管每个环节都有其持续推进扩大成果的逻辑、方法和工具，但毫无疑问，建立对公益项目具有广泛认知度的人群基数是至关重要的。就像这个模型所示，认知是一切的起点，是转化漏斗的基石；如果无法建立"认知"这个环节的基础人群规模，那么能转化到后续做出实质贡献的人数自然更少了。如何建立有效规模的认知人群呢？前面的"筹人先于筹款"章节当中讨论的内容，就是一些基本原则和做法，同时也需要利用好现在各个互联网平台所提供的基础产品和服务——无论是种草、短视频、内容运营、直播、推荐，还是平台流量的直接分发，都是非常有价值的成熟工具。

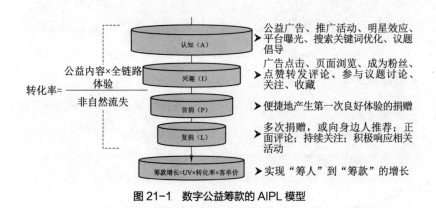

图 21-1　数字公益筹款的 AIPL 模型

二是有效提升各个环节的转化率。图 21-1 中展示了一个关于转化率的基础公式，放大出来，就是图 21-2。

$$转化率=\frac{公益内容×全链路体验}{非自然流失}$$

图 21-2　数字公益筹款转化率公式

从这个公式中可以看到，公益由"筹人"到"筹款"的转化，与公益内容的质量成正比，与 AIPL 全链路当中的用户体验成正比，与用户的非自然流失成反比。所以要提高数字公益筹款的转化率，其实是要提高所传递的公益内容的质量，提高各个环节用户参与的感受体验，减少非自然的流失。

公益内容的质量正是前文"重塑公益供给"中所谈到的部分，而"用户参与的体感"在"尊重人性"和"筹人先于筹款"的章节中都有充分的论述。那"非自然流失率"的概念是什么呢？全部的流失率就是留存率的相反数，包含自然流失率和非自然流失率，囊括了潜在捐赠人流失的多种可能性。自然流失率包含用户的兴趣、偏好等主观决策因素，这些是不能完全掌控的部分。但"非自然流失率"强调的是因工作不当引起的不必要流失，比如：网页加载很慢，让捐赠人丧失了等待的耐心；字体很小看起来很费眼；描述性的文字或者图片，让人产生了强烈的不适感……而这些，显然是由于各个环节的打磨不够精细，或者技术能力不足导致的流失，自然也是可以通过优化改进来减少甚至避免的。

经过数字公益筹款模型的 AIPL 漏斗转化，实质最终就会实现由"筹人"向"筹款"的增长。筹款增长的公式（筹款增长 =UV × 转化率 × 客单价）中，客单价不单单是由公益组织主动供给的"定价"所决定，还和潜在捐赠人的支付能力及意愿有关，因此不是一个变量，在这个公式中可以视作常数。这也揭示了"认知"和"转化率"这两个关键因素的重要性：在公益转化的 AIPL 模型中，如何提升项目的影响力，以及从认知到实际支持的转化率，应当成为公益组织最着重关注的点。公式当中的 UV（捐赠人数），就是建立用户对公益认知的一个直接结果。

关于数字公益筹款的 AIPL 模型，前面从转化和筹款增长的公式做了简要的介绍，但需要大家对照图 21–1 进行更加细致的解读。在该图 A、I、P、L 的每一个环节，都罗列了一些基本可做的工作清单。诚如在本书开篇所阐述的那样，本书不会积攒一堆互联网产品使用说明书，所以这些工作清单当中涉及的具体互联网产品和工具，感兴趣的朋友可以进行有针对性的深入研究。这些知识都是非常成熟的应用，对它们的学习和掌握门槛并不是很高。

## Inbound Marketing

AIPL 模型大家多多少少有所耳闻，Inbound Marketing（集客营销）在国内则少有提及。为数不多的一些科普文章中，对这个概念的翻译也稍显蹩脚，所以本书就直接采用英文原称来描述这个数字经济时代衍生出来的新型市场营销概念。Inbound Marketing 是相对于传统的 Outbound Marketing（推播式营销）而言的，从英文的含义来说，Outbound 意思是"向外的、输出的"，Inbound 意思是"导入的、客户主动咨询过来的"，所以结合语义就很好理解，Outbound Marketing 是传统的市场营销方法，以打扰式的和以营销人员为中心的策略为代表，如陌拜（电话或上门）、弹出广告、电视广告和垃圾邮件。

随着新技术的发展，营销格局也迅速变化。这种传统的营销方法不再起作用，消费者已经学会了屏蔽或忽视各种营销策略的干扰，比如：大多数人有来电显示屏蔽营销电话，也会通过购买会员服务以跳过视频网站的片头广告，通过购买点播服务以躲避电视广告，通过使用垃圾邮件过滤器以避免收到不想要的电子邮件，通过安装广告拦截器屏蔽网页上的自动弹出广告和自动播放的视频广告……互联网用户倾向于在网上寻找他们需要的信息，而不再单纯依赖销售人员的推销来获取有关公司或产品的信息。著名广告大师约翰·沃纳梅克曾经说道："我知道我的广告费有 50% 是浪费的，但我不知道是哪一半。"而由于新技术的进步和消费者更加丰富的免干扰选择，实际浪费的广告费可能会更多。

在这种背景下，Inbound Marketing 应运而生。从营销结果而言，它相对于 Outbound Marketing 更有效率、效果更好，成本也更低。这种营销思路专注于提供和客户的需求相关性高、吸引力强和教育性足的内容，并且是不间断的，有助于与客户建立信任及深入关系。一般通过内容营销、社交媒体互动、搜索引擎优化、数据分析和优化等方式来吸引潜在客户，让他们主动与品牌建立联系，并形成品牌忠诚度和认可度。相比 Outbound Marketing 的"硬广"特性，Inbound Marketing 要不断地进行高质量的内容创作，因此会带来更具长期性和复合性的回报。

Inbound Marketing 和 Outbound Marketing 各有不同的侧重点和发力效果，可以结合公益领域的应用，对两者的差异化进行解读。如表 21-1 所示。

表 21-1　Outbound Marketing 和 Inbound Marketing 对比

| 对比项 | Outbound Marketing | Inbound Marketing |
|---|---|---|
| 理念 | 以"我"为中心，主要贩卖"卖点"，所谓的王婆卖瓜，自卖自夸。在这种思路下，首先要充分挖掘自身品牌或公益项目的优势与卖点，甚至还要与其他同类机构或者项目进行比较，再包装卖点进行传播 | 基本理念是以捐赠人为中心，传达"我们重视你的反馈且会与你互动响应"。挖掘自身卖点只是工作的起点，重视勾勒潜在捐赠人的画像及他们的需求和痛点，并以公益项目的优势去回应，在此基础上创作教育性的内容 |

| 对比项 | Outbound Marketing | Inbound Marketing |
|---|---|---|
| 目标 | 以表象可见的直观数字作为目标。比如自媒体账号的粉丝、转发、点赞数量。这些数据由于是 KPI 导向的，为了获得不错的数字而去创造数字，真实的转化可能并不好 | 以实际带来转化的效果作为最终目标。比如捐赠人的注册数、捐赠数、留存率、复捐率、活跃度、成交额 |
| 渠道 | 做公益内容输出时，追逐"热门"，即哪个平台/渠道热门，就蜂拥而上；哪个网红、明星爆火，就一定要找他合作 | 会根据勾勒出的捐赠人画像，挑选出他们偏好的平台、渠道、KOL 和活跃时间，进行"同频共振"的内容输出 |
| 协作 | 筹款部门和项目部门相对"割裂"，筹款的工作主要是推广项目、募集善款，对自己的项目了解不足，对捐赠人的决策过程和反馈也不甚了解。容易发生"光顾着吃了，谁知道吃了什么"的情况 | Inbound Marketing 不是某一个部门的事情，而应该是各个部门共同参与的。捐赠服务部门是重要的连接者，充分熟悉本机构的公益项目，也对相关的数据了如指掌，同时能够作为"捐赠人"的利益代言人，将他们的需求和反馈传递给协作部门以便共同响应 |
| 预算 | 通常是"有多少钱办多大事儿"，根据能够给到筹款部门的预算来策划筹款工作 | 目标导向。根据要达成的目标去设计达成目标所需要的预算和资源支持 |

同样地，Inbound Marketing 在方法论上包括四个阶段，每个阶段有不同的目标和可应用的工具，在公益上的应用可以概括为"四动"，即触动（Attract）、感动（Convert）、行动（Close）和带动（Delight）。

图 21-3 显示了四个阶段以及公益组织可以在每个阶段经常使用的工具和技术。

- 触动（Attract）：直译是吸引，在公益上用"触动"来意译更传神。在这个阶段，可以采用相关的、高质量的内容吸引访问者到来，形式可以是自媒体账号、官网或者筹款页面。而在网络上创造更多有吸引力的内容，除了能定向吸引新的访问者，

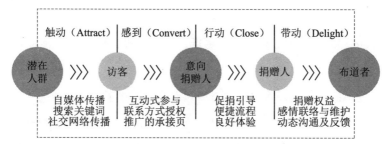

图 21-3 公益 Inbound Marketing 的四个阶段

还可以提高搜索引擎优化的结果。

- 感动（Convert）：对于公益内容来说，能实现用户从一个普通的访问者到产生意向的过程，就是一个"感动"他们的过程。当成功吸引了新的访问者，公益需要采用有效的方法和路径将他们转化为意向捐赠人。

- 行动（Close）：将意向进一步转化为完成付款的捐赠人，就实现了一个从拉新到付款的完整小闭环。这个环节需要通过有效的引导、便捷的流程和良好的体验，让捐赠体验"如丝般顺滑"。

- 带动（Delight）：实施捐赠的每一个客户都是公益组织宝贵的资源，一次全新捐赠的产生不应当是终点，而应该是建立长期联结的起点。有效、有温度和倾注了情感的捐后维护，让捐赠人获得成就感和喜悦感。这样不仅可以让捐赠人长期支持公益组织，还可能激励他们主动成为宣传者和布道者，带动更多人参与进来。

需要说明的是，推介 Inbound Marketing 的价值和意义，并不是否定以 Outbound Marketing 为代表的传统营销的做法。需要辩证地认识到：两者特点不同，自然有着不一样的应用场景和限制条件。Inbound Marketing 固然效率更高、成本更低、更加精准，但别忘了前面提到的"信息茧房"效应，当善用数字经济相关技术和工具获得更好效果时，硬币的另一面是将自己的市场和人群限制在了"感兴趣的"这样一个相对较窄的范围之内。同时，精准营销的效果也受数据的有效性和数据量的影响。而传统营销的方法更加注重"广而告之"的品牌效果，可以为公益带来更多破圈的可能性。

## 扩大捐赠规模

扩大捐赠规模，从结果来看是公益机构整体接收到的捐赠资金规模的不断提升。前文在阐述 AIPL 模型时也提出了"筹款增长 =UV × 转化率 × 客单价"的公式，从这个公式来看，无论是提升 UV、转化率还是客单价，都能够带来筹款增长的直接成效。这个公式是基于"筹人"这个需求而生的，也就是说在这个公式下，只考虑意向人群的扩大和因此带来的捐赠规模的扩大。

然而在此之外，还应当重视的，是对已有捐赠人重复捐赠的拉动。体现在公式上的变化，就是将代表人数的 UV，转变为代表次数的 PV（页面浏览量），带来更多"人次"的捐赠，如图 21-4 所示。如果花费了很大的精力和成本，不断优化转化率，带来许多新的捐赠人群体，却忽视了对捐赠人后续的运营和维护，没有产生更多的捐赠价值，无疑是巨大损失。从投入产出比的角度来说，如果目标只定位于单次拉新活动的转化和收益，投入产出比无疑是很低的；而当能够通过有效运营，让既有捐赠人持续稳定地多次捐赠，无疑将极大地降低筹款拉新的平均成本，并带来更大产出。

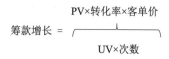

$$\text{筹款增长} = \overbrace{\underbrace{PV \times \text{转化率} \times \text{客单价}}_{UV \times \text{次数}}}$$

图21-4 考虑更多捐赠次数的筹款增长公式

如图 21-5 所示，将这个筹款增长公式进一步升级分析，可以描绘一个捐赠规模增长的模型。从最简单的层面出发，筹款增长取决于"人"的增加和"客单捐赠额"的提升。在这个增长模型里，将"人"的维度设为横坐标，将"客单额"的维度设为纵坐标，可以清晰地看到据此划分的四个象限对捐赠规模增长的不同影响。

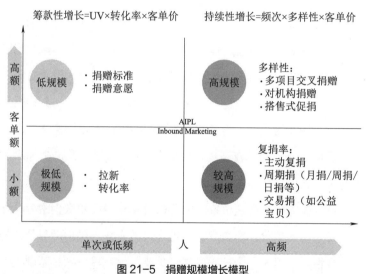

图21-5 捐赠规模增长模型

- 极低规模象限。这个象限的特点，是捐赠人单次或者低频捐赠，并且捐赠客单价处于较低水平。当捐赠规模处于这个象限时，获得增长的最有效手段就是不断地拉新，通过不断增加新的捐赠人来增加整体的筹款规模。如果筹款工作处于这个阶段，筹款增长的潜力是有限的，后劲不足。

- 低规模象限。在这个象限，除提升拉新和转化率之外，还努力设计捐赠人能够接受的更高捐赠标准，激发捐赠人高额捐赠的意愿。在这个阶段，筹款规模会因为客单捐赠额的提升而显著提升，但因为受限于捐赠人规模和低频次，还是处于较低的规模阶段。也就是说在这个阶段，可以通过提升纵坐标上的捐赠额客单价来提升整体的捐赠规模。

- 较高规模象限。在这个象限，可以努力让单个捐赠人做出更多的贡献。这背后一个非常简单的道理就是，如果能够让捐赠人多次捐赠，即使他的捐赠意愿不变、公益组织所拥有的捐赠人规模不变，也可以获得数倍增长的捐赠善款。提升复捐率的方法有很多，可以通过优质的捐后维护和持续运营，激发捐赠人主动对同一项目的持续捐赠；也可以引导捐赠人设置月捐、日捐等周期捐功能；还可以通过特殊节点的运营（比如捐赠人生日、特殊的节日）给捐赠人的多次捐赠赋予不同意义。从"低规模象限"到"较高规模象限"，主要通过提升横坐标上的频次来获得更高筹款增长。

- 高规模象限。在这个象限之所以既能获得高频次捐赠，又能获得更高客单价，内在逻辑是提升捐赠人在本机构参与公益的多样性。这里的一个核心思想，是要跳出在单一项目基础上做劝募的局限，打破壁垒，更积极地引导捐赠人参与本机构更多的项目；甚至可以鼓励捐赠人直接向机构进行非定向捐赠，由公益机构来自由支配捐赠资金的走向——当然这种模式下，公益机构更有责任做好后续的信息披露和成果汇报。

在四个象限当中，可以做一个简单的分类：当只注重拉新的时候

（左半部分"筹款性增长"），无论如何改变客单捐款额，都只是获得单一的筹款增长，也就是说在这种情况下，主要影响因素就是人数、转化率和客单价，这是处于相对低阶状态的。而当有意持续提升单一捐赠人的捐赠频次时（右半部分"持续性增长"），整体的捐赠规模就会进入一个相对高阶的状态，通过更高频次、更丰富的多样性和更高的客单价，机构可以获得持续性的增长。

当向捐赠人推荐新项目时，可能原本项目的负责人会担心自己的捐赠人流失。这个担心是没有必要的，因为如果一个捐赠人注定要流失，靠为其竖起的信息壁垒，是无法阻止流失发生的。前文中提到过"外部性"的概念，其实外部性在捐赠人侧也是显而易见的。一旦捐赠人参与过一个公益项目，获得了良好的体感，就会有动力去了解并参与更多的项目，这也是捐赠服务所带来的正外部性的结果。在这种影响下，原本支持教育项目的捐赠人，可能会继续支持救灾类项目。如果公益组织没有主动供给多样化选择的话，他们自然会向外寻求来自其他公益机构的选择。所以在公益机构内部筛选更多优质的全新公益项目提供给捐赠人，是通过外部性内在化的方式来扩大机构整体捐赠规模的一个典型策略。

要鼓励捐赠人做多项目交叉捐赠的另一个原因，是同样在前文讨论过的"边际效用递减"的影响。这也是不断强调"尊重人性"的重要性，不要奢望捐赠人会对某个公益项目从一而终，他们也会不可避免地逐渐陷入"审美疲劳"，并渴望更多"新鲜感"的阶段。所以公益组织供给新项目新选择，实际上是留住捐赠人"芳心"的重要方式。

可能大家也注意到，在图 21-5 的模型中心，仍然是以 AIPL 和 Inbound Marketing 为代表的数字营销理念。这是因为无论期望提升纵坐标上的指标（更高客单捐赠额），还是提升横坐标上的指标（更高捐赠频次），以及在四个象限上的从"筹款性增长"到"持续性增长"的跃升，本质上仍然是在做"筹人"的工作。

在设计任何策略时，都有必要代入这些理念进行更加全面的思考。比如：如果有月捐计划，那最好的推广方式，就是当一个新访客完成第一次捐赠之后，就立马引导他参与月捐计划——页面上的即时引导或者立即发送的邮件或短信，都是很好的手段。因此，即使是为了提升复捐率或者拓展捐赠品类，仍然是"降低用户参与门槛"和"优化面向捐赠人的选择体系"的过程。

同样地，依循这些数字营销理念，在促进捐赠人对公益项目多样性捐赠的过程中，也可以尝试参考商业上的"搭售"做法，相比单独推荐新项目而言，这样做会更容易带来较好的转化率。也许读者还记得在前面所举的学校营养餐项目的案例，如果采用搭售的促捐方式，也许可以"搭售"一个同样在学校里开展的捐书公益项目，让捐赠人在给孩子们捐一份营养食粮的同时，再给孩子们增加一份精神食粮。而这种做法在当前的互联网平台，或者自研的募捐页面上，实现起来并没有什么技术门槛。

# 第22章　消除信息不对称

无须过多解释，信息不对称（Information Asymmetry）现象在生活中是普遍存在的。一些人总会比其他人了解并掌握更多信息，这种信息在某种意义上成为一种"权力"。掌握信息的人选择性地进行披露，从而以此掌控稀缺资源的分配权。对信息拥有程度的不对称，会显著影响人们的决策和相互影响的模式。

## 信息不对称是不信任的源头

信息不对称是指在交易或决策过程中，参与方之间拥有不同的信息水平或信息访问能力，导致信息的不平衡状态。在商业市场上，信息不对称使得市场不完全、交易不公平。这可能导致一些参与者无法获得关键信息，从而影响他们的决策和行为，并可能导致交易中的一方占据较大的信息优势，从而在交易中获取更多的利益。在信息不对称的情况下，市场可能无法有效地发挥资源配置和风险分配的作用，导致低效率和资源浪费，甚至引发市场失灵。

在信息不对称的情况下，一方可能会选择隐藏或扭曲信息，从而欺骗或误导其他参与者。这种情况下，交易可能面临逆向选择和道德风险问题，使交易的结果不理想。也正是由于这些特征及风险的存在，当参与者意识到信息不对称存在时，可能会对其他参与者的意图和行为产生怀疑，从而破坏合作和互信的基础。

为了应对信息不对称的问题，有时需要采取一些措施，例如增加透明度和信息披露、建立信任机制、加强监管和合规性要求等，以减少信息不对称的影响，提高市场的效率和公平性。

## 案例：Space X 星舰试飞失败与 OpenAI 创始人奥特曼被驱逐

据央视新闻报道，当地时间 2023 年 11 月 18 日，SpaceX 在得克萨斯州于美东时间上午 8 时左右进行了第二次"星舰"火箭系统的测试飞行。在试飞直播中，火箭成功升空，并在两级分离后出现了"快速计划外拆卸"，即超重型助推器爆炸。在火箭发射后 15 分钟左右，任务控制中心与"星舰"失去联系。新华网报道，火箭升空后一、二级成功分离，但随后助推器和飞船先后发生爆炸。

随后，SpaceX 公司 CEO 马斯克在社交媒体 X（原推特）上发帖称，"祝贺 SpaceX 公司的团队"，同时转引了约一个小时前 SpaceX 公司账号发布的"星舰"发射时的画面。

这枚"人类历史上体积最大、推力最强的运载火箭"，最初由马斯克火星殖民计划演变而来，在发射卫星的同时，还承载着后续探索宇宙的重任。为实现前往火星，甚至木星、土卫二、木卫二、土星的愿景，星舰经历多次更新迭代，目前星舰已衍生出测试（原型机）、登月、环月旅行、货运、加油、卫星平台、洲际旅行等多个版本，其中已进入试飞测试阶段的为测试版星舰，也因此被称为"全村的希望"。

这一次则是星舰的第二次试飞失败。当地时间 2023 年 2 月 9 日，美国 SpaceX 公司完成了对"史上最大运载火箭"星舰进行的首次全面静态点火测试，此次测试也是其首次尝试同时点燃全部 33 台猛禽发动机，然而只有 31 台发动机成功点燃；4 月 20 日，星舰首次试飞失败，在墨西哥湾上空飞行刚过三分钟，第二级飞行器未能和第一级超重型助推器按计划分离，它们在空中旋转、翻滚，解体后坠入海湾。由于星舰的制造成本达到了惊人的 30 亿美元，也有媒体幸灾乐祸地将这两次试飞称为"史上最贵烟花"。

然而，马斯克本人和 SpaceX 公司的员工却并没有将试飞失败当作需要极力掩盖或粉饰的"丑闻"。SpaceX 大大方方地将试飞全过程进行了全网实时直播，马斯克也在试飞之前就坦陈，试飞就像抛硬币一样只有 50% 的成功概率。而两次星舰试飞在空中爆炸之后，现场不仅没像想象的那样出现尴尬的全场死寂，而且爆发出了雷鸣般的掌声和欢呼，马斯克本人也反复祝贺团队取得的成功，并宣称收集到了足够的数据为后续技术改进和优化提供支持。

有媒体报道，SpaceX 的"太空梦"极其烧钱，仅最近两年就花掉了 85 亿美元，累计亏损达 15 亿美元。然而，马斯克这种坦诚、透明的沟通姿态，却不仅没让投资人倒戈，还让 SpaceX 和星舰持续获得投资人、客户的支持，并在全球网友中收获了一大批忠实拥趸。甚至星舰尚未起航，已有客户下单。日本亿万富翁前泽友作、美国亿万富翁贾里德·艾萨克曼等已经预订了星舰的船票。与此同时，NASA（美国国家航空航天局）也已选择星舰作为运载工具，实现美国"阿耳忒弥斯3号"载人登月计划。

与星舰第二次试飞失败一样震动全球的，还有ChatGPT之父、OpenAI创始成员山姆·奥特曼（Sam Altman）被董事会逐出CEO的位置。OpenAI在当天发布的官方声明称，董事会启动了一项特别的调查，结论是奥特曼在与董事会沟通过程中没有完全坦诚，因此董事会丧失了对其继续领导公司的信心。

随后，公司总裁布罗克曼（Greg Brockman）突然宣布辞职，OpenAI的三名高级研究人员也在当地时间周五晚间辞职。这几人的离职表明，奥特曼被解雇令一些员工感到非常失望，并突显出该公司在AI"安全"实践方面长期存在的分歧。奥特曼的这次被解职被称为"科技界的'911'事件"，媒体纷纷预测将在后续引发更大的震动。

作为数字经济时代两位领军人物，马斯克被称为"硅谷钢铁侠"，而奥特曼被称为新的"硅谷之王"，两人也在近乎24小时内分别以不同方式，引起了全球媒体和科技界的关注。抛开其他因素，"信息不对称"在这两个重磅事件中，都起到了至关重要的作用。马斯克花费巨资一次次失败，却仍然得到充分的支持，背后是其消除信息不对称的透明姿态所带来的强力信任；而奥特曼这种灵魂人物被解职，官方给出的唯一理由是其存在"交流不坦诚"的问题。

当涉及公益捐赠时，信息不对称就会比在其他领域带来更大的影响。相比于绝大多数商品，公益组织向捐赠人描述的公益项目是捐赠人无法亲自感受和验证的，既"看不见"，也"摸不着"。当捐赠人向公益组织捐款时，自己并没有享受到这笔捐款的直接成果，公益组织承担了"代理人"的角色，而捐赠人则是"委托人"。由于信息不对称的存在，捐赠人不知道这个"代理人"是否会像其承诺的或者捐赠人所期待的那样来工作。正是出于这样的担忧，捐赠人会对公益组织天然持有怀疑态度，并有理由担心公益组织在接受善款委托时产生道德风险问题。

所以人们经常能看到捐赠人、媒体人对个别公益组织的挑战，质疑他们是否在正确使用善款，或者是否严格按照募捐承诺去实施公益项目。然而公益组织往往觉得很冤，认为是被故意抹黑而百口莫辩。从信息不对称的角度，这个现象就很容易理解。公益组织对自己的机构治理情况、善款使用情况以及项目执行情况的了解，是远远高于普通公众和媒体的。

在这种情况下，公益组织不能秉持"清者自清"的清高姿态。实际上，对公益组织进行公开质疑或挑战的永远是少数人，绝大多数人都是默默奉献者或者跟随者。当质疑和挑战没有得到合理、及时的回应时，原本坚定的支持者可能也会产生动摇："他们是不是真的有什么我们不知道的问题?"这种动摇会让原本默默支持的大多数人也选择离开，实际上导致捐赠人进行了"逆向选择"。

消除信息不对称、建立广泛并且坚实的信任基础，是公益机构的立足之本。除了准确及时披露自己的年报、财务报告、审计报告等信息之外，公益机构应该进行积极主动的对外沟通。态度积极地沟通宣传，以及和重要媒体、有影响力的名人合作来增加对公益的背书，会被捐赠人视作愿意披露自己信息的"信号"，并且因为有重要媒体和名人的背书而变得更加可信。这种信号本身就会让捐赠人相信公益机构及其项目十分值得信赖。

## 有效的沟通和信息传递

公益组织要消除信息不对称，所要做的最有价值的工作无疑是做积极有效的沟通。美国著名传播学者布农指出：沟通是将观念或思想由一个人传送到另一个人的过程，或者是个人自身内部的传递，其目的是使接受沟通的人获得思想上的了解。所以，沟通是在人与人之间架起的一座桥梁，是一个人获得他人思想、情感、世界观、价值观的重要纽带。通过这个桥梁，人们可以彼此分享和互动，消除误会、增进了解，达成共识并增进信任。

然而沟通最大的问题，就在于沟通过程中的信息损失和偏差。同样一件事情，每个人头脑中都会形成自己的解读图像。人们沟通的过程，就是将对方头脑中的图像进行解码，形成存在于自己头脑中的"副本"。这个解码再成像的过程，在现实生活中会遇到诸多实际困难，因为会有很多的"噪声"让信息传递的过程达不到预期。

"噪声"的来源是多方面的。主观上，每个人的情绪、性格、知识面、价值观和认知水平都不同，对事物的理解自然不同；客观上，人与人之间的物理空间距离、语言和话术差异、背景差异、看问题角度的差异、文化差异、所处的环境和氛围等，都会造成沟通中的障碍。从广义上来说，其实任何干扰或阻碍信息传递的因素，都可以说是沟通过程中的"噪声"。

信息传递中的"噪声"无处不在，就像打电话时存在信号不好、环境杂音或者电流声一样，"噪声"会干扰交流，导致沟通总是缺乏效率和效果。如图 22-1 所示，假设把人们想表达的视作 100% 信息的话，那么整个传递过程会面临一个层层损耗的漏斗。实际中，人们能表达出来的只有百分之七八十，而对方"接收到"的能有百分之五六十就不错了，"接收到"的这部分能转化为"理解"的可能只剩下 40%，而最终能被记住并落实到行动反馈上的就少得可怜了。

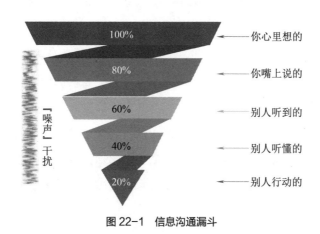

图 22-1　信息沟通漏斗

　　沟通漏斗是人们无法回避的客观存在，只能积极面对并通过有效的沟通来保证信息传递的效果和效率。具体来说，有效沟通需要有效交互：有问有答，有来有往，反复确认和反馈，只有这样才能弥补信息漏斗所带来的损失。信息的发送方，需要确保信息的清晰性和完整性，并要确认信息已被正确接收和理解；信息的接收方，需要确保完整地接收信息，正确地理解信息，并需要给出反馈，做出适当的回应，让发送方安心。

　　之所以这么详细地描述沟通过程中的信息偏差和"噪声"问题，是因为很多的公益舆情或者危机，正是忽视这些"噪声"及其影响所导致的。很多时候，公益组织认为发了年报、做了审计、上了官网就是做了沟通，而当公众或者捐赠人出现质疑或不理解时，公益组织会觉得很委屈，认为自己做到了问心无愧。但从图22-1的沟通信息漏斗可以看到，沟通是相互的，信息的发送方和接收方都对信息的完整、准确传递负有责任。如果公益组织认为年报、审计报告、官网就是沟通的话，其实会导致很多问题，因为这些只是单向的"通报"，而不是有来有往的"沟通"。更不用说，这些"通报"连"通知"都算不上，因为"通知"至少是会通报并尽量确保让受众知道的。

人们经常会从自我视角出发，只顾"王婆卖瓜，自卖自夸"，最后却成了"自说自话"。从有效沟通的目标出发，正确的做法是更多关注沟通对象的需求，以他们为中心，为其提供解决方案，这样就会因为更加地利他而获得更多认同和共情。仍拿"王婆卖瓜"来阐释这个道理，如果一个女生走过去打听木瓜的价格，王婆却执着地推销她认为更甜更好吃的西瓜，那自然会失去这个客户，因为多数女生要买木瓜显然不是出于要一个甜瓜的诉求。

基于以上分析，公益组织可以尝试从以下几个方面入手，消除"王婆卖瓜"式的沟通带来不对称信息的影响，以更多地获得捐赠人的认可。

- **正视阻碍有效沟通的客观因素并予以消除。** 除了前面说到的物理距离、环境因素之外，还应该定义明确的沟通目标，了解受众群体，创造有吸引力的内容，并使用简明清晰的语言。尤其需要避免复杂费解的专业术语，以及"抵触""假设"等有害的沟通态度。曾经有一个经典的正面案例：一个捐赠人在给某个公益项目网络捐赠之后，因一些误解在网页上留下了负面评价并形成了一定的舆情。这个公益机构的负责人在多次尝试沟通无果后，最终下决心从广东赶到山东去和这个捐赠人当面沟通。这次当面沟通不仅解决了误会，还深深地感动了捐赠人，使之成为这个机构的坚定支持者。这个案例的沟通方式略显"极端"，因为这样当面沟通的成本确实太高，却给出了一个很好的示范：公益机构主动消除了广东到山东的物理距离，以及电话和网络沟通的环境干扰，并展现了坦诚、谦卑和积极的沟通姿态。

- 提升沟通的技能，消除由主观上的沟通不畅带来的负面影响。表达能力可能是很多公益机构小伙伴面临的最主要的沟通障碍，但这也是通过总结技巧和模式最容易掌握的技能。比如，可以采用"总分总"的表达方法来阐述观点。沟通的技巧和艺术也是同样值得重视的，人们经常说的"设身处地""换位思考"其实就是沟通艺术的基础，所谓"见人说人话，见鬼说鬼话"并不是要刻意逢迎，而是针对不同对象，采用他们更容易理解和接受的沟通方式。这就好像人们对襁褓中的婴儿、上幼儿园的孩子、小学生、中学生、大学生说话的方式会不自觉地转变一样，一套话语是没法打遍天下的。除此之外，人们最常遇到的问题，恐怕就是"情绪"所带来的影响了。情绪的影响不仅不能帮助如实表达事实，还有可能因为情绪让事情进一步恶化，所以切记既不要添油加醋、也不要情绪用事，这样才能更好地和捐赠人形成有效互动。

- 保持透明度，发自内心的真诚，而不是浮于表面的应付，人们是能感受到的。与捐赠人的沟通，应该是发自内心的，充分展现尊重、认真聆听、明确期望、承担责任，是非常重要的原则。能做到如此，捐赠人自然能感受到你的真诚，而不会认为你是在做表面工作或者官僚主义。真诚永远是必杀技。

- 放下"偶像"包袱和架子，愿意倾听，重视非正式沟通。上一条说到了"认真聆听"，其实"听"有很多层面，也代表了人们对于沟通的基本姿态。"听"是"说"的前提，英语当中关于"听"有多种表达，"hear"是"听到"，"listen"是"听取"，"get it"是"听懂"，实际上也正是在沟通中的不同姿态。另外，"非正式沟通"往往比官方严谨、正式的沟通更有魅力，因为这种方式更有助于关系的融洽。这也是本书一直强调年报、审计、官网这些官方信息，不等于沟通的全部的原因。随着新媒体的普及，很多公益组织开始注重短视频、直播、微博的互动，就是很好的非正式沟通尝试。
- 注意沟通方式对沟通效果的影响。沟通有很多方式：工具方面，可以发官方新闻、打电话、发语音、发文字；素材方面，有视频、图片、文字；表达方式上，有语气语调、肢体语言、表情和眼神。不同沟通方式的选择对沟通结果有着不同程度的影响。

与捐赠人的沟通，除了"内容信息"的有效传递之外，还应该将之视为情感建立的过程。"就事论事"是建立信任的基础，而情感的传递是加强信任的必经之路。数字经济所形成的大量基础设施，为提升沟通质量、建立信任提供了大量便捷而有效的方式。

社交媒体平台提供了广泛的互动和沟通机会，公益组织可以利用这些平台发布信息、分享故事、与受众互动，扩大影响力，增加参与度。建立专属的网站和博客，公益组织可以发布详细的项目介绍、最新消息、活动信息和捐款渠道等，以此增强组织的专业形象。通过电子邮件和定期通信，公益组织可以与支持者和利益相关者保持联系，提供项目更新、感谢信、募捐请求和其他重要信息，而个性化的电子邮件和通信可以增强捐赠人的参与度和忠诚度。利用视频和直播的形式，公益组织可以传达更生动、感人的故事和信息，吸引更多人的关注和关心，视觉和听觉的冲击可以更好地传达公益事业的价值和影响。利用虚拟会议工具和在线平台，公益组织可以组织线上会议、培训、研讨会和活动，这些数字化方式节省了时间和成本，并让无限增加参与方的边际成本几乎为零。通过将数据可视化和信息图表化，公益组织可以更直观地展示项目的成果和影响，这有助于更好地传递信息，并提高受众对公益工作的理解和支持。开发专属的 App 或者小程序，公益组织可以提供更便捷、个性化的信息和参与方式，与用户建立更紧密的联系……

行动清单还可以罗列出很多。这些数字化方式可以帮助公益组织更有效地与受众沟通和传递信息，建立双向沟通机制，整合多渠道传播，提高信息的可访问性、接触面和参与度。然而，公益组织在利用这些数字化方式时，需要确保信息的准确性、透明度和合规性，同时保护用户隐私和数据安全。

# 六 ▶ 新的组织与生态

　　行文至此，前文我们充分探讨了数字经济时代给公益发展带来的新机遇，以及公益当前所面临的"千二均衡"和三个"十级差"，并通过理论和实践相结合的方式，阐述了需要换道数字经济思维、建立科学认知视角、重塑公益的需求和供给，以此在社会经济生活的大语境之下，去探索数字经济时代的公益发展新蓝海，并提出了数字公益可以实现转型的具体实操举措和路径。

　　通过内容回顾可以发现：完全实现这些变革并带来跃变效应，有赖于公益从业者个人、组织、行业以至整个生态的共同参与。这种参与当然不可能同时发生，也许会从个人开始由点及面，也许会从组织开始自上而下。但无论是怎样的路径，只要开始行动，就会逐渐以星星之火形成燎原之势。不必去计较或者强求谁先开始行动，重要的是从每一个个体开始，愿意先行先试起来。"等、靠、要"三字诀永远无益于变革的发生，而行动起来才是最佳策略。

　　数字经济时代对公益行业既展现了新机遇，又提出了新要求。公益的思路和行动需要进行新的变革，组织层面——无论是团队架构、人力配置还是组织战略——也更加需要进行适应性的变革。

拥抱数字经济、发掘数字公益的蓝海，并非一兵一卒、一朝一夕的事情，相反从整个组织层面去思考和执行的战略，从长期主义出发的积极行动，才可以推进整个行业的变革。如果只是口头上说着数字公益，但是组织没有升级，战略上也没有做出数字公益的因应调整，那么落实在行动上也就不可能实现整个机构层面的强大行动力。

　　本篇将简要探讨数字经济时代，公益机构从组织、战略和协作层面可以如何去拥抱数字化。

# 第 23 章　数字时代的 VUCA 特性

记得早先少年时

大家诚诚恳恳

说一句 是一句

清早上火车站

长街黑暗无行人

卖豆浆的小店冒着热气

从前的日色变得慢

车，马，邮件都慢

一生只够爱一个人

从前的锁也好看

钥匙精美有样子

你锁了人家就懂了

　　木心的这首名为《从前慢》的诗歌，被歌手刘胡轶作曲并演唱之后广为人知。在街头，在巷尾，在灯光昏暗摇曳的酒吧，每当歌声缓缓响起，悠然朴实的复古情怀瞬间击中了现代都市人的脆弱内心。

## 新格局与旧格局

尽管人们时常怀念旧时光的慢生活，数字经济时代的到来却让社会环境和需求环境都发生了巨大变化。"快节奏"成了社会的主节奏，"变化"是唯一不变的存在。需求在变、人心在变，快速响应市场需求、快速发布新产品，成为组织的核心竞争力。与之相对应的，墨守成规、不愿改变，可能很快就会被市场和人们遗忘。

在这个节奏快、信息饱和度高而又受限于层层茧房的数字时代，一夜爆红成为常态，而被捧上神坛之后瞬间跌落并被人遗忘也不足为奇。再伟大的组织，如果不能适应时代进行变革，都会面临被时代抛弃的危机。战胜了所有对手的王者，也会轻易输给时代。是的，历史的车轮滚滚向前，它不会因任何人的迟疑而停止。时代抛弃你时，连一声再见都不会说。

为什么会变成这样？这是因为时代已经发生了变化。数字技术的发展和数字经济的渗透，让人们生活在一个充满不稳定性、不确定性、复杂性、模糊性的世界中，这四个特性被称为 VUCA 特性。这个源于军事领域的术语在 20 世纪 90 年代开始被普遍使用，并逐渐被运用到各种组织的战略中。

从图 23-1 的新旧格局对比可以发现，数字经济时代所展现的世界形态新格局，与人们以往所熟悉的旧格局是截然相反的。以往人们面临的绝大多数情况是稳定的、确定的、简单的、清晰的，也就意味着绝大多数事情都处在非常稳定的预期之下，是可控的。在这种时代格局下，人们非常清晰地知道，只要做到了 A，就能得到 B：只要考上了大学，就会有一个好工作；只要展现贫困人群的照片，就能获得大笔捐款……而如果没有达到某种状态，往往就是因为没有做到一些事情：没有一个

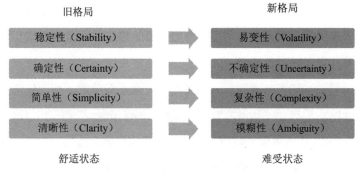

旧格局　　　　　　　　　　　　　新格局

| 稳定性（Stability） | ➡ | 易变性（Volatility） |
| 确定性（Certainty） | ➡ | 不确定性（Uncertainty） |
| 简单性（Simplicity） | ➡ | 复杂性（Complexity） |
| 清晰性（Clarity） | ➡ | 模糊性（Ambiguity） |

舒适状态　　　　　　　　　　　　难受状态

图 23-1　数字时代的 VUCA 特性

好的工作，大概率是因为没有考上大学……在这种时代格局下，"因为所以，科学道理"，恰恰因为一切都在掌控中，似乎人们的工作、生活、人生，都是可以预测的，也处于一个相对稳定、舒适和缺乏变化的状态。

然而在 VUCA 的时代格局之下，一切都更加易变，充满着不确定性，世界也变得更加模糊和复杂，任何事情之间的界限都变得愈加不清晰。多数情况下人们很难置身事外，即使是一辈子都不会见面的人，也可能会彼此影响。国与国之间的战争，也不再只是区域性冲突，而是全球都被裹挟其中的全面性事件，甚至可以说地球上每个人都会为这场战争买单。人们发现，"蝴蝶效应"不只存在于理论和电影之中：一只南美洲亚马孙河流域热带雨林中的蝴蝶，偶尔扇动几下翅膀，确实可能在两周后引起美国得克萨斯州的龙卷风。

**做出改变，拥抱时代**

如果说在以往确定、可预测的世界格局下，防范"灰犀牛"这种厚积薄发的大概率而又影响巨大的潜在危机，还有迹可循；那么现在这个时代，突如其来的"黑天鹅"事件会让人们更加地猝不及防、防不胜防。虽然"黑天鹅"是小概率的事件，但它却有可能造成比较大的全局影响。

面对时代的 VUCA 特性，公益组织完全不必悲观，甚至像网络流行语所说那样选择"躺平"或者"摆烂"。要知道，"变"之中蕴含着生机，"危"之中潜藏着机遇。只不过人们需要做出改变，积极去拥抱时代，调整战略和组织管理策略，不能再机械地照搬以往的模式。这要求对愿景有清晰的认识，对时代的艰难性有充分的了解，有适应时代变化的勇气，减少不确定性带来的巨大冲击。要始终保持变化中的不变，对冲不确定性的变化，最好的办法就是认知并拥抱这些不确定性和变化。

面对 VUCA 特性，公益组织和从业者的能力可以从以下几个方面持续升级。

- 增强公益相关以及时代相关的知识储备（比如像现在这样学习数字经济时代对公益的影响），以增强对时局的判断和预见，并进行针对性的提前规划和布局。

- 建立"拥抱变化"的积极心态，强调事实及对事实的应对，形成应对各种情况的主动意识。灵活性和敏捷性是成功的关键，需要不断调整和改进项目和运营策略。持续创新和适应，以应对复杂和多变的环境。

- 明确目标和方法，对工作做好过程管理，快速响应、敏捷适配。无论是公益项目的实施，还是筹款，都会面临更多的变化和不确定性，如果机械地拿着一套方案走天下，而不顾实际情况，可能会造成巨大的损失。不能等待半年或者一年才去复盘工作的开展情况，而应该更高频地在过程中不断复盘并调整工作策略，在确保目标实现的前提下，积极拥抱变化，接受方法的变通。

- 建立适应数字经济时代的敏捷组织、敏捷团队和组织的数字能力。同时也需要加强行业内的合作和联合行动，与其他组织、利益相关者和社区建立伙伴关系，携手应对共同面临的挑战。

不同组织的价值形态与战略目标下，VUCA 所提倡的能力会有所不同，但无论如何，核心要义是在纷繁复杂而又多变的环境中保持公益机构的灵活性和适应性。

美国作家凯文·凯利在他的著作《失控》中也阐述了相似的观点。他说："变化本身，才是永恒的。""均衡即死亡。正是紊乱和多变真正给自然赋予了丰富的色彩。"

2020 年初，新冠病毒在全球蔓延，给人们生活和工作都带来了极大影响。对多数公益组织及从业者来说，参与新冠疫情的响应工作也成为历史上浓墨重彩的一笔。

### 案例：新冠疫情伊始的公益救援行动反思

我当时所带领的互联网公益平台是第一批参与响应的，整个过程的惊心动魄给我留下了深刻的印象。而现在回想起来，面对当时突发疫情带来的巨大冲击，及其显著的 VUCA 特征，我和团队是准备不足的。后来，我曾专门对自己所负责的工作做过一次复盘，来沉淀这次参与疫情响应工作的经验。我们的工作可以分为响应前序、响应开启和全面救援三个阶段，并总结出了"顺势而为、警惕经验"八个字。这里摘录部分如下。

首先我想记录一下，我们参与疫情响应行动的时间线。

· 1月20日，我第一次通过朋友圈等自媒体渠道，意识到新冠病毒感染问题的严重性，并在当晚和同事讨论春节计划时提及这个话题。当时同事建议春节去武汉逛逛，我说武汉的新冠疫情已经爆发了。同事非常惊讶，表示完全不知道这件事情。虽然从元旦开始就看过零星的新闻报道，但和多数人一样，这个消息也只是一闪而过。我从公益人的敏感性上也完全没有将这视作一个需要响应的紧急事件。而当时某公益机构因为舆论危机正处于风口浪尖，所有人对公益的注意力，也都被这次舆情所吸引。

· 1月21日，公司不少同事开始戴口罩。由于我当时支气管炎发作，有偶发咳嗽，为避嫌疑就戴好口罩自己找了个角落办公。

· 1月22日，目测公司约一半同事戴上了口罩。一个老家武汉的同事告诉我，她已经取消了回家过年的计划。中午，HR（人力资源）和部门领导商量之后，通知大家可以提前开始休假。同时有传言说有从武汉出差回来的同事有发热症状。大家有了一些恐慌情绪。

· 1月23日，全家按原计划自驾回老家。在服务区休息的时候，发现新建了一个工作群，同事们在讨论可以给武汉做点什么。有人组织志愿者过去做志愿服务，我表示反对，认为过去可能会是添乱，帮助当地解决医疗物资缺口是最重要的（当时已经有医院发出求助信息）。同时团队同事问要不要发起募捐，考虑到这时候最能解决问题的是物资而不是钱，我表态再等等。这时候我开始频繁地和各个公益机构探讨救援方案、帮助寻找物资。

· 1月24日，大年三十。从早上开始就各种电话、信息不断，我们开始探讨发起募捐事宜。但当时各大互联网募捐平台基本没有行动，面对这个突发情况，大家都还在观察。最终我们在中午时，准备发起募捐，但询问了几家有救灾职能的公益机构，都表示暂时不参与公共卫生救助。

· 大年三十下午16：40左右，募捐页面紧急上线；同时一些直播活动的主播开始在直播间里推荐该募捐项目。官方推广资源也陆续上线。我们申请好了"武汉加油"的搜索关键词，搜索可直达募捐页面。

· 当晚年夜饭没吃，我就着春晚的背景音，一边在朋友圈和微博上刷疫情消息，一边监控在线筹款的进展。网络上开始大量地出现武汉疫情的实施图文和视频，外省市一些医疗队开始出征武汉。筹款数字也远超预期，增长很快，大概在晚上六七点时就超过了100万元。0点之前，筹款数字已经接近800万元。

· 随着0点钟声的敲响，筹款出现了病毒式传播，大概在0:30的时候，就突破了3000万元……

· 而后就是通宵不眠，连夜商讨项目执行方案、监控方案和反馈方案。

后面的事情发展大家就很熟悉了，由于处于春节期间，物资、物流、人工都急缺，尽管很多工厂、公益机构提前复工，全力支援武汉，但对疫情的救援和响应，仍然经历了一个由混乱无序到逐步清晰的过程。从上面时间线的回顾可以发现，对疫情严重程度的认知，我和所有人一样经历了一个"由浅入深"逐步发展的过程。

而回溯对疫情的前期感知和判断，我和当时几乎所有公益从业者一样，并没有体现出足够的敏感性——我们作为平台方决定发起募捐行动时，仍然有不少公益机构明确表态不参与，并认为这不是他们的擅长。这一方面是受信息源不足的影响，没有给予足够的重视；另一方面，对疫情这种公共卫生事件，之前也没有公益行业响应的先例，缺乏相应的思想准备——上一次重大疫情事件是 2003 年的"非典"，而当时公益组织并没有参与，并且社会层面很快就控制住了疫情的发展。

这个"反应"的过程，本质上还是缺少对 VUCA 所带来的危机的敏捷反应和行动。当然，所有的公益从业者经此一役，实际上都在极端的 VUCA 条件下，上了生动的一课。这一课对于提升公益组织的敏捷性和应变能力，将产生意义深远的巨大影响。

# 第 24 章　有机体一样的敏捷组织

面对数字经济时代 VUCA 特性所带来的挑战，公益组织能够成功应对的方法之一，是实现组织和团队的敏捷转型。"敏捷组织""敏捷团队"这几年逐渐有所讨论，但真正了解其内涵及做法的可能还不多。

## 传统与敏捷的组织模式

既然谈到"敏捷"，就有必要和传统的组织模式做一个对比，以便使大家更为深刻地了解传统管理方式和敏捷管理方式的异同。在传统管理方式中，组织、领导和控制要能够达到和实现组织确定的目标，强调目标制定、战略制定、工作计划以及组织协调。所以我们经常看到一个组织花很多的精力去探讨、制订工作计划，然后层层落实。这种管理模式下，往往需要规划先行，并力争在规划阶段就很清晰地知道如何去做，如何去管，如何去形成相互的作用，以及会经历怎样的过程和结果，这是一种运筹帷幄、决胜千里的期望。

在这种传统的组织管理模式下，人们需要一位诸葛亮式的领导，因为领导的角色是一切工作的源头和中心。员工做什么、怎么去做、谁去做，以及有效的资源部署、工作分工匹配、有效的决定，这些都需要领导事无巨细、事必躬亲地予以明确。除了这样的日常工作安排之外，领导还要指导、激励团体去有效地工作，去积极地处理工作冲突。唯有这样，在整个工作推进过程中，才可以确保按计划稳步推进。这种领导诚如诸葛亮在《出师表》中自述的一样，强大、智慧而又勤勉。但如果指令不清晰或者传达不到位，也会导致工作失误，所以诸葛亮也会"挥泪斩马谡"。另外，在这种管理模式下，每个岗位的员工按要求做好自己的标准工作即可，其成长性也是有局限的，这就是为什么强如刘备的后代阿斗，在诸葛亮的亲自带领和辅导下，也扶不起来。

如图 24-1 所示，与传统组织模式相对比，在敏捷的工作模式之下，在规划、组织、领导、管理等各个方面的思路都有了显著的变化。

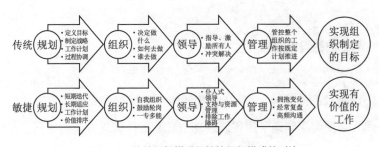

图 24-1　传统组织模式与敏捷组织模式的对比

首先，从规划来说，敏捷管理更加强调短期迭代和长期适应的思路，同时相对于"目标"，更加强调价值排序。如何做目标的价值排序呢？目标，对组织来说可能是高远的，对个人来说可能是 KPI 化的。所以在敏捷模式下，人们的思维模式是：既然对组织而言目标是高远的，那就要考虑优先级、分阶段去实施；对个人而言，则要经常反思自己做的工作是不是有价值的，比如，筹款不能是为了数字的增长，而应该更多地思考对捐赠人和受益人带来了什么样的价值。这是实现组织目标价值排序的有效思维模式。

其次，对于组织来说，敏捷模式下强调组织的自我驱动、团队的密切协作。这种组织模式下，倡导更多的人才通过内部轮岗感受不同角色，进而打造一支人人一专多能的队伍，以确保团队协作时能够相互匹配和支撑。这与传统组织模式下所强调的有效、精准分工截然不同，更多强调能够相互支撑、自组织的团队。这样团队的适应力、主动性都非常强。

最后，在对领导的定位上要转换思维，"领导"更多是一种服务的意识和理念，即所谓的"人民公仆"。仆人式的领导，要对团队的工作给予资源和支持，要能够排除工作当中的困难和障碍。而在管理的过程中，要能够对每阶段工作及时复盘，强调快速反应和畅达沟通；从价值实现层面，拥抱变化及时调整行动策略，不应拘泥于既定的工作计划——毕竟实现价值和目标，比固守工作步骤更为重要。

通过这样的对比就可以发现，敏捷的组织模式相对于传统模式已然发生了一些改变。这个改变就是更加快速响应、更加强调价值实现，由以往的结果导向变成价值导向。虽然在传统的工作模式下，预测性更强，但正所谓"船大难掉头"，指令一旦发出，做出改变的成本会更高，而且越往后改变的成本越高。相比之下，敏捷环境带来的优势，是全员与外部的相关利益方有效参与和互动的过程，是拥抱变化、适应时代的过程。

这意味着组织的架构模式也要进行相应的调整，才能适应敏捷式的组织管理模式。敏捷的组织架构和传统的架构相比有什么特点和特征？从图24-2中可以很形象地看到，传统的组织模式有等级制、官僚体系，强调的是信息的上传下达和森严等级，上面负责制定命令，下面负责执行。而在部门层面，传统的组织模式部门之间各有分工，各管一块，也就形成了很强的部门间的壁垒。

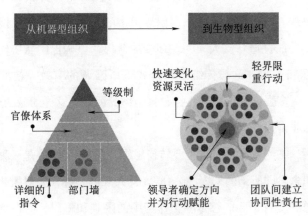

图 24-2　从机器型组织到生物型组织

图片来源：麦肯锡敏捷部落

但敏捷组织有如生物有机体一样运转，面对外界的变化能像膝跳反应一样快速应变。在这样敏捷的环境下，当前方的炮火传来时，组织不必等待上级领导开火的命令。组织能够快速变化，资源灵活调整，界限感比较弱，重在行动，能够在团队之间建立很好的协同性责任。在敏捷组织中，领导者确定行动的方向，并能为行动提供支持；团队之间强调有效协作，领导也会给予不同团队有效的授权，应变能力自然就会更强。

**打造敏捷型的公益组织**

在充分理解了敏捷组织之于传统管理模式的优势之后，可以发现，敏捷组织的管理模式能够很好地应对数字时代所带来的 VUCA 挑战。

那么具体到实操上，公益组织可以怎么做，才能真正成为一个更为敏捷的组织呢？

同样来自麦肯锡敏捷部落的这张图（图24-3），阐述了实现敏捷组织的五个标志。虽然每个标志都具有不同的内涵及其独立的价值，但只有当五个标志都到位并一起工作时才能实现真正的敏捷性。五个标志的具体解释在图24-3中逐一展开，在这张图之外，有必要补充强调如下几点。

| | 标志 | | 组织敏捷实践* |
|---|---|---|---|
| 战略 | "北极星"模式 | | ·共建的目标与愿景<br>·感知并抓住机会<br>·资源灵活配置<br>·高执行性的战略指导 |
| 组织架构 | 赋能的团队网络 | | ·清晰的，扁平化组织架构<br>·明确的角色职责<br>·实践型管理<br>·强大的社团实践<br>·积极的伙伴关系及生态系统<br>·开放的物理及虚拟环境<br>·目标适应性责任单位 |
| 流程 | 快速决策和学习循环 | | ·快速影响及尝试<br>·标准化合作方式<br>·业绩导向<br>·信息透明<br>·持续学习<br>·行动导向决策 |
| 人员 | 激活员工模式，<br>点燃激情 | | ·高凝聚社团<br>·共享及公仆式领导力<br>·企业家精神<br>·角色灵活 |
| 技术 | 下一代技术赋能 | | ·演变的技术架构，系统及工具<br>·下一代技术开发及实践 |

*这五个标志来自对23个企业敏捷实践的总结

**图24-3　敏捷组织的五个基本标志**

图片来源：麦肯锡敏捷部落

首先，敏捷型组织强调思维模式的转变。在转变之前，公益组织可能认为对捐赠资源的募集是一种零和竞争，认为捐赠的总量是固定而稀缺的，一旦别的公益组织获得了这些捐赠资源，就会大大挤压自己能获取的资源。在这种认知之下，去更强有力地获取捐赠资源才是公益组织的价值所在。而在转变之后，公益组织就会认识到：其实整个社会的捐赠资源、需要解决的社会问题都非常丰富，换道数字经济思维、建立科学视角、重塑公益的供需关系，就是为了帮助公益组织与捐赠人、受益人等多参与主体，共同创造更多价值。

其次，敏捷组织始终思考的是价值创造问题，而不是绩效目标的考核。这意味着，组织需要实现由任务驱动向价值驱动的转变。敏捷组织首先要自问：我们在为谁创造价值？这个公益项目的实施是为了满足公益组织的愿望、捐赠人的愿望，还是真的能给受益人带来帮助？捐赠人不愿意捐款，真的是因为他们吝啬吗？还是捐赠方案没有提供能产生效用的价值？随后还可以进一步自问：我们可以如何创造价值？因此，共创出组织北极星，能为组织成员提供指引；积极地引入捐赠人和受益人等利益相关方视角，能让工作更加以价值为导向；而去中心化式的体系能让工作方式更加灵活，对利益相关方诉求的响应也更加及时和高效。简单来说，更加开放和创新，就能更好地创造价值。凯文·凯利在《失控》中同样有经典的阐述："在这个时代，开放者赢，中央控制者输"。

最后，要打造以"人"为核心的组织文化。现在的员工更多是知识型员工，更遑论"95后""00后"大多是数字原住民了。以往的管控式领导方式可能不再适用，尊重他们、发挥他们的潜力、有效授权，成为当下的首要关注点。在敏捷型组织中，领导者不是策划人和控制人，而是有远见的规划者和教练，赋予人们最相关的能力，使他们能够协作并提供卓越的成果。这些领导者是催化剂，激励人们以团队导向的方式行事，并参与制定影响他们及其工作的战略和组织决策。

在这样的组织文化中,员工能表现出创业的动力,掌控团队的目标、决策和绩效。人们主动识别并且寻求机会,以在日常工作当中开发新的举措、知识和技能。这种文化氛围,有利于吸引那些被内在热情和卓越目标驱动和激励的人才。同时公益组织可以创造一个具有共同文化凝聚力、高度信任感的环境,通过积极的同伴行为和影响(而不是通过规则、流程和等级)强化组织文化。

在这样的文化影响下,每个人都会感觉身边人是志同道合的伙伴,而身边又有许多值得学习和跟随的榜样。同时,组织需要允许并且鼓励内部人才轮岗,以确保员工可以根据个人发展目标,在不同的角色和团队之间有效流动。

最后,要建立赋能式的团队网络。这也是一个思维转变的过程。以往,人们总认为员工需要被指导和强管理,否则他们就"不知道干什么"或者"摸鱼"和"划水"。然而实际上,当有明确的责任和授权时,绝大多数人会高度敬业、相互支持,并能找出比领导者想象的更好的解决方案。

谁不想做事情、做好事情呢?要相信员工有意愿、有能力做好事情,可是如果他们的手脚都被束缚住了,任何事情都只能说一点做一点的话,那么团队成员实际上会有非常强的不安全感和焦虑感,也难以获得较高的团队满意度和工作产出。

赋能式的团队网络需要更加的扁平化和职责清晰,并有明确且充分的授权。保持能够高效沟通且凝聚的小团队模式,通过有耐心的长期磨合建立相互信任、帮助、包容、谦让的团队精神。这样的团队网络可以建构一个优良的组织结构,每个人也都能够真正地以组织目标为重,将团队利益放在第一位,大家彼此相互支撑去获得一个又一个战役的胜利,做到"胜则举杯相庆,败则拼死相救"。

## 公益组织敏捷管理的要义

敏捷型组织的特点是能够快速响应需求和变化，能够灵活应对突发的 VUCA 事件，并使行动变得更加快速和高效。就像前文所比喻的那样，一个敏捷型组织就像人们的身体一样，是以神经、肌肉、骨骼等元素构成的有机体的自然反应来应对环境的变化。敏捷型组织不只是一个生物体，还是一个抗压能力特别强的生物体。当面临压力时，敏捷组织的反应不仅是强健有力的，而且必然是遇强则强的，随着压力的增加，组织所能取得的成绩和团队的凝聚力往往会更强。

但同样需要说明的是，学习敏捷的理念并不意味着要照本宣科地机械套用，那就只会成为"假敏捷"和"真机械"了。对公益组织而言，更加建议采用传统和敏捷相结合的管理方案。由于公益组织面临更加苛刻的道德舆论环境，在职业道德、伦理和法规约束上，都有更高的要求，所以保证必要的流程、规章和重大决策的层级性及官僚性，是有必要的。除此之外，应该更多地思考如何将敏捷管理的思维引入组织管理之中，比如，如图 24-4 所示，应该在项目和筹款工作中，更多地鼓励更为敏捷的跨团队协作，甚至是临时项目制的战役；在内部的文化管理和沟通管理上，应该更加偏向扁平化和激发组织活力。

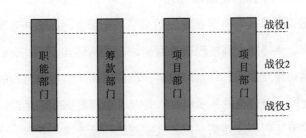

图24-4　传统与敏捷混合式管理的公益组织模型

对公益组织而言，敏捷管理可以更多地调动人的积极性，并提升组织的机动性。因此，要给予员工个人充分信任，并能够发挥每个人尤其是机构里年轻人的能动性，使大家能满怀斗志地工作。在敏捷管理思维的指导下，所有的资源投入都需要产生增值的作用，并最大程度消除过程中的内耗、内卷和浪费。

从这个意义上说，要做到敏捷管理，公益组织的领导人是至关重要的因素。只有领导人自己建立起敏捷思维，愿意成为仆人式领导，愿意对团队充分授权、有效激励，才能真正鼓励并推动自组织团队的建设，以及价值驱动的工作模式。

计划是一成不变的，适应变化才是永恒的主题。对公益组织来说，学习敏捷的思维并不难，但不能以"临时抱佛脚"的心态来面对它，遇到问题才想着把敏捷当作救心丸来使用；更不应将其作为夸夸其谈的理论，停留在纸面上，或者束之高阁。敏捷，本质就是"聚焦价值""激发团队"和"适应变化"，要先以思想的形式深深根植于脑海里面，并逐步推向组织策略，最终成为影响组织的行为方式。只有"先进理念＋优秀实践＋具体应用"有机结合，才能真正实现公益组织的敏捷转型。

# 第 25 章  数字化组织能力

本书在阐述数字经济的时代启示时，曾介绍过"数字经济是以数字化的知识和信息作为关键生产要素"。但不能忽略的是，在传统的土地、资本、劳动、技术以及现在所提的数字化这些生产要素之外，"组织性"也是非常重要的一个生产要素。更为重要的是，"组织"这种生产要素是无法被其他的生产要素替代的，并且需要依赖它将其他所有要素进行有机的合理配置以发挥最大效益。

关于"组织性"这种生产要素的重要性，许多经济学家有过重要论述。英国近代经济学家马歇尔说："把组织分开来算作一个独立的生产要素。"美国经济学家诺斯也曾做出阐述，"有效率的经济组织是经济增长的关键"。而被称为"经济学之父"的亚当·斯密也阐述道，"分工有利于经济增长"。在现代组织中，分工协作已是基本的形态，但分工的本质不是"分"，而是分之上的"合"。

这个道理看似简单，在很多的公益组织中却能看到与分工初衷背道而驰的现象。部门之间的"分"形成了壁垒，导致内部的协作非常困难。就像前面探讨公益供给时说的那样，供给侧改革不是单单某一个部门的事情，而应该是整个组织的协作。这就需要打破壁垒，充分发挥"组织性"这个生产要素的价值。博大精深的中文也给了指引:"组织"不光是"组合",还要有相互联系的"织";如果只是"组"的话,最多只能带来"1+1=2"的量变,只有发挥"织"的创造性力量,才能带来质变。无数蚕丝组合在一起就是乱糟糟的千丝万缕,但发挥了"织"的神奇魔法,就蜕变成了价值连城的锦绣。

这里明确公益组织需要着手推动的敏捷转型,强调"组织性"这个生产要素的重要性,是为了说明,如果只是单纯地强调数字化能力,而不具备数字化的组织能力,是难以将"数字化"这种生产要素的能量发挥到最大的。作为应对数字经济时代 VUCA 冲击的敏捷思维,更是与数字技术相伴相生的。

## 组织数字化的常见误区

诚如本书开篇所谈的那样,本书不会去推销一些互联网公司或者软件公司的数字化工具。这并不代表这些工具没有价值,相反,致力于数字化发展和助力的这些产品和工具,无论是财务、流程、绩效、管理、沟通、项目、协作、营销、会议,还是其他大大小小的创造性应用,都会给公益机构的降本增效和快速数字化带来巨大帮助。

数字技术实现的是对敏捷组织的赋能,它能帮公益组织快速实现价值。在产品和服务上要能不断满足捐赠人、受益人和各利益相关方的需要,而公益组织的业务和决策流程也需要不断地快速演化,唯有如此,才能真正实现数字化助力的敏捷组织转型。但同时需要警惕的是,任何工具都是双刃剑,我们也需要规避随之而来的负面影响,并谨防这些影响导致新的僵化和壁垒。

最常见的组织数字化误区,是简单地将线下内容线上化。很多机构在接触互联网工具以前，会有大量的文件流转和层层审批的机制，而在进行组织数字化时，这些机构又没有将敏捷思维作为指导，只是要求 IT 供应商将他们熟悉的线下流程和审批层级做成互联网样式。通过信息技术的力量为现实工作提供支持，当然是值得鼓励的事情，只是这种简单地将线下内容线上化的做法，并不会让沟通方式、协作模式发生本质变化。部门间原本互相设置的层层障碍并不会因此消失，甚至因为新增了 IT 部门推广数字工具的 KPI，而让工作又徒增了一层障碍——毕竟原本大家只是在线下彼此消耗就好，现在还得在线上重复操作一遍。这说明，如果缺乏组织的敏捷转型，组织数字化的结果只能是非常粗浅的数字化，甚至可以说只是以数字化为皮而已，内里仍然是一成不变的。头脑和身体仍然处在传统模式的窠臼里，嘴上却喊着要数字化，只会让机构的员工感觉痛苦不堪，所谓的数字化成了前进的负担而不是助推器，结果也只能是加重组织运营和管理的僵化。

组织数字化的第二个常见误区，存在于数字公益筹款之中。公益组织比较常见的做法，是开通一个互联网筹款工具，却缺乏意愿和动力去做数字化的运营。例如，它们可能将支付宝、微信、淘宝店的账号都挂在了官网上，却只是将其当作收款银行账号一样使用，公示之后被动地等待捐款的汇入。或者它们终于下定决心去入驻了一个互联网筹款平台，下一步动作却是问询平台能给它们带来多少捐款，而不是去思考如何配备平台运营所需的人力和资源——这种思路本质上是将互联网公募平台当作大客户来进行劝募了。

另一个常见误区，是眼花缭乱的数字工具的使用所带来的新问题：不同产品之间的不兼容，所形成的产品壁垒和协作成本。以捐赠资金的管理链路为例来说明这个问题。从资金来源看，不同的捐赠平台对应着支付宝、微信支付等不同的第三方支付工具，而通过这些不同的支付工具募集的善款，需要进入同一个财务管理系统。从捐赠人管理看，当捐赠部门想要对捐赠人进行维护时，可能需要将各个平台产生的数据独立运营或者导入一个专门的捐赠人维护系统去运营。从项目执行看，当公益机构决定采购一些物资进行捐赠时，又面临着不同软件厂商提供的采购系统、法务系统和财务系统之间的协作和工作流兼容问题。

除此之外，数字化带来的最大困扰，恐怕就是微信、钉钉这些即时通信工具所带来的信息碎片化的干扰。每个人对此应该都深有体会。人们时常打趣说自己似乎得了健忘症：刚刚聊的一件待办事宜，退出软件就怎么也想不起来了。过于碎片化的信息，不仅让人们难以持久地专注于高质量工作状态，还使得重要工作信息的传递和沉淀变得非常困难。工作伙伴们经常通过微信或者钉钉发出一个重要的工作通知，而后续大家的相应反馈也经常通过聊天软件来回复，这使得监控和管理工作进展的有效性得不到充分保障。当在群里推进重要工作时，则容易引发更大的低效率问题，往往重要信息会被后续更多信息所掩盖，甚至被转移话题而无人关注。对即时通信工具不堪其扰之后人们发现，当希望推进重要工作时，当面沟通、会议、电话、文档记录这些传统的手段，效果和效率都会更好。因为这种传统的手法，更有利于信息的高质量传递、工作进展的把控和重要文档的归总沉淀。

组织的数字化是为了提升组织运转的效率，但并不意味着一切都要工具化。就像面对面的交谈远胜于电话沟通，而电话沟通又远胜于冷冰冰的邮件一样，与数字化相比更为重要的，是要坚持"正确地做事，做正确的事"——这实际上也是敏捷思维的重要内核。不要拘泥于为自己画下的大规小矩，不要让数字化成为新的条条框框。如果数字化只是一系列工具的堆砌，并阻碍了人与人之间信息"有温度"地传递，那么数字化就会适得其反，成为新的组织壁垒。

如同左撇子会下意识使用左手，右撇子会下意识使用右手，公益的"本能"应该是"一朵云推动另一朵云，一棵树摇动另一棵树，一个生命温暖另一个生命"的温度传递。对组织进行数字化，并不代表一切都可以"工具化"，仍然需要有温度的人的参与。在数字技术推动外部环境加速变化的时代背景下，人的经验、判断力、问题解决技巧，可能是任何高明的算法都无法替代的。

所以，当谈到公益组织的敏捷转型，并建设组织的数字化能力时，也必须进行思维模式的转变。对数字技术在组织发展中的作用，要建立起全新的认知。在传统的思维模式下，人们可能会偏向于认为技术是一种支持性的能力，根据优先级、资源、预算，为组织各个部门的智能性需求提供特定的服务、工具或者平台；而当意识到数字化是敏捷组织的基石时，应当将数字技术看作组织各个方面工作的内核，以助力释放价值并快速响应业务和利益相关方的需求。

## 数字化组织能力建设

中欧国际工商学院的杨国安教授在他提出的组织能力三角模型中指出：持续的成功 = 战略 × 组织能力。其中组织能力则是以员工能力、员工思维和员工治理这三方面的有机组合，来共同形成组织整体的战斗力。结合敏捷组织和数字能力，本书在杨教授三角模型的基础上进一步发展了适用于公益行业数字化组织能力建设的模型（图25-1）。也就是数字公益成就的取得，有赖于得当的组织战略和数字化组织能力建设，其中数字化组织能力由敏捷团队、高效信息和敏捷组织共同构成。

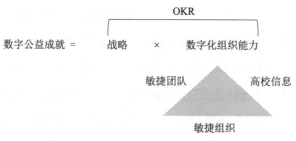

图25-1 公益的组织能力三角模型

这个简要的模型力图阐述的，是作为公益组织在面临数字经济时代的快速变化时，必须重视组织的战略能力和数字化组织能力，只要战略正确并且贯彻到位，数字化的组织能力越强，公益组织就越能在数字公益的蓝海中占据先机。那么如何来实践这一点呢？

首先，机构战略不仅要适应数字经济时代的发展，不能束之高阁，还要能内外达成一致、形成有效协同。可以回忆一下前面"敏捷组织"部分阐述的制定战略的"北极星"模式：引入外部利益相关方（捐赠人、受益人、专家学者、媒体等）和内部员工的建议，共建机构的目标与愿景，这样才有助于组织更好地感知、抓住时代机遇，并按照战略的敏捷性需要做资源灵活配置，将优势兵力集中在长期愿景所分解出的短期价值目标上。在这个过程中，需要机构领导人承担起"教练"式的职责，带领并指导整个机构的每一个人以高执行力去将战略落地。

其次，在战略明晰之后，由公益组织的决策层向最基层员工进行信息传递，就成了至关重要的工作。"消除信息不对称"的章节介绍了信息损失的层层漏斗。如果不能消除"噪声"影响，那么再好的战略最后也是纸上谈兵。因此，要确保从上至下，大家"脑子里想的""嘴巴上说的""工作中在做的""最后实际做到的""可以总结的"，能够最大限度地保持一致。这个过程中，敏捷和数字化组织能力就显得尤为重要。如果信息传递还是低效的，团队缺乏敏捷和数字化训练及能力，整个组织仍然层级森严、官僚化严重，那么也就很难实现真正的组织数字化和敏捷转型。所以在数字公益组织能力的三角模型里，高效信息、敏捷团队和敏捷组织是决定组织能力强弱的关键因素。

高效的信息传递，是数字化组织能力的必备条件。就像前面"组织数字化的常见误区"部分讲到的那样，如果信息传递受到微信和钉钉频繁的碎片化信息冲击，或者标准规范无法充分传递到位、每个人都有各自的理解，又或者信息传递受制于复杂的架构层级和冗长的审批流，并由此产生大量的低效重复沟通，那么信息传递不仅成本高，而且准确度低，整个机构的效率也将一并被拉低。

再次回忆"消除信息不对称"章节所阐述的内容，其中的很多原则不仅适用于与外部利益相关方的沟通，也同样适用于内部的信息沟通。其核心要义就是强调信息的双向反馈，以及将信息转化为行动时的"计划、执行、检查、调整"的过程监督和控制。

最后，要打造团队的敏捷能力。战略要有相匹配的合适人选来执行，但对于公益组织来说，不可能因为制定了一个新战略，就急不可耐地更换一批新员工来执行。这不仅是缺乏人文主义精神的，而且是非常愚蠢和高成本的。正确的做法，是公益组织在战略的期望和指引下去培养人。按照敏捷转型的要求去激发人的潜能，强调价值驱动和团队协作，并引导员工探索和掌握数字技术能力。作为这样团队的管理者，除了做好仆人式的领导、创造扁平化沟通环境之外，还要能够积极地对团队成员给予反馈，发现问题及时线上反馈，发现员工亮点及时予以表扬或奖励——过程沟通和管理，比半年、一年以后的几分钟绩效谈话，更能锻炼团队的敏捷能力。

简而言之，数字化组织能力建设是一项从战略、团队、组织到数字工具都需要升级的系统工程。在数字经济时代，打造敏捷团队、敏捷组织并通过数字工具的正确使用，确保信息的高效传递与执行，那么在北极星模式战略的指引下，公益组织必然能够抓住数字经济蓬勃发展所带来的巨大机遇。

同时在这个三角模型中，引入了 OKR（目标与关键成果法）的概念。OKR 是 Objective & Key Results 的缩写，往往被视为数字经济时代的目标管理方法。谈论"数字化组织能力"很难绕过 OKR 这个话题；同样，在谈论 OKR 时，不去考虑组织的数字化能力升级，也是行不通的。这是因为 OKR 的本质精神，与人们所提倡的敏捷组织，核心要义是一致的。接下来就 OKR 之于公益组织数字化的价值和意义进行简要说明。

## 价值驱动与 OKR 管理

相比于大家更为熟悉的 KPI，OKR 这几年才在国内逐步推行，而公益组织当中的应用则鲜有耳闻。市面上各种阐述 OKR 的理论书籍不胜枚举，网络自媒体上也有各抒己见的百家之言，但这些理论和分析，往往令人越看越头大，甚至有时候会觉得 OKR 与 KPI 是换汤不换药的绩效考核方式。

两者的差别可以简要理解为：KPI 是结果导向的，也就是只关注结果而不在意过程，多数情况下要的这个结果都是"量化"的；而 OKR 的核心就是在讲敏捷组织时一直强调的"价值驱动"，即"正确地做事，做正确的事"。

如果还是难以理解，那么可以类比生病去看西医和去看中医的区别。有时候我们觉得自己身体不舒服，去医院之后医生安排了验血、B超、CT（电子计算机断层扫描）等各种检查，结果出来后发现所有指标都很正常，医生下结论说身体没有问题。但我们内心很清楚，自己身体是有问题的，不仅腰酸背痛没精神，还浑浑噩噩睡不醒。在朋友的建议下，我们又去看了中医。中医望闻问切，最后给出了一些调理的方法。这里不是讨论中、西医孰优孰劣的问题，但可以很明显地发现，中医会更多地从人这个整体来分析和判断，思路是人整体价值的优化；而西医就像极了给团队制定KPI：当指标不好的时候，我们知道肯定有问题了；但是当指标都很好的时候，我们有时候也会感觉哪里不对劲。

这个"不对劲"，很多时候就是KPI注重量化结果导向所带来的副作用。无疑，KPI绩效考核可以为企业发展带来极大助力，也更有利于员工的绩效管理，但由于KPI考核往往与薪酬奖金挂钩，容易引发只顾结果不管过程的机会主义。员工为了达成目标可能"不惜一切代价"，但最后带来的长期伤害，可能远远大于短期绩效数据上的收益。这显然是与倡导敏捷组织理念中所强调的"价值驱动"背道而驰的。KPI与OKR的对比如表25-1所示。

表25-1　KPI与OKR的对比

| 对比项 | KPI | OKR |
| --- | --- | --- |
| 容错精神 | 更加务实，追求结果，规避风险 | 容许KR（关键产出）的失败或者主动调整，鼓励创新和超越 |
| 关注点 | 专注于结果"是什么" | 将结果"是什么"与"如何实现"相联系，甚至强调"为什么" |
| 开放性 | 私密。被视作职场的个人隐私，上下级关于绩效的谈话也是保密的 | 开放。鼓励提升透明度和相互协作，基于与KR保持一致而迅速解决冲突 |
| 目标周期 | 通常半年度或者年度打一次分 | 强调过程管理、频繁跟踪、及时反馈 |

| 对比项 | KPI | OKR |
|---|---|---|
| 战略承接 | 高管自上而下下达指令，员工往往知其然，不知其所以然 | 下级承接上级的OKR，并受其启发而制定自主行动策略，不完全由管理者决定；同时自下而上的反馈更多，协作性更强 |
| 目标考核 | 通常是定量目标，个人目标达成与薪资挂钩 | 平衡定量与定性，强调集体目标的达成 |
| 价值导向 | 不重视"为什么成功"，只在意"成功"这个结果，成王败寇思维 | 价值驱动，不纯以数字论英雄，鼓励KR并将定量与定性进行结合 |

在网络上，我们经常能看到很多上下级之间关于KPI评定结果巨大分歧和争议的案例。员工往往以KPI所约束的量化指标为证，表明自己应该得到更高的绩效分数，但主管却可能给出远低于员工预期的分数。主管给出的理由往往是：合作伙伴对该名员工的评价不高，取得这些KPI数据是整个团队努力的结果，该员工只关注自己的工作而缺少对团队整体的贡献……这些争议和分歧，其实就反映了KPI考核的缺陷：作为被KPI强管理的员工，自然更关注结果并要求主管按结果评定绩效分数；而主管却更关心结果之外的其他价值，比如实现结果的过程，或者团队的整体目标。从各自的角度来说，也许大家都没有错，错的恰恰是KPI考核的单一性。

有很多公司在KPI考核之外，又增加了公司价值观的考核、关键合作同事的环评等多重考核方法。但这些不断增加的新指标，就像用十个指头去堵漏水的屋顶一样，堵住了这里，那里还在漏，所谓按下葫芦起来瓢。在数字经济时代，面对知识密集型员工，也许单纯量化指标的考核才是问题本身。

公益组织应该及早开始试水OKR的原因，除了出于自身敏捷转型的需要之外，还要回到本书中强调了很多遍的那句话：公益做的是一件"有温度"的事情，过程和结果同样重要。这是非常简单的道理，但在实践中只关注结果的"粗暴"公益案例却不少见。比如：志愿服务项目为了完成服务人数的指标，而"拉人头"凑数据；大病救助项目的筹款人，为了筹集更多善款，而不详尽审核求助人的资料；端午节在养老院"被慰问"的老人，一天要被洗十几遍头。类似"老奶奶一天被十几个'红领巾'扶过马路"的现象，在公益实践中并不少见。

因此，OKR 这种"价值驱动"（设定的"O"）与过程指标（设定的"KR"）同等重要的目标管理方式，也许能给公益行业的数字化转型带来更多裨益。诚如表 25-1 展示的那样，OKR 更强调创新、协作，鼓励员工的自主创新精神，并希望员工的日常行为与组织的愿景和战略保持一致；而当数据指标与公益的伦理和价值产生冲突时，也能很清晰地澄清"长期主义的价值大于短期机会主义的绩效数据"，自然就能快速地做出判断和抉择。

# 第 26 章　数字公益的生态合作

公益的生态合作，既包含与行业外各利益相关方之间的联结和合作，也包含公益组织之间的议题合作。通常情况下人们会认为，公益行业因为缺乏营利性诉求，开展合作会比商业合作更容易一些。然而事实与人们预想的恰恰相反。也许正是因为缺乏营利性的利益纽带，许多公益的合作推进得反而不如预期。

## 公益议题合作之难

前面分析过，从经济学视角出发来分析，会发现公益行业具备鲜明的垄断竞争行业特征。可以把关注相同议题的公益组织视作"竞争对手"。之所以带引号，是因为它们之间的竞争不像商业对手竞争那样出于营利性目的，也并没有你死我活或者形成垄断的倾向。它们之间更加倾向于"非零和竞争"，参与者之间的利益并不是固定和有限的，一方的利益增加并不意味着另一方的利益减少，一个组织的成功和获益也不会造成其他组织的损失、不会妨碍其他组织。相反，它们可以通过合作、创新和共同发展来实现共赢的结果，共同分享和创造价值，也能促进社会价值层面的效益最大化。事实上也是，多数情况下它们之间的友好对话、沟通和经验分享，都是开放和频繁的。

但这并不代表公益组织能够真的实现在同一议题下的高效合作。公益行业内持续发起过许多有意义、有价值的合作组织，但往往雷声大、雨点小，推进实质性工作成果产出并不容易。这看起来颇为难以理解而又耐人寻味。

从垄断竞争的特性出发来分析，公益议题的合作难题就不再那么令人费解了。在垄断竞争的商业市场，如果一种产品只有少数几个生产者（比如石油供给），那么它们达成合作并共同控制供给的产量和价格，就能使这个产品的收益实现最大化。虽然这对生产者而言看起来很美好（对消费者却不利），但在实际的经济运行中，真正能达成这种结盟并长期维系的非常少见。这不光是因为很多国家政府禁止这种形成垄断的结盟行为，还因为总是会有规则的破坏者出现。

达成结盟不仅需要各方就市场上的产量和价格达成一致，还要就结盟当中每一个成员的具体产量和价格达成一致，这就使得合作的谈判和维系变得异常艰难。即使暂时搁置争议达成了一致，也可能会有个别参与者始终觉得分配给自己的产量配比不公平，或者就是单纯地出于投机目的，一段时间之后经受不住诱惑，开始破坏规则。常见的做法有偷偷地增加超出规定产量的生产量，或者擅自提高或降低价格，总之，规则破坏者会因为破坏结盟约定而得利，于是其他的结盟者也不遵守规则，久而久之结盟就难以维系了。

商业世界人们最熟悉的结盟大概就是OPEC（石油输出国组织）了。这个由世界主要石油生产国形成的联盟，控制了世界石油储量的大约四分之三。OPEC成立之初想通过维持石油的高价格来保证结盟国的群体受益，这种策略也曾在1973—1985年成功地维持了合作并持续推高油价。然而，每个成员国都受到增加产量来为本国获得更高利润的诱惑，因此总会在达成协议之后又纷纷违背协议。现如今，OPEC还在继续会谈，但达成价格控制已经很难了，如今世界石油价格的波动更多是受供求关系的影响。

明白了商业上难以结盟的原因和表现，再去观察公益上的合作难题，会发现本质上是一样的。只是难以达成结盟的原因虽然相似，但是对社会公众福利的影响却截然不同。商业上的结盟一旦形成，就会形成彻底的垄断，那么吃亏的就是普通老百姓；而公益上的结盟如果形成，就会极大地提升公益资金的使用效率，从而使更多需要帮助的人受益，也能给捐赠人提供更好的整体体验。

## 案例：大病救助领域的合作难题

仍然拿大病救助来举例。在相同病种的救助领域（如白血病、胆道闭锁、先天性心脏病）往往有多个公益组织在从事同样的工作，它们面对着相同范围的受益人群体，甚至合作的医院也都是主要那几家。而如果这些大病救助的项目达成了合作，就能取得更好的整体社会效益，比如：针对一些救助费用特别大额的重疾（如各种先天缺陷性疾病），单个项目受救助标准的限制也许只能解决一小部分费用，而多联合几个同质的公益项目就能实施更多的救助。现实中，却有完全相反的情况发生：某些被救助病例拿着相同的发票，去多个公益项目重复报销并获得超额的救助款。

既然有限的救助资金相对于广大的患者群体来说，本身就是非常稀缺的资源，那么大病的联合救助显然能将这个议题的整体资金规模进行更优的资源配置。更优资源配置，既能帮助更多需要救助的人，杜绝重复救助，又能给予救助对象真正能解决根本问题的支持。

尽管联合救助显而易见地利大于弊，大病救助领域却没有观察到有效的合作。虽然一些个案上有过齐心协力，但更多时候公益机构都是各行其是。

存在同样显著问题的是救灾领域。在"5·12"汶川地震之后，由于大量公益组织和公益资金涌向灾区，在短时间内和极其有限的地域范围内，积聚了大量高度同质化的项目，可以捐助的对象反而变成了稀缺品。在这种供大于求的极端情况下，甚至对一些重要建筑重建的捐助，不得不采用公益机构比稿的方式开展。与此同时，一些同样受地震波影响较大但极少被关注的地区，又几乎得不到捐赠资源的分配。

后来公益行业针对这种状况展开了很多讨论，并形成了一些联合救灾的伦理、规则和机制，如果这些讨论的成果能得到很好的实践，对救灾领域的长期发展是大有裨益的。然而在后来的玉树地震、舟曲特大泥石流、云南盈江地震等自然灾害，以及武汉新冠疫情应急响应中，仍然难以看到大规模的联合行动。

### 从博弈论看深层原因

合作并达成相同公益议题下的统一行动，能更有效地解决社会问题，从政策层面来说，也不大可能像阻止商业结盟一样阻止这一类型的合作。也许有人会认为，是捐赠资源的稀缺让公益组织更偏向于竞争，但这个说法是站不住脚的。就像之前分析过的那样，合作实际上能帮助扩大同一议题项目的范围，并能防止资金被重复占用，这些好处是明显能够获得更多捐赠资源支持的。而通过有效的合作及分工协作，公益组织之间也能对同类型职能进行组织优化调整，缓解机构人力不足的情况。

既然议题合作有益于社会整体福利提升，政策也倾向于不干涉，也有利于捐赠资源的扩大，那么实际合作为什么如此困难呢？从博弈论的角度也许能给出更为合理的解释。不少人都听过"囚徒困境"的博弈理论，这个经典的博弈模型，用最通俗易懂的方式，阐述清楚了合作困难的原因。

## 案例：囚徒困境导致的合作难题

两名犯罪嫌疑人被抓捕归案，警察掌握了充分的证据证明两人伙同犯有足够量刑 3 年的偷盗罪。同时警察也严重怀疑两人涉嫌另外一起情节恶劣、足够判罚 10 年的抢劫罪，却缺乏充分证据。警察将两名犯罪嫌疑人分开单独审讯，并分别提供了以下条件（图 26-1）：

• 我们可以以偷盗罪判你 3 年有期徒刑，但如果你坦白了抢劫案，并供出同伙，就可以减刑至 1 年，你的同伙如不坦白则会被判刑 10 年。

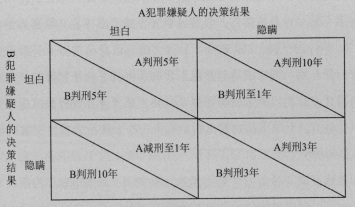

图 26-1  两名犯罪嫌疑人面临的囚徒困境

• 如果你和同伙都坦白了这项罪行，基于坦白从宽的原则，你们都只需服刑 5 年。

• 如果你同伙坦白交代罪行并供出了你，但你没有承认，最终你同伙将减刑至 1 年，而你会被判刑 10 年。

他们都明白，如果两个人都选择隐瞒另一桩罪行的话，都只会以偷盗罪被判刑 3 年。但在这样的谈判条件下，两个人是分开被审讯且无法交流、串供，彼此并不知道对方会怎么选。分析两个犯罪嫌疑人的心理活动，A 犯罪嫌疑人会这样想："如果 B 坦白，那么我最好也坦白，这样我们俩就都最多被判 5 年，否则我会被判 10 年；如果 B 抗拒，那么我也最好坦白，我将减刑至 1 年，而不是被判 3 年。"经过这样的推断，A 会选择坦白。B 也会经过同样的心理活动而决定选择坦白，因此最终两人都将被判刑 5 年，而不是对两人结盟的利益能够实现最大化的各判刑 3 年。

他们之所以会这么选择，是因为他们各自经过推断之后决定，无论这个事情的其他参与方如何选择，他们都要做出对自己最有利的选择，也就是所谓的占优策略。在囚徒困境中，每个囚徒都面临选择与对方合作或背叛对方的决策。每个囚徒都有动机去背叛对方，因为无论对方选择合作还是背叛，背叛对方都可以获得更好的结果。这种情况下，囚徒选择背叛是一种理性的选择，因为无论对方选择什么，选择背叛都能带来更大的利益。

用这样的模型，也就能够很容易地分析出公益的议题合作难题背后的决策逻辑了。

仍然以大病救助为例，公益组织往往将合作医疗资源、项目实施内容视作自己的核心竞争力，并以这些核心竞争力去获取关键捐赠资源的支持。当进行大病救助领域的议题合作时，意味着每家公益组织要将自己的核心竞争力内容进行共享，但这样就面临丧失自己的独特性，进而失去捐赠资源支持的可能性。假设某个公益议题的参与方只有两家公益组织，它们形成了合作，因此在合作过程中两家机构都面临着是否真正分享核心资源的选择，由此形成了博弈（图26-2）。

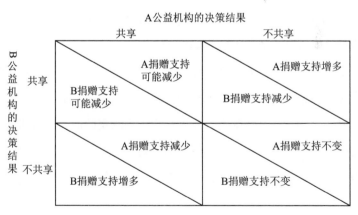

图26-2　两家公益组织的议题合作博弈

虽然达成了合作，但由于无法预知对方实际会怎么做，两家公益机构同样会经历一个博弈的过程。从 A 的视角出发，假设 A 共享了核心资源，并且 B 也共享，那么捐赠资源支持任何一家都是可以的（因为救助资源和方式无差别），捐赠资源可能会在两家组织之间做选择，就形成了一定程度的零和竞争，面临其中一家捐赠增多而另一家捐赠减少的风险；如果 B 在 A 共享的情况下选择了不共享，那么对 A 就更不利，因为 B 具备了 A 的核心竞争力，必将得到更多捐赠支持。相同道理，当 A 选择不共享时，如果 B 进行了共享，那么 A 将因为额外获利而获得更多捐赠支持；如果 B 也不共享，那么因为大家都没有实际性的合作，还是各自保持着原本的捐赠资源。

在这种博弈的过程中，一家公益组织选择共享自己的合作医疗网络、医学专家、志愿者网络等项目核心资源，无论其他公益组织怎么做，都可能让自己获得的捐赠支持减少。而如果不做共享，可能让自己获得的捐赠支持增多。因此，在两方博弈的过程中，显然不做资源共享是占优策略。

公益组织倾向于选择对自己更有利的占优策略，解释了为什么虽然议题合作可以避免资源的重复建设，达到最大化的救助效益，但实际中最终的结果却是合作关系难以长久维系。

然而需要注意的是，在囚徒困境中，尽管每个囚徒选择背叛是一种理性的选择，但如果两个囚徒都选择背叛，最终的结果对于双方来说都是不利的。这种情况下，双方都会受到较重的刑罚；而如果双方都选择合作，他们都可以得到较轻的刑罚。这也意味着，在囚徒困境的博弈中，合作是更优的选择，但由于缺乏信任和合作的保证，囚徒才倾向于选择背叛。

囚徒困境的教训是，个体的自私行为可能会导致整体利益的损失。

对相同议题的公益组织而言，选择"假合作"、不共享，从社会福利的整体利益来说是有损失的。如同囚徒困境的博弈思维提醒人们考虑合作、互惠和长期利益，而不仅仅追求个体的即时利益，相同议题的公益组织，也可以通过建立互信、合作和共同利益，避免陷入囚徒困境的局限性，实现对社会福利整体而言更好的结果和持续的合作。

## 数字公益的合作之道

存在博弈并不意味着完全不能合作。在现实的经济生活中，由于存在着惩罚机制和多次博弈，合作是可以发生的。对公益组织的议题合作而言，虽然没有营利性利益的驱动，但惩罚机制和多次博弈也是适用的解决方案。此外，数字经济的发展也为公益议题的有效合作提供了全新的可能性。

在刘慈欣的科幻著作《三体》中，人类试图阻止三体外星人入侵的方法就是采用了博弈的策略：地球人利用三体人思维透明的弱点，通过人类擅长阴谋的特长来制胜。在三体人透明的思维模式下，没有什么是可以隐瞒的，两个文明之间的战争就是绝对实力的较量；而人类由于能够做到"言行不一"，可以通过信息不对称获益，结果在绝对实力毫无胜算的情况下，获得了反败为胜的可能性。

这个故事的逻辑是基于零和竞争的，双方是敌对而非合作关系，因此思维透明并让博弈的另一方充分掌握信息，反而成了致命的弱点。但是从另一个角度来看，也反证了希望合作的各方破除"囚徒困境"的解决方案，那就是都最大程度地提升透明度、加强沟通，用充满诚意的交流替代互相不信任的猜忌。

囚徒困境的博弈，对任何一个参与方来说，也都是短期利益和长期利益的博弈。公益组织需要认识到长期合作的价值，突破短期利益的限制，共同追求更大的社会利益。公益组织之间可以通过建立有效的合作机制和沟通渠道来增强互信，共享信息和资源，降低合作风险；也可以通过提高合作效率来增加合作的动力，如通过共享资源、分享经验、合并项目或合作开展创新项目等方式，实现资源的最优配置和协同效应。在囚徒困境中，如果双方都选择合作，双方都可以得到更好的结果。认识到共同利益的重要性，共同寻求合作的机会，才能实现更大的社会影响力和效益。

解决囚徒困境的一个有效办法，是引入第三方引导和机制，以确保参与者的合作并避免背叛。比如，寻求并加强政府、非政府组织、学术机构等第三方的支持和引导，或者互联网公益平台牵头推动议题合作，将有效促进公益组织之间的合作和协调。

数字经济在解决囚徒困境方面，无疑能带来极大帮助。公益组织可以利用或建立共享平台和合作网络，促进信息的共享和协同工作，共同解决社会问题。通过信息共享、网络合作、数据分析、可追溯性、社交媒体等方面的应用，增强公益组织之间的互信和合作动力，推动共同应对社会问题并实现更大的社会影响力。

首先，数字技术提供了共享信息和数据的平台，使公益组织之间可以更加透明地了解彼此的工作、资源和利益。通过共享信息，公益组织可以更好地评估合作的潜在收益和风险，增加互信和合作的可能性。通过在线平台和工具，公益组织也可以进行远程合作、共同开展项目、分享资源和经验，提高合作效率和成果。

其次，数字技术提供的强大数据分析和预测能力，能帮助公益组织更好地理解和预测合作的结果和影响。通过数据分析，公益组织可以评估不同合作策略的潜在益处，并在决策中加入更多的科学依据。

如果能加入区块链技术，则可以提供更加透明和可追溯的交易和资金流动，有助于减少信息不对称和欺诈行为，增加合作的信任度，确保资源的公平分配和使用。

最后，利用好社交媒体和网络平台，也能为公益合作增强互动和影响力。公益组织之间不仅可以通过这些平台增强彼此之间及与公众之间的合作透明度，还可以将其用于分享合作案例、传播合作成果，吸引更多的关注和支持，进一步促进合作的发展和成功。

此外，在议题合作过程中，可以成立跨机构的专门项目组，采用敏捷管理的项目管理方法，或者实行 OKR 管理的方式，明确各级责任，确保大家"心里想的""嘴上说的""耳里听到的""手里做的"都能保持一致。而更为重要的是，数字经济时代的透明和扁平化特性，有助于打破信息壁垒，人们"不说真话"会很快被识破，反而成为机会成本很高的事。基于合作互惠的愿景，坦诚与开放地沟通，不但不会遭遇三体人一样的滑铁卢，还会更容易获得信任。

## 案例：联合公益中的有效合作

国内的某个头部公益平台在其发起的"联合公益"模式中，选择了几家综合实力较强的公募基金会合作，为广大不具备公募权的草根公益组织提供在线募捐支持。这是一个典型的议题合作案例：整个模式实际存在平台与基金会合作，基金会与基金会之间合作，基金会与草根公益组织合作，平台与草根公益组织合作等复杂的多头合作关系，也就产生了多种博弈的可能性。最典型的博弈有以下几种。

• 公募基金会之间的相互博弈：某个公募基金会可以收取更低的服务费，以此来吸引更多优质草根公益组织的合作。这将导致公募基金会之间的"竞争"而非合作。

• 草根公益组织与公募基金会之间的博弈：草根公益组织可以"脚踏多条船"，在向 A 公募基金会申报项目失败之后，可以再向 B 公募基金会申报合作。这将让公募基金会之间的项目筛选标准变得难以执行。

公益平台与公募基金会之间的博弈：公募基金会为了让自己合作的草根项目更多地上线筹款，可以选择性地"放水"。这样的做法会降低整个公益平台的项目质量水准。

因此，公益平台在"联合公益"的模式中，采用了一系列的标准约束，来规避这些博弈带来的合作难题。比如：平台规定合作的所有公募基金会必须收取同样比例的管理费，以避免"价格战"的恶性竞争；通过约定"一个草根公益组织一年之内只能选择其中一个公募基金会合作"来避免评选规则的混乱；通过评审会的规则、草根组织的资质要求、尽职调查的引入、平台最终否决权等约束，避免评审"放水"情况的发生。

这些约束之所以能够有效执行，正是因为惩罚机制、多次博弈机制、第三方机制、数字经济思维等在整个合作模式中的应用。而互联网所带来的沟通便利性，让合作的各方绕过规则、逃避惩罚，变成几乎不可能的事情。

数字技术带来的合作变化，同样体现在救灾协作上。2021 年 7 月 20 日，河南郑州突发暴雨，许多人被困等待救援。像其他大规模的突发自然灾害一样，一时间网络上各种灾情信息、骇人谣言、过时求助混杂在一起，让人揪心而又难以分辨。救援人员和被困人员为暴雨带来的洪流所困的同时，也为难辨真假和时效存疑的混乱信息洪流所困。极为有限的紧急救援力量，与焦虑紧张的分散被困人员，无法形成有效的信息链接。而在一片忙乱之中，一份突然刷屏的在线文档开始"滚雪球式"传播，后来甚至被称为"救命文档"。

### 案例：河南水灾中的"救命文档"

这份文档是由一名大学生创建的，初衷是为了方便她和同学们帮忙快速录入和核实各种求助信息。由于文档采用了在线编辑的形式，很快就得到了更多网友的自发加入；文档创建当晚浏览量就高达 250 万次，仅仅发布 24 小时就被众多网友自发更新到第 270 版。暴雨发生后的 24 小时内，这份文档通过网络、朋友圈滚雪球式传播，为求助者与各种救援力量搭桥，与时间赛跑。人们开始自发维护、调整格式，分类、筛选，并主动核实。

而在网友自发形成的迭代过程中，文档内容也很快从单一的求助信息开始，增加了"可支援""避险地区""官方救援队信息""民间救援队信息""可充电地点""医疗信息""线上卫生站"等更为丰富的信息分类。文档则由最初的互助信息抓取演变成了"河南暴雨线上综合信息服务平台"，成为各种民间抗洪救援力量和资源的集结地。不仅有了英文版首页、更加清晰的跳转目录，还增加了心理辅导和支援模块，救助需求和避险场所、物资援助也在增加（图 26-3）。

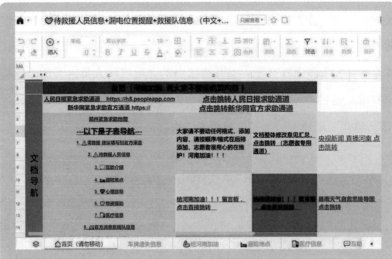

图 26-3　河南水灾中的"救命文档"

7月22日之后，郑州灾情有所缓解，但河南的暴雨未停。这份文档里，迅速新建了新乡等地的救援服务板块，有了政府机构的加入和专业技术团队的参与维护，求助信息与救援回应更全、更准、更快了。

（来源：光明网）

## 数字公益更需要分工与协作

如果说议题合作还只是存在于同质化公益项目之间的难题，那么另一个关于合作的难题则来自公益的不同相关利益方之间。随着公益事业的发展，越来越多的企业成立社会责任、ESG 相关部门，或者直接成立一个公益基金会。越来越多的个人，也在寻求成立更符合个人愿景和意志的公益组织。更多不同背景、资源的力量入局，让公益的利益相关方变得更为丰富和复杂，也让公益行业的格局悄然变化。

然而与公益参与方越来越丰富形成鲜明对照的，是在各参与方之间的分工协作模式并没有达成完全共识。简单来说，当公益行业里存在企业的社会责任部门、企业基金会、非公募基金会、公募基金会、草根公益组织、行业合作组织、志愿者、中介服务机构等大小、规模、种类、职能完全不一样的多类型组织形态时，这些组织应当通过分工协作形成一个有机的生态系统。大家互相依存、协作进步，并因为身处这个生态能够汲取所需的营养而变得更好，也能够反哺生态并促进生态整体的繁荣。然而在现实中，这样有机运转的生态系统显然还没有形成。

这背后的一个重要原因，就是许多公益组织还停留在对自身能力谜之自信的阶段，认为任何事情都可以亲力亲为做好。比如，企业基金会本应该更多地承担引领公益方向发展、创新公益模式、培育优秀组织的职责，将自身定位为资助者、支持者、创新者，但实际中不少企业基金会却更加热衷于自己去策划、执行、实施传统的公益项目，似乎只有自己亲自花出去钱才会放心。然而这种做法不仅挤压了急需资助的草根公益组织的生存空间，也会让企业基金会自身成本激增：一旦进入项目实施的部分，企业基金会就不得不额外承担项目相关的人力、差旅、监控、审计、BD（业务拓展）等诸多成本，而如果将这些成本都算作管理费的话，实际上会远远高于资助草根公益组织所需支付的管理费。

分工协作本质上就是以"专业人做专业事"来提升整体的效率和收益，任何事情都参与其中，可能只会导致"样样通，样样松"的尴尬处境。这背后有着非常清晰明了的经济学原理。不可否认的是，某些组织或者个人必然在某些方面展现更强的能力，甚至在任何方面都比其他人更强，这被称作绝对优势。但具备了绝对优势，并不意味着任何事情都要由自己完成，因为对于个体来说，同样的时间、精力、资源，投在不同事情上的产出和价值是不一样的。同样地，同一件事情，不同人去做的投入产出比也是截然不同的。在相对成本上更具有竞争力的，被称为具备了相对优势。相对优势说明了分工协作的重要性。分工不应该以绝对优势来决定，而应该以相对优势来决定。

以著名足球明星 C. 罗纳尔多（简称为 C 罗）为例，来更形象地说明这一点。

## 案例：足球明星 C 罗是否具备打扫卫生的相对优势？

C 罗在足球运动方面的绝对优势几乎碾压所有人，在 37 岁这样通常被认为足球职业生涯末期的年纪，依然可以在英超这种高强度联赛中拿到接近 3000 万欧元的年薪。当然由于他具有出色的运动天赋和体力优势，假设让他打扫房间，他大概率也能比普通人更高效地完成任务；其他人需要两小时才能做完的家务，也许他只需一小时就可以，并且可以打扫得更干净。但是，他应该每天拿出一部分时间来打扫房间吗？

答案显然是否定的。即使 C 罗在打扫卫生上有着绝对优势，也不意味着他必须每天拿出一小时来亲力亲为。要知道 C 罗平均一小时的薪资超过 3000 欧元，即使他选择用超出正常薪酬的高薪聘请小时工来打扫卫生，可能一小时也只需支付 50 欧元。C 罗可以将这一小时安排来做高质量训练、休息、恢复，以保持良好的运动状态，而这会让他持续获得高薪的回报，以及在赛场上保持高光表现；如果他将这一小时用来做品牌代言活动，获得的收益无疑更大。这样的分工，对于保洁工而言可以获得持续稳定的收入。

之所以鼓励C罗雇用小时工来代替自己打扫卫生，是因为他打扫卫生的机会成本太高——他用一小时来打扫卫生，意味着可能会损失做其他工作所产生的几万、几十万甚至上百万欧元的经济价值；而对于小时工而言，他如果不承接这工作，可能这一小时就只能赋闲，或者为其他人打扫并获得十几欧元的收入，因此他承接这份工作的机会成本几乎为零。从这个对比可以发现，虽然C罗在做家务这件事上有着绝对优势，但因为小时工来承担这份工作的机会成本更低，因此小时工在做这份工作时具备相对优势。

将C罗的行为换算为经济价值可以更直观地理解这一点。当C罗自己花一小时打扫卫生时，小时工无事可做没有收入，而C罗也只是节省了50欧元，他们两人创造的经济价值几乎为零；当C罗用这一小时去参加商业活动时，假设获得30万欧元收入，小时工也可以获得50欧元收入，两人合计创造了300050欧元的经济价值。孰优孰劣一目了然。

通过这个案例，我们可以总结出一个再清晰不过的道理：虽然一个人可能无所不能，但专业化的分工与协作仍然是更好的解决方案。回到公益行业，企业基金会固然可以自己做好项目执行的工作，但他们做这件事情的机会成本太高了；相比较而言，常年下沉在一线的草根公益组织也可以做得很好，但由于草根组织往往聚焦在非常细分的公益领域，他们承担项目执行工作的机会成本非常低。因此，企业基金会可以将这些非常专业化的工作委托给草根公益组织来实施，然后将自身的精力投入新兴领域探索或者行业支持与发展等更需要他们的领域当中。而这样的专业化分工协作，也将产生更大的社会价值。

类似的逻辑可以推演到更多的公益协作中，最终我们会发现，一个分工协作、共生互益的公益生态，远比一个个单打独斗的封闭小闭环更能获得几何级的增长。亚当·斯密在阐述贸易的好处时曾说："如果购买一件东西所付出的代价比在家里生产所付出的代价小，就永远不要在家里生产，这是每一个精明的家长都知道的准则。"

## 案例分析：新东方的直播带货之路

2021 年，国内教培行业巨头新东方遭遇诸多变故，受政策、疫情等影响，公司很多业务处于不确定性之中。"新东方的市值跌去 90%，营业收入减少 80%，员工辞退 6 万人，退学费、员工辞退'N+1'、教学点退租等现金支出近 200 亿元。"俞敏洪曾如此总结道。

据《第一财经》报道，新东方 2022 财年第三季度财报（截至 2022 年 2 月）显示，公司该季度净营收同比下跌 48.4% 至 6.1 亿美元，其中来自教育计划及服务的净营收为 5.1 亿美元，同比下跌 54.1%。下跌的主要原因是终止 K-9 学科课后辅导业务所带来的影响。俞敏洪表示，尽管公司正处于业务重组阶段，但新业务和举措呈现积极和良好的增长势头。

在传统业务面临巨大危机的同时，新东方也在积极探索新的方向。2021年12月28日，新东方宣布成立"东方甄选"进军直播带货。俞敏洪在抖音进行了首场农产品带货直播。首播现场俞敏洪表示，宣布入局直播带货到正式启动中间的两个月时间，主要在挑选优质农产品，他称新东方农产品团队在选品前都会去原产地探访以确保产品质量。"从一个领域完全进入另一个新的领域，需要时间去适应，尽管我也是农民出身，但过去了很长时间，需要重新适应。"然而，有数据显示，在最开始2个月的26场直播中，东方甄选累计销售额只有454.76万元。

转机出现在2022年6月，在直播带货不温不火了半年多之后，新东方的主播们似乎突然开窍了一般，开始在直播中回归"本色"，玩起了老本行。在6月10日晚的一场直播中，主播在介绍到商品特点时，会熟练地从身旁抽出一块白板，讲解这些特点如何用英语表达。正是靠着这独辟蹊径的"双语直播"创新，"东方甄选"直播间爆火，随后的3天时间，粉丝增加了157万，销售额增加了1777万元，远超最开始2个多月的成绩。网友甚至调侃："小时候上新东方的课，长大了买新东方的货。"

（来源：《第一财经》等）

看到这里，读者应该已经明白了，新东方的直播业务前后转变如此之大，就是绝对优势与相对优势所带来的"专业人做专业事"的成效差距。新东方的老师们刚开始转行做电商主播时，即使具有巨大流量效应的俞敏洪亲自上阵，也依然业绩惨淡。虽然老师们在教学、英语甚至学历、见识等各方面相比一般的电商主播具备绝对优势，但是在"当主播"这件事上他们显然是不具备相对优势的。最开始的模式如果持续下去，新东方最有效的做法也许就是解雇所有的老师，重新聘请一批专业的电商主播来发展这项业务。

然而转机的出现，在于老师们找到了自己相较其他主播的相对优势：在传统的电商直播模式下，老师们不具备绝对优势，但是当他们发挥自己具有"绝对优势"领域的能力进行跨界组合、创造"双语直播"的新模式时，就发挥了"专业"的优势并形成新的竞争力。

绝对优势与相对优势理论下的专业化分工协作，本质是鼓励发挥各自优势，强化不同主体之间的优势发挥及合作，并促进资源整合与协调，也是以目标导向与效益评估来确保资源利用的最大化和社会价值的最大化。

在推动数字公益发展的过程中，公益各参与方应该清楚自身的优势和特长，专注于自身的核心能力，并通过数字技术的运用提高专业水平和效率，加强并发挥这些优势。同时，具备不同相对优势的参与者之间，应该寻求合作与共享，共同解决社会问题。数字技术的应用，可以打破信息孤岛，促进信息共享和协同工作。数字经济时代的特点是各领域之间的界限变得模糊，参与方各自的相对优势，也让跨界合作成为效益最大化的社会问题解决路径。比如，公益组织可以与科技公司、创新企业等合作，借助它们的技术和创新能力来推动社会变革和解决社会问题。

前文在分析数字经济思维与工业经济思维差异时，曾经提到过在数字经济时代，应当更加关注人的个性化和多元化需求进行价值创造，鼓励人的智力解放与创造性工作。这些观点对于促进公益行业协作生态的建设也有着积极的意义，当各参与方以开放的心态鼓励生态共建和协作时，也同样应当鼓励和支持处于不同生态位公益组织的个性化、多元化和创造性的工作，这也将为数字公益的生态建设打开一扇光明之窗。

## 结语 ▶ 一图看全书

　　本书用不长不短的篇幅，完整阐述了从经济学视角出发、在数字经济时代背景之下的公益发展新模式，提出了数字公益变革发展的突破之道。这其中既包含了理论、方法与工具，也包含了案例、数据与模型。再次感谢读者能够跟随着作者的笔触，一点点走完这十几万字的数字公益之路。书籍的阅读和知识的吸纳，都是不断温故知新的过程，必要的总结和提炼，则能让人们进得以剖析，退也可俯瞰全局。

　　会当凌绝顶，一览众山小。阅读完全书之后，相信大家脑海中已经初步构建了在数字经济时代发掘公益蓝海的全景图。最后以一张脑图对本书的核心主干内容进行总结，以帮助体系性思考和理解。让我们一起再次回顾这张数字公益的宏大图景吧。

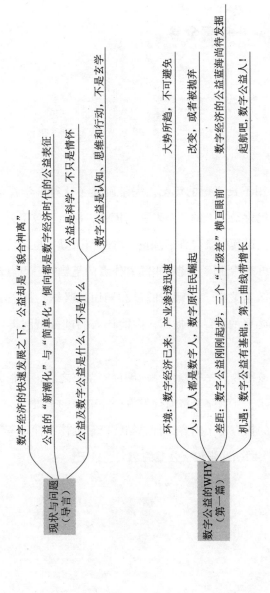

现状与问题
（导言）

数字经济的快速发展之下，公益却是"貌合神离"

公益的"新潮化"与"简单化"倾向都是数字经济时代的公益表征

公益及数字公益是什么，不是什么

公益是科学，不只是情怀

数字公益是认知，思维和行动，不是玄学

数字公益的WHY
（第一篇）

环境：数字经济已来，产业渗透迅速

大势所趋，不可避免

人：人人都是数字人，数字原住民崛起

改变，或者被抛弃

差距：数字公益刚刚起步，三个"十级差"横亘眼前

数字经济的公益蓝海尚待发掘

机遇：数字公益有基础，第二曲线带增长

起航吧，数字公益人！

数字公益变革模型

一个底座：以经济学规律为底座，重新定义公益 / 经济学是贯穿全书的基本思想
- 数字经济思维（第二篇）
  - 本质：与工业经济思维相比，更关注人、个性与敏捷
  - 以人（捐赠人/受益人）为中心，尊重差异、善用激励、关注外部性
  - 数据驱动运营提升

两个驱动
- 科学认知视角（第三篇）
  - 拥抱变化，敏捷的组织与战略，迭代创新
  - 平台公益思维带来的市场空间，成本投入与受众体感差异
  - 本质：专业行事，公益是公平导向，探求规律与动因
  - 公平与效率：公益是公平导向，但不意味着工作本身不追求效率
  - 尊重人性：利己利他，激励与效用，做到从本质出发

四个重塑
- 重塑公益供给（第四篇）
  - 明确公益的市场结构，与垄断竞争市场特征相近
  - 通过"定价"（管理费与捐赠准备）的供给侧改革扩大筹款规模
- 重塑需求（第五篇）
  - 提升"产品"供给水平（问题解决方案）的有效性
  - 总结：重塑公益供给的可能性，来自新技术、外部性新问题
  - 筹人先于筹款，降低门槛，逐步进阶、优化选择
  - 互联网营销的应用：公益AIPL的模型与Inbound Marketing
  - 消除信息不对称，增进公益与外部的有效沟通
- 重塑组织（第六篇）
  - 数字经济时代的VUCA特性需要组织革新
  - 打造有机体一样的敏捷组织与管理能力
  - 公益的数字化组织能力建设，价值驱动与OKR管理
- 重塑生态（第六篇）
  - 公益组织之间的敏捷合作及数字时代的合作之道
  - 公益生态协作的绝对优势与比较优势